Peter Bachér

Laß uns wieder von der Liebe reden
Trotz allem glücklich sein

Peter Bachér

Laß uns wieder von der Liebe reden

Augenblicke,
die man nicht vergißt

Ullstein

Sonderausgabe der 1992 erschienenen Taschenbuchausgabe

Gesamtherstellung: Ebner Ulm
Printed in Germany 1994

ISBN 3-550-06717-8

Gedruckt auf alterungsbeständigem
Papier mit chlorfrei gebleichtem Zellstoff

Die Deutsche Bibliothek – CIP-Einheitsaufnahme

Bachér, Peter:
Lass uns wieder von der Liebe reden:
Augenblicke die man nicht vergisst / Peter Bachér. –
Sonderausg. – Frankfurt/M; Berlin: Ullstein, 1994
Enth. 2 Romane
ISBN 3-550-06717-8

Inhalt

Stell' auf den Tisch die duftenden Reseden,
Die letzten roten Astern bring herbei,
Und laß uns wieder von der Liebe reden,
wie einst im Mai.

Hermann von Gilm zu Rosenegg
(1812–1864)

I
HERZLICH WILLKOMMEN!

Herzlich willkommen!

Morgens war unser Kind noch nicht da. Es schwebte noch im Fruchtwasser, es kannte weder Hunger noch Durst und es wurde, völlig mühelos, über die Nabelschnur mit Sauerstoff versorgt. Es hatte das Gefühl des Geborgenseins. Dann fuhr meine Frau in die Klinik, und der Augenblick der Geburt kam: Sein Kopf wurde in die Geburtswege gepreßt, der Sauerstoff blieb plötzlich aus, die Temperatur veränderte sich: um fünfzehn Grad kälter als im Mutterleib – wie unwirtlich, kühl und rauh sich uns die Welt darbietet, wenn wir sie mit dem ersten Schrei begrüßen.

Als ich mittags vor der Scheibe in der Säuglingsstation stand, als die Schwester mir meinen Sohn zeigte, als ich in dem kleinen Gesicht die Spuren des »In-die-Welt-Gekommenseins« nicht mehr fand, sondern in ein ruhiges, in ein beruhigtes Gesicht sah, da dachte ich daran, was mir der Arzt gesagt hatte: daß wir Menschen, verglichen mit den höheren Säugetieren, zu früh geboren werden, viel zu früh, genauer: ein gutes Jahr zu früh.

Das Elefantenkalb richtet sich, kaum geboren, behende auf und läuft der Mutter nach; das sechs Meter lange Blauwalbaby schwimmt sofort herum. Selbst die Ente kriecht aus dem Ei und watschelt weg. Auf unser Kind übertragen müßte dies heißen: Es müßte vom ersten Tag an laufen können, wenigstens über die Anfänge einer Sprache verfügen, seine Gehirnmasse müßte viel größer sein, nicht vierhundert Gramm also, wie es der Fall ist, sondern mindestens neunhundert Gramm. Denn Säugetiere mit hoher Gehirnausbildung haben eines gemeinsam: Ihr Gehirn vermehrt sich von der Geburt an höchstens noch um das Doppelte. Nicht so der Mensch, bei dem es sich verdreifacht, vervierfacht. Erst zum Ende seines ersten Lebensjahres ist der Mensch dann in der Verfassung, in der die höheren Säugetiere schon bei der Geburt sind. Was daraus folgt und woran ich jetzt denke, da ich dieses hilflose Kind vor mir sehe, ist schnell gesagt: Das Kind hat nicht mehr die warme, dunkle Geborgenheit des Mutterleibs – aber auch die Eintönigkeit ist nicht mehr da.

Wir müssen nun dem Kind die Welt zum Geschenk machen: den Tag und die Nacht, die Sonne, das Wasser, unsere Zärtlichkeit, das Einschlaflied, das Streicheln und Behüten, die Geschichten, die wir erzählen. Wir müssen es auf diese Welt vorbereiten – und es ist genug, was es zu lernen hat! Diese Welt will wirklich erobert sein, und das beginnt schon in den ersten Tagen! Aber diese Weltoffenheit lohnt, mehr noch, sie unterscheidet den Menschen vom Tier, das umweltgebunden ist, das sich nach der Geburt nur noch wenig entwickelt, dem so unendlich viel versagt bleibt. Nur weil der Säugling so früh aus der Reizarmut, der Dunkelheit des Mutterleibs befreit wird, kann er sich zum Menschen entwickeln. Nur darum stehe ich schon heute vor meinem Sohn – mit einem Versprechen: Ich will ihm helfen, sich in dieser Welt zurechtzufinden. Was heißt das? Es heißt, daß ich nicht sagen will: Er ist noch ein Baby, und ein Baby braucht Ruhe und sonst gar nichts. Ich will mich nicht damit herausreden, daß ich sage, er versteht mich nicht, ich werde später für ihn da sein, wenn er größer ist. Ich werde vom ersten Tag an versuchen, dafür dankbar zu sein, daß dieses kleine Wesen ein Jahr früher auf die Welt gekommen ist, als es »eigentlich« kommen sollte. Dieses ist wirklich ein »geschenktes Jahr«! Es ist voller Zauber, Verheißung – und Verantwortung. In diesem Sinne: Herzlich willkommen, mein kleiner, auf die Welt so neugieriger, fröhlicher Sohn.

An mein Kind

Mein liebes Kind, es ist kurz vor Mitternacht, ich sitze am Verandatisch und schreibe Dir, obwohl Du noch nicht geboren bist, Deine Mutter ist in der Klinik – die Wehen hatten eingesetzt –, sie winkte mir in dem Korridor noch einmal schnell zu, etwas abwesend schon, als sei nun nichts anderes mehr wichtig.

Im Taxi fuhr ich zurück, nun ist Leere um mich, das Bett Deiner Mutter steht leer, alles, was hier herumsteht, ist ohne Leben: die Blumen, Bilder, Möbel, Bücher, alles ist wesenlos, ich gehe durch die Räume, drehe am Fernsehapparat, kein Bild kommt mehr, dieser Tag ist zu Ende, und der nächste wird der Tag aller Tage für Dich sein: Morgen beginnt Dein Leben.

Ich will aufschreiben, was ich Dir wünsche. Vielleicht, damit die Wünsche, die noch so ohne Namen sind, dadurch greifbar werden; vielleicht auch nur, weil ich dann besser selbst erkenne, was ich für wichtig halte und darum auch für Dich für wichtig halte; vielleicht auch, um eine erste Beziehung herzustellen zwischen Dir und mir, die eigentlich noch nicht da ist – wir Väter sind später dran, die Mütter empfinden da anders, sie haben das Kind vom Urbeginn.

Was also Dir wünschen? Vor allem dies: daß Du immer die richtigen Wünsche hast. Wünsche verführen, lenken vom Weg ab, reißen hoch, ziehen runter.

Wünsche Dir immer das Wesentliche. Also wünsche Dir immer das herrliche Gefühl, wenn Du mit der Sonne taufrisch aufwachst und den Tag in den Händen hältst wie eine goldene Kugel: voller Zeit, Möglichkeiten, Begegnungen, Blicke, Gespräche, Träume. Wünsche Dir keinen Titel, der Dich hineinpreßt in »Du mußt, Du sollst, Du hast, Du bist, Du darfst nicht«. Aber wünsche Dir, daß die Türen aufgehen, wenn Du kommst, weil die Menschen Dich mögen. Wünsche Dir nicht, daß es morgen schön wird, wenn Du darüber vergißt, was Du heute möglich machen kannst.

Als zweites wünsche ich Dir Glück. Es gibt so viele Menschen, die redlich sind, ehrlich, fleißig, zuverlässig, gründlich, betriebsam – aber die glücklos sind. Ihr Leben ist ein einziger langer Novembertag, der Himmel stößt nirgends an die Erde, es gibt keinen Horizont, keinen Sonnenstrahl, der aus hochgetürmten Wolken fällt – nur graues Einerlei, Alltag. Das also wünsche ich Dir vor allem – und ich wünsche es Dir, weil Du es nie erzwingen kannst: Glück.

Dann wünsche ich Dir Chancen. Ich könnte auch Möglichkeiten sagen. Aber Chancen, das klingt der Sache, die ich meine, angemessener. Das Spielerische ist mit drin, und das ist es, was den wahren Wert ausmacht. Ich meine damit die Gabe, das Leben in seiner endlosen Vielfalt zu erkennen – und dann immer neu zu wählen.

Dann: die Fähigkeit zu genießen – und mit dem Genuß fertig zu werden. Du wirst später ans Meer fahren, an die Nordsee vielleicht. Du wirst durch die Dünen zum Meer laufen – und dann wird da ein Augenblick sein, der Dir nicht verlorengehen darf: Du spürst, gleich liegt das Meer vor Dir, aber Du siehst es noch nicht. Du ahnst nur: noch ein, zwei Schritte auf diese Anhöhe – und dann, dann ist es soweit. Diese Sekunde, da der Wind auffrischt, da die Dünengräser sich biegen, da Du die Wellen schon hörst, diese Sekunde also, bevor das Meer Dir wirklich zu Füßen liegt – verschenke sie nicht. Der Augenblick des höchsten Genusses liegt da, wo ihn die meisten Menschen nicht vermuten. Nicht die Torte ist es, die den Genuß bietet, sondern der Moment, in dem das

Mädchen mit der weißen Haube das Stück abschneidet, es auf einen Teller legt und zu Dir trägt.

Ich wünsche Dir Gelassenheit – nicht Lässigkeit. Also die Fähigkeit, abwarten zu können, bis die Dinge reifen. Grüne Äpfel schmecken nicht.

Ich wünsche Dir, daß Du Dich – wie es die Dichter heute so schön sagen – »selbst annimmst«. Daß Du also gut Freund wirst mit dem, der Dir aus dem Spiegel entgegentritt. Du kannst anderen Menschen nichts sein, wenn Du Dir selbst nichts bist.

Und was diese »anderen Menschen« angeht: Sie sind wie Du auf dieser Welt, ohne daß sie gefragt wurden, und sie müssen diese Welt wie Du durchstehen, und sie haben alle, alle, alle, so glanzvoll ihr Leben sein mag, irgendwo Not, Schmerz, Angst, Plage. Wenn Du das weißt, wirst Du vieles verstehen, was Menschenwerk ist und was eigentlich nicht zu verstehen ist. Daß die Menschen neidisch sind, zum Beispiel (was so töricht ist, weil Neid wie eine Chemikalie den Menschen zerfrißt). Nur wenn Du die Menschen aus diesem tiefen Wissen heraus verstehst, wirst Du ihnen das entgegenbringen, was sie brauchen, wie vielleicht nichts sonst: Duldsamkeit. Das ist die Fähigkeit, die Du schulen mußt, wenn sie Dir nicht mitgegeben wurde.

War es viel? Vielleicht war es zuviel. Du wirst die Wünsche brauchen, der Lebensweg ist lang, wie es anfangs scheint – dann schnell, wie man weiß – dann schwer, wer weiß das nicht? – dann leicht: auch das kommt vor! – dann himmelstürmend: so schön kann die Welt sein! – dann tief im Tal: ob man da wieder rauskommt? – dann böse: hab ich das verdient? – dann milde und unsagbar verwöhnend – auch hier die Frage: hab ich das verdient? – dann geht der Weg schnurgerade, dann zickzack, in jeder Kurve lauert Gefahr . . . Und immer wieder kehrst Du ein auf Deinem Weg, und ich wünsche mir, daß es oft bei Deinen Eltern sein wird und bei einer Handvoll guter Freunde (mehr gibt's doch nicht! Aber das merkt man erst später!).

Das war's, mein Kind. Nun kann's also losgehen . . .

Das lange Warten

Dienstag

Seit heute weiß ich es. Karin stand in der Küche, leicht vorgebeugt, und sie war blaß. Was sei, fragte ich sie, ob sie etwa Schmerzen habe, ob ich helfen könne, ob sie einen Arzt brauche. Sie gab keine Antwort, sie stand vor mir und dachte sicher, ich würde es nun wissen, so ahnungslos könne doch ein Mann nicht sein, und wenn er noch so viel um die Ohren habe, aber schließlich: etwas Zeit zum Denken bleibe doch, und ein Mann müsse das doch spüren, der eigene Mann noch dazu!

Sonderbar, so aus der Welt ist es doch nicht, daß eine Frau ein Baby erwartet, aber Herrgott, dieses fragende Männergesicht, überhaupt dieses Fragen in der falschen Richtung: Ich stand da, im Mantel, die Taxiquittung in der Hand, weil ich sie über Spesen abbuchen kann, und meine Frau schaute mich an, und ich schaute sie an. »Nun sag schon was«, das war meine Rede. »Nicht hier in der Küche«, das war ihre Rede. »Ist's was Schlimmes?« das war meine Rede. »Nein, aber ich war heute beim Arzt. Weißt du?« Und plötzlich – ich wußte es. Irgendwie wußte ich es plötzlich. Keine Vokabeln, keine Gesten. Keine Erklärungen. Sie war beim Arzt – mehr nicht. Wir bekommen ein Baby. Herrgott, wir bekommen ein Baby!

Mittwoch

Ich war vor ihr wach. Karin lag neben mir. Zwischen uns waren ein paar Zentimeter, so eine lächerliche Spanne, ein paar Zentimeter, und sie hatte ihre Augen geschlossen, und sie schlief fest, der Atem zeigte es, wie eine Mechanik, langsam, gleichmäßig, rauf-runter-rauf-runter-rauf-runter. War nicht eben ein Lächeln da? Träumt eine Frau noch am Morgen? Welche Bilder sieht sie, die ich nicht sehe? Ist sie mir nicht plötzlich entrückt, nun, da sie ein Baby erwartet? Wie ist das eigentlich, dieses Ein-Baby-Kriegen? Wird sie so bleiben, wie sie war? Wird es so zwischen uns bleiben, wie es war, all die Tage, Monate, Jahre? Werde ich so bleiben: etwas zu leichtsinnig, zu ichbezogen, zu – nun, sag's doch schon: zu genußsüchtig?

Als sie die Augen öffnete, als sie sich zu mir drehte, als sie mich anschaute und fragte: »Böse?« und als ich zurückfragte »Wieso böse?« und als sie antwortete: »Weil du so böse dreinschaust« – da fühlte ich mich ertappt: Meine Gedanken waren keine guten Gedanken – ein Baby? Das bedeutet doch eine neue Wohnung. Kein neues Auto. Die Sommerreise in Gefahr. Sich vom Chef mehr bieten lassen. Die Mark ist nur noch ein Drittel wert. – Meine Gedanken, sagte ich, spiegelten sich in meinem Gesicht. Ich werde anders denken müssen von nun an, damit mein Gesicht anders aussieht.

Montag

Ich habe irgendwie Angst. Karins Herz ist nicht das stärkste. Es wird bei der Geburt viel leisten müssen. Das Kind, das sie in sich trägt, ist mir unheimlich. Es bestimmt auf einmal ihr Leben. Es zwingt sie in den Schlaf. Es macht ihre Schritte langsamer. Es holt sich, was es braucht, und in Karins Gesicht graben sich Spuren ein. Sie muß viel liegen. Wenn sie aufsteht, wird ihr schwindelig. Sie muß öfter erbrechen. Wie schwer mag das Baby jetzt sein? Dreihundert Gramm? Leichter als eine Tüte Zucker. Aber schon mit Augen, Mund, Nase, Herz.

Wenn das kleine Leben acht Wochen alt ist, dann ist alles

schon irgendwie da. Das Herz schlägt sogar schon nach drei Wochen! Eigentlich ist alles schon vorbestimmt: das Lachen, das Weinen, der Ehrgeiz, der Egoismus, die Frische, die Eitelkeit, die Armut, der Reichtum. Das ist unaufhaltsam, das bildet sich weiter, ich sehe schon alles vor mir: die Taufe, die Einschulung, das Studium, die Berufswahl, das ganze Leben dieses Kindes hat schon begonnen.

Freitag

Wir hatten Besuch. Die Nacht holte langsam den Abend ein. Karin konnte nicht ruhig sitzen. Ich beobachtete, wie sie ihre Haltung dauernd änderte. Sie beugte sich vor, sie lehnte sich zurück, sie verlagerte das Gewicht, sie streckte sich, laut lachend, obwohl es nicht viel zu lachen gab, aber sie tat es, um einen Grund zu haben, daß sie sich strecken konnte. Der Besuch fragte, wie lange es noch dauern würde, und sie sagte, noch zwei Monate, höchstens, und dann ging das Gespräch weiter: Vietnam und Ludwig Erhard und der Fasching, also das käme diesmal nicht in Frage, und die Minirock-Mode, das sei etwas für ganz junge Mädchen. Und der Besuch – ein Mann! – der lachte.

Sechs, sieben Glas Whisky waren getrunken. Er sei ganz anderer Meinung, sagte er: Mini sei immer gut. Karin lehnte sich zurück, um sich wieder zu strecken, und sie lachte, und ich wäre am liebsten aufgestanden und hätte dem Mann gesagt, daß doch nun Schluß sein müsse, ob er keine Augen im Kopf habe, aber der Besuch war für mich wichtig, und so ließ ich es. Und als er um zwei Uhr nachts endlich gegangen war und Karin die Gläser wegräumte, in die Küche, und ich zu ihr kam, um zu hören, ob es ihr gut ginge, und sie sagte, es sei zuviel gewesen, sie könne nun nicht mehr so lange sitzen, da – erspar es mir: Ich will mich bessern. Es kommt mir kein Besuch mehr ins Haus, der Mitternacht bei uns erlebt.

Mittwoch

Rolf lief mir über den Weg. Er ist Manager an der Ruhr geworden. Er war in Eile, er kam gerade aus Paris und wollte abends noch in Berlin sein. Wie es mir geht? Ehe ich noch etwas sagen konnte, erzählte er mir, wie es ihm geht: fabelhaft, Aufträge, Erfolge, Bungalow in Düsseldorf, viel unterwegs, man tut, was man kann. Zwischenfrage: Wie geht's deiner Frau? – dann weiter: also, die Entwicklung in Bonn! –, und erst, als ich einschiebe, daß meine Frau ein Baby bekommt, stoppt seine Rede, ratsch, aus. Ein Kind? Dann schlägt er mir auf die Schulter: »Altes Haus, und das noch in deinem Alter, Glückwunsch, wirklich, herzlichen Glückwunsch!« Und nach einer Pause, beinah vertraulich: »Vielleicht mach ich den ganzen Rummel nur, weil ich kein Kind habe. Aber du weißt ja . . .«

Ich wußte: Seine Frau konnte keine Kinder bekommen. Sein Gesicht verdunkelte sich. Nur für einen Augenblick. Dann der Blick zur Uhr: »Ich muß weiter, mach's gut.« Seine Finger spielten nervös mit dem Flugticket. Morgens Paris, mittags München, abends Berlin – das hätte ich auch gern. Man kann im Leben nicht alles haben.

Freitag

Was habe ich heute getan? Ich habe telefoniert, etwa dreißigmal. Ich habe Briefe diktiert, etwa zwanzig Stück. Ich habe Konferenzen gehabt, drei oder vier. Ein alter Schulfreund, mit dem ich mittags zum Essen verabredet war. Das Auto zur Inspektion gebracht. Das war's. Und was hat Karin getan? Geschirr abgetrocknet. Silber geputzt. Etwas eingekauft. Die Kleider in die Sonne gehängt. Das war's. Nicht viel, wie es nicht viel war, was ich getan habe.

Brachten wir beide die Welt ein Stück weiter? Geschah

etwas, das diesem Tag, der so unwiederbringlich ist, der sich uns darbot – eigentlich doch wie ein Geschenk –, irgend etwas von einem Sinn gegeben hat? Ich glaube es nicht. Aber ich weiß, daß unser Kind sich zwölfmal bewegt hat, du hast es mir gesagt, und daß es drei, vier Millimeter gewachsen ist und daß es 140 Herzschläge in der Minute hat, irgendwo habe ich das mal gelesen, und daß für uns eigentlich alles andere jetzt unwichtig geworden ist.

Sonnabend

Freunde hatten uns eingeladen. Karin wollte nicht mitkommen. »Ich mag nicht mehr ausgehen, in diesem Zustand.« So ging ich alleine. Hab ich mich amüsiert? Es war kein lustiger Abend. Die Frauen, mit denen ich tanzte, waren für mich ... nun, wo sind sie, die Worte? – wie waren sie? Wesenlos? Fremd? Unnahbar? Nahbar? Ich fragte mich plötzlich: Warum bist du eigentlich hier? Warum verrenkst du die Glieder nach dieser irren Musik? Was redest du? Was willst du, was soll das alles? Karin liegt zu Hause und schläft – und mit ihr das Kind. Und ich? Ich tanze. Und die Frauen herum flirten. Und diese Witze, die Anzüglichkeiten, dieses »Weißt du noch, man sollte mal, prost, ach ja, es wäre schön, wenn man noch jünger wäre, die Nacht ist nicht zum Schlafen da, prost«.

Was dachte ich eigentlich, als ich mich jäh verabschiedete und mich im Taxi nach Hause fahren ließ? Daß jede Zeit ihren eigenen Klang, ihre eigene Farbe hat – und daß diese unsere Zeit nicht laut ist, sondern still. Als ich heimkam, trat ich an ihr Bett – und sie schlief. Diese ruhigen Atemzüge. Dieser Raum ohne Licht. Diese Nähe und Ferne zugleich. Warum war ich an diesem Abend fort gewesen?

Donnerstag

Meine Mutter rief mich aus Lübeck an und sagte, sie habe geträumt, es werde ein Junge. Was ich denn für ein Gefühl habe, wollte sie wissen. Ja, was habe ich für ein Gefühl? Ich glaube, es wird ein Mädchen. Karin selbst tippt auf einen Jungen. Mein Vater wünscht sich einen Jungen. Meine Schwester sagt, ein Mädchen sei dran. Wenn man einmal nachschauen könnte, mit dem Baby sprechen. Man kann doch heute so vieles, aber will ich das? Nur einmal hören, wie es ihm geht, ob es wirklich ein Junge oder Mädchen ist. Ich wünsche mir ein Mädchen, ja, ich wünsche mir ein Mädchen. Frauen machen diese Welt heller.

Freitag

Der Arzt hat heute gesagt, das Kind habe sich gedreht. Nun sei es in der richtigen Lage. Mit dem Kopf nach unten. Die Natur regelt alles nach ihren Gesetzen. Das Kind weiß schon, was es will. Die Mutter hat keinen Einfluß darauf. Sie muß warten. Und wenn das Kind zappelt und stößt, muß sie es ertragen.

Mittwoch

Als meine Sekretärin heute sagte, meine Frau möchte mich sprechen, ob sie verbinden dürfe – da dachte ich: Nun ist es soweit. Sie wird den braunen kleinen Koffer nehmen – und in die Klinik fahren. Aber Karin wollte mir nur sagen, daß ein lang erwarteter Brief gekommen sei. Als ich den Hörer in die Gabel legte, war ich enttäuscht. Dieses lange Warten, wann geht es endlich zu Ende?

Montag

Nun können wir anfangen, die Tage zu zählen. Und dann wird es auf der Welt sein, mit einem kräftigen Schrei. Aber die Welt wird davon keine Notiz nehmen. Ein paar Freunde werden schreiben, und ein paar Blumen werden kommen. Dazu einige Glückwünsche aus der Familie. Dann gehört es zu dieser Welt, dieses Kind, mit einem Namen und einer Adresse und mit einem Anspruch, und dann wird es nicht locker lassen, alles zu bekommen, was immer es will: die Muttermilch, den Brei, die Flasche, die sauberen Windeln, die Ausfahrt im Stadtpark, die Tüte mit Bonbons, die ersten Schallplatten – noch die Beatles? –, den ganz teuren Pulli. Und später wird es, wenn es ein Mädchen ist, den Mann haben wollen, und wenn es ein Junge ist, wird er die Frau haben wollen, sie werden sich zusammentun und ihr Leben leben.

Dann wird Karin alt sein, und ich werde auch alt sein – und dann werden wir eines Tages einen Anruf bekommen, daß der Enkel in Sicht ist, und so wird es weitergehen. – Und vielleicht ist der ganze Sinn in all diesem, was geschieht, und vielleicht gibt es keinen anderen Sinn auf der Welt als diesen einen – ich weiß es nicht, ich bin auch nicht traurig darüber: Haben nicht Rätsel, die gelöst sind, ihren Reiz verloren?

Sonntag

Der Anruf. Die Schwester. Annemarie, Schwester Annemarie. – »Ich kann Ihnen sagen, daß Ihre Frau einem gesunden Jungen das Leben geschenkt hat.« Etwas von Glückwunsch. »Sie können in zwei Stunden kommen, nun trinken Sie aber nicht gleich soviel.« Gut gemeint, Schwester Annemarie. Ich hängte den Hörer ein. Ich schaute mich um. Das Wohnzimmer. Der Korridor. Das Zimmer, in dem du gestern noch schliefst. Die Nelken, hängende Köpfe. Die Milch auf dem Eisschrank, halb leer die Flasche, vergessen, nicht ins Fach gestellt. Zigarettenasche auf dem Frühstücksteller. Wenn du das sehen würdest! Ein paar Stunden bist du fort. Ein Gefühl, als sei die Seele aus den Räumen geflogen. Ich stehe hier und bin Vater geworden und habe einen Jungen, und die Schwester Annemarie hat mir gesagt, ich soll nicht soviel trinken, sie wird es wissen, die Schwester, denn sie kennt die Männer, die Väter werden. Ich laufe im Zimmer auf und ab. Die Ungeduld der letzten Tage ist gewichen. Auf einmal erscheint alles so klar, als ob es nie anders hätte sein können. Wie schnell das geht!

Was müßte man jetzt tun? Auf einen Berg steigen und Gott danken. Ein Boot nehmen und aufs Meer hinausfahren. Die Nacht abwarten, die paar Stunden noch, und durch die Stadt laufen, um die Ecken, in die Gesichter der Menschen schauen und sich einen neuen Vers machen auf das Leben. Zur Bibel greifen, rechts außen im Bücherschrank. Zur eigenen Mutter fahren und sie fragen, wie eine Frau fühlt, die einem Kind das Leben geschenkt hat. Freunde nehmen und in eine Bar ziehen und alle fünf gerade sein lassen und in Dekolletés schauen und sich irrsinnig fallen lassen: Was, so frage ich mich, müßte man jetzt tun? Das Ende feiern, die Zeit zu zweit? Oder den Anfang, die Zeit mit dem Kind, die nun da ist?

Drei Kilometer entfernt schläft es in der Klinik, dieses Kind. Ich werde jetzt ein Taxi nehmen. In zehn Minuten bin ich dann vor der Glaswand. Schwester Annemarie wird in irgendeinen Korb greifen und irgendein Kind zu mir bringen. Dieses Kind wird mein Kind sein! Sie wird es mir zeigen – und was werde ich zuerst sehen? Die Augen, die kleinen Hände, den Leukoplaststreifen mit dem Namen? Sieben Pfund schwer ist das Kind, sieben Pfund und ein paar Gramm. Das

Herz hat 140 Schläge in der Minute, wie ich im Lexikon nachgelesen habe. Die Länge schätze ich auf 51 Zentimeter, das ist bei dem Gewicht so die übliche Größe. Ich habe das im Lexikon studiert. Sonst weiß ich nichts, nichts, nichts. Was wissen wir schon, die wir Väter werden?

Ich danke Dir für unser Kind

Noch habe ich diese eigentümliche Freude, die Stunden zu zählen, die unser Kind nun schon auf der Welt ist. Es sind jetzt fünfzig Stunden und – laß mich nachsehen! – vierzehn Minuten. Und mit jedem Schlag der Uhr wird mir mehr bewußt, daß ich Vater geworden bin – und daß ich Dir so unendlich viel zu danken habe. Wenn ich das Gefühl des Glücks messen könnte, das in Dir ist, so exakt, wie man Temperaturen feststellt, in Graden und Zehntelgraden, und wenn ich vergleichen würde, ob wir Männer irgendwann, irgendwo, irgendwie ein ähnliches Gefühl erleben – was würde ich erfahren? Ich weiß nur, daß ich Dich nie zuvor so lächeln sah wie gestern, als unser Kind von der Schwester zu Dir ans Bett gelegt wurde. Nie waren Deine Augen strahlender, nie Deine Worte zärtlicher, Deine Bewegungen niemals zuvor so behutsam – ja, dieses Kind, eben erst auf der Welt, hat diese Welt verändert.

Ich erinnere mich an ein Denkmal, das in Mexiko steht und das all den Frauen gewidmet ist, die Mutter wurden. Der Text bleibt mir unvergessen: »Derjenigen, die uns liebte, ehe sie uns kannte.«

Unser Kind wird weiter Deine Liebe brauchen, und es wird danach verlangen, von nun an Tag für Tag mehr. Und – ich sagte es schon – es wird unser Leben verändern. In unser Leben kommt Farbe. Es wird nie gehörte Töne geben. Das Tempo ändert sich. Alle Worte haben einen anderen Sinn; wir werden nichts mehr auf die Weise tun, wie wir es ohne dieses Kind getan hätten.

Und wir werden andere Gedanken denken! Das Kind wird mich eines Tages nach dem Sonnenaufgang fragen, und ich werde über den Sonnenaufgang neu nachdenken und darüber, was er uns Menschen eigentlich bedeutet (nämlich, daß er ein immer neues großartiges Geschenk Gottes an uns Menschen ist – und eine Verheißung). Das Kind wird mich nach dem Erfolg fragen. Und ich werde darüber nachdenken, wie wichtig Erfolg für das Leben wirklich ist (und vielleicht kommen mir später Zweifel?). Das Kind wird mich nach der Wahrheit fragen. Und ich werde über die Wahrheit nachdenken, und wer weiß, was ich dann sagen werde?

Mit diesem Kind hast Du unser Leben erweitert, in die Breite, in die Tiefe, in die Höhe. Millionen Gedanken werden kommen, banale Gedanken, törichte Gedanken. Es wird um Masern, Pythagoras, um Autos und um Gott gehen. Ich möchte mit Dir über unser Kind sprechen, am liebsten am Meer, dort, wo keine anderen Menschen sind, nur Himmel, Wolken, Wind, dort – wo uns jeder Wellenschlag zeigen würde, wie die Natur das Leben begreift: als ein einmaliges – und doch immer wiederkehrendes Wunder. Keine Welle gleicht der anderen, sieht man genau hin, jede Welle gleicht der anderen, nimmt man alles in allem. Kein Baby gleicht dem anderen, denken wir an unser Kind, ein Baby gleicht dem anderen, wenn ich mich erinnere, wie sie zum Verwechseln ähnlich in der Säuglingsstation neben Deinem Zimmer liegen: alles vor dem Wettlauf hinein ins Leben, ein Kind, so gut wie das nächste.

Ich wünsche Dir, daß Du gut schläfst. Du hast es weiß Gott verdient. Du wirst – vielleicht zum erstenmal in Deinem Leben? – nachts keine Träume haben, die schöner sind als das, was Du jetzt erlebst. Kann einem Menschen Herrlicheres widerfahren?

Meine Frau trägt das Kind in die Wohnung. Ich habe ihr die Tür aufgeschlossen. »Da wären wir also«, sage ich, und bei Gott, was Besseres ist mir nicht eingefallen, nur dieses nichtssagende »Da wären wir also«, so, als sei man aus dem Kino heimgekehrt, und dabei ist doch alles ganz anders: Unser Kind, zehn Tage auf der Welt, kommt in sein Zuhause. Das ist doch etwas Festliches, etwas Großartiges – was erleben wir Menschen denn noch?! –, aber ich sage nur »Da wären wir also«, und meine Frau tritt ein, legt das Kind auf das Sofa, schaut sich in den Räumen um, die sie zehn Tage nicht gesehen hat, freut sich über die Rosen, die Freunde geschickt haben zur Ankunft unseres Sohnes und die ich natürlich in die falsche Vase gestellt habe, ich sehe es an ihrem Blick, aber sie lächelt nur. »Nun bin ich ja wieder da«, sagt sie – auch nichts Feierliches.

Wie müßte denn dieser Tag sein? Der Himmel müßte von einem hellen Blau sein, die Sonne alles überstrahlen, alle Blumen müßten blühen, auch die welken Blumen sich aufrichten, die alten Leute auf der Parkbank müßten ihre Köpfe heben. Girlanden müßten gespannt sein, Musik: eine Kapelle, die einen Marsch spielt, weil es ein Junge ist, der nun beginnt, Tritt zu fassen im Leben, oder auch ein Tanzorchester von mir aus, mit viel Saxophon und vielen, vielen Geigen, das eine Melodie hinzaubert, die das Kind von nun an begleitet. Ja, so müßte es doch eigentlich sein, wenn ein neuer Mensch in dieser Welt einzieht, um diese Welt – was zu hoffen ist – zu bereichern, schöner zu machen – besser zumindest.

Denn von nun an geschieht doch so viel Neues, was nicht geschehen würde, wenn es dieses Kind nicht geben würde. Es gehen doch tausend Impulse von diesem kleinen Herzen aus, das da in dem kleinen, sieben Pfund schweren Körper schlägt. Viel Alltägliches darunter, natürlich. Der Mann von der Versicherung war schon da. Er wird eine Prämie verdienen. Das Blumengeschäft an der Ecke muß dauernd Rosen schikken und Nelken. Der Drogist gegenüber, wir werden seine besten Kunden sein: Milchpulver, Windeln, Seife, weich bitte, zart bitte. Puder, kleine Nagelschere, alles, alles brauchen wir. Die Telefonrechnung wird steigen, bei uns, die wir Freunde anrufen, um vom Kind zu berichten. Der Arzt im Haus, er wird eines Tages kommen müssen, wenn das erste Fieber steigt; die Frau, die uns hilft, wird von nun an öfter da sein; der Standesbeamte muß den Namen beglaubigen. Sekretärinnen müssen die Formulare schreiben – dieses Kind setzt so vieles in Gang; und es wird weitergehen, es wird keine Ruhe geben: Das Kind wird wachsen, und es wird – irgendwann, später – Menschen kennenlernen und in andere Schicksale eingreifen – alles Leben ist von anderem Leben abhängig. Seine Schwester hat es schon erfahren: Von nun an ist ihr Leben nicht mehr denkbar ohne den Bruder. Der Beginn war voller Zärtlichkeit.

Dies, heute, ist also unser erster Tag! In der Klinik gehörte uns das Kind noch nicht ganz, da schlief es mit anderen Kindern, die es nie mehr später sehen wird, mit denen es nur die Stunden der Geburt teilt. Doch nun gehört es zu uns! Jeder Schrei wird unsere Wege an seine Wiege lenken. Jedes Lächeln wird uns glauben machen, es habe uns gemeint. Jedes Weinen wird uns beunruhigen, den Arzt womöglich alarmieren. Jeder seiner Schritte, eines Tages, wird die Hoffnung stärken, daß es sich im Leben, in diesem Durcheinander, Nebeneinander, zurechtfinden wird.

Aber dieser Tag, dieser erste Tag, ist draußen ganz alltäglich. Keine Sonne! Keine Blumen, die welk sind, richten sich auf. In kein fremdes Gesicht zaubert dieses Kind ein Lächeln. Es verändert noch nichts da draußen in der Welt.

Nur bei uns, nur in uns ist von nun an alles, alles anders. Ich nehme, zum erstenmal, die kleine, winzige Hand des Kindes. Es hat die gleichen Handlinien wie ich. Unser erster Händedruck. Da tritt meine Frau ins Zimmer. Sie wird mir das Kind fortnehmen und es an die Brust legen. Und ich werde warten. Es wird Zeit brauchen, bis ich den Vorsprung einhole, den meine Frau hat. Die Frauen, sie erleben das Wunder – wir Männer, wir schauen nur zu.

Ich danke Dir, mein kleiner Sohn

Guten Tag, mein Kind. Ich möchte mit Dir über diesen Tag und alle anderen Tage sprechen. Du wirst mich nicht verstehen, weil Du nur eine Handvoll Monate alt bist, und so will ich aufschreiben, wofür ich Dir danken will. Vielleicht wirst Du es später einmal lesen.

Ich will Dir danken für eine Erfahrung, die ich ohne Dich nie gemacht hätte. Bisher zerbrachen meine Tage wie Mörtel eines alten Hauses. Die Termine hatten mich im Griff, die Telefonate, die Reisen, die ganzen wichtigen Dinge, die später, am nächsten Tag oft schon, plötzlich gar nicht mehr so wichtig waren. Der Mittag überholte den Morgen, der Nachmittag den Mittag, und der Abend kam immer zu schnell. Der Minutenzeiger wurde zum Schrittmacher meines Lebens.

Und nun habe ich Dich. Und plötzlich ist alles wie verwandelt. Dein Tag ist von beneidenswerter Endlosigkeit – eine Uhr ohne Ziffern und Zeiger. Die Spieldose mit der immer gleichen Melodie – »Morgen früh, wenn Gott will, wirst Du wieder geweckt« – kann nicht oft genug aufgezogen werden; der braune Teddy ist stundenlang in Deinen Händen – geduldiger Gefährte Deiner langen Tage.

Du entdeckst Deine Finger, Deine Zehen, Deine Mutter, die Lampe, die Rassel – alles ein Stück Welt, und diese Entdeckung braucht Zeit, und Du hast diese Zeit. Und wenn ich Dich im Arm halte, spüre ich etwas von dieser grenzenlosen Ruhe. Und plötzlich habe ich auch wieder Zeit. Stunden um Stunden sitze ich bei Dir – wo nehme ich diese Zeit bloß her? – und streichle Deine Hand, lege meine Wange an Deine Wange, möchte Dir etwas von meiner Zärtlichkeit abgeben. Und spüre doch im gleichen Augenblick: Ich bin es, der

Zärtlichkeit gewinnt. Die Zeit, die Du mir nimmst, ist in Wahrheit die Zeit, die Du mir gibst.

Termine lasse ich fallen, Telefongespräche werden verschoben, Briefe bleiben ungeschrieben, Besuche werden abgesagt, Bücher bleiben halb gelesen liegen. Ich sitze bei Dir und staune: Da gibt es wirklich Sonnenstrahlen, die Dich nicht aus dem Schlaf reißen, Straßenlärm, der Dich nicht stört, Rundfunknachrichten, die nichts bedeuten. Dein Tag ist von schwebender Endlosigkeit. Und mein Tag? Er ist von Terminen zugemauert. Aber nun geht etwas von dieser Endlosigkeit auf mich über, und ein neues Maß kommt in mein Leben: Die Tage werden wieder länger.

Guten Tag, mein Kind – und vielen Dank für diesen Tag. Ich weiß, daß es nicht so bleiben wird. Schon haben wir Dir zum ersten Male kleine Schuhe angezogen: nach all den Dingen, die nur für Babys bestimmt sind – wie Flasche und Wiege und Schnuller und Windel –, das erste Stück, das in die Welt der Großen führt.

Es wird nun immer schneller, das Tempo, und der Zauber der Premiere – das erste Schreien, das erste Wiedererkennen, das erste Sitzen – geht viel zu schnell vorbei.

In wenigen Jahren wirst auch Du die Uhr kennenlernen: im Kindergarten, in der Schule, beim Nachhausekommenmüssen, wenn es heißt: Um sechs Uhr bist Du wieder da; um sieben Uhr müssen die Schularbeiten gemacht sein. Und auch bei mir wird es morgen wieder so sein wie gestern: Tausend Pflichten zerschneiden die Tage, machen sie kürzer, kleiner, schneller. Aber noch einmal gespürt zu haben, wie unbekümmert lang ein Tag sein kann, das verdanke ich Dir.

Wem danke ich für dieses Jahr?

Nun ist er ein Jahr alt, mein kleiner Sohn, und ich danke für dieses eine Jahr. Aber wem danke ich? Danke ich Gott, weil er mir dieses Jahr mit diesem kleinen lebendigen Wunder auf zwei Beinen geschenkt hat? Danke ich meiner Frau, daß sie mir dieses Kind in mein Leben stellte? Oder danke ich dem Kind, das von Tag zu Tag mehr die Welt ergreift – und begreift? Ich weiß es nicht. Ich weiß nur: Dies eine Jahr, das sein erstes Jahr war, wurde für mich verzaubert.

Es gibt nur noch wenig auf dieser Welt, was uns verzaubert. Der Tag kommt meist daher wie die nächste Straßenbahn; verpaßt man die eine, nimmt man die nächste; ein Hauch von Hoffnung liegt über jedem Abend: Vielleicht läßt sich am nächsten Morgen etwas besser machen, aber dann spürt man oft, wie alles schon eingefahren und festgefahren ist. Nicht so beim Kind: Da gibt es noch Staunen, Lachen, Weinen, da ist noch das ganz große Wundern, da gibt es verträumte Minuten, endloses Spiel, Toben, Schreien, herrliches Glücklichsein. Ein Kind nimmt jeden Tag entgegen als eine einzige Überraschung.

Das erste Jahr ist wie ein Kofferpacken vor der großen Reise: Tausend Empfindungen, Gefühle, Erfahrungen werden eingepackt – und heute weiß man: Irgendwann im späteren Leben wird das alles, alles wieder ausgepackt. Ich glaube fest daran – nicht weil die Wissenschaftler es jetzt herausgefunden haben, sondern weil ich es selber bei meinem Sohn spüre: Die nächsten Jahre – und es mögen viele Jahre und Jahrzehnte sein! – wird er aus diesem Koffer leben müssen.

Da ist schon die erste Sorge: Ich habe ihm beigebracht, was

Nein bedeutet. Wenn er zum Radio, zur Tischdecke greift, rufe ich »nein« – und seine kleine Faust zuckt noch etwas erschrocken zurück. Ich bin nicht glücklich, daß dieses Nein vor dem Ja kommt, aber ich weiß: Es wird für dieses Kind einmal wichtig sein, Grenzen zu erkennen und anzuerkennen.

Da ist schon die erste Angst: Gestern ist mein Sohn aus seinem Laufstall gestürzt – kopfüber –, Gott sei Dank auf den weichen Teppich. Sein Schreck war größer als sein Schmerz – mein Schmerz war größer als sein Schreck. Die Gefahren lauern überall. Nach seiner überstandenen Impfung atmete ich auf; der erste Schritt am Morgen in sein Zimmer läßt mein Herz ein paarmal schneller schlagen: Ob er auch fröhlich in den Tag schaut, der für mich nur fröhlich sein kann, wenn es ihm gut geht? Ein Kind haben heißt: sich selber nicht mehr ganz so wichtig zu nehmen.

Ein Jahr ist er also alt. Haben Sie auch ein Kind in diesem Alter? Beobachten Sie auch, wie sein Leben nun steil in die Höhe schießt, einer Rakete gleich, während Sie selber – um im Bild zu bleiben – mehr dahinfliegen oder schweben oder gar schon zum Gleitflug ansetzen? Das Jahr ist ein Stück Zeit, es wird immer kürzer, dieses Stück, je älter wir werden. In dem ersten Jahr des Kindes liegt der Beweis für die Möglichkeiten seines Lebens; in einem Jahr von uns, die wir groß geworden, die wir »schon aus dem Koffer leben«, liegt nur der Beweis für das unheimliche Tempo unseres Daseins.

Für mich hatte dieses Jahr, an der Seite meines Kindes, die Dauer eines Wimpernschlages. Die Bilder des Lebens überdecken sich immer häufiger. Für mein Kind aber war dieses erste Jahr ein erster langer Blick ins Leben. Was dieses Kind da gesehen hat, das ist sein erster Eindruck von dieser Welt. Ob es diese Welt und ihre Menschen einmal lieben wird, ob es selber geliebt werden wird, das alles hat sich nun schon entschieden. Dieses erste Jahr war das erste große Abenteuer seines Lebens – es wird sich nur leider nicht daran erinnern. Für mich aber war sein erstes Jahr das große Abenteuer, an das ich immer denken werde. Die gleiche Zeit – und doch: Es gibt keine Elle, an der diese beiden Jahre zugleich zu messen sind.

Ein Jahr nimmt Abschied. Ich schaue zurück. Mein kleiner Sohn schaut voraus. Ich beneide ihn darum nur deshalb nicht, weil er mein Kind ist. Aber auch für mich werden sich viele Türen öffnen: Ich werde die Märchen neu entdecken, die Sterne erklären – ich werde tausend Fragen hören. Ich werde die Welt neu sehen – mein Kind wird mich dazu zwingen. Ich weiß jetzt, wem ich danke: diesem Kind und seiner Mutter und Gott.

Der Preis des Glücks, ein Kind zu haben

Mein lieber Freund, verzeih mir, aber ich habe Dich angelogen, oder genauer: Ich habe Dir nur die halbe Wahrheit gesagt. Du wirst es nicht wissen, und darum will ich es Dir schreiben. Du hast gestern mit unserem Kind gespielt – Du hast Grimassen geschnitten, das Baby hat gelächelt, und in Deinem Gesicht war plötzlich ein Lächeln, wie ich es nie zuvor bei Dir gesehen habe.

Deine Frage hat meine Frau und mich noch lange beschäftigt, die Frage nämlich, ob so ein Baby nicht »irgendeinen Preis« kostet. Du erinnerst Dich, wir hatten sofort Belangloses aufgezählt: daß wir nicht immer fortgehen können, wenn wir wollen; daß das Baby nachts manches Mal schreit und uns Schlaf raubt; daß wir eine neue Wohnung suchen müssen. Wirklich lauter belangloses, dummes Zeug. Wir haben, weil wir Dich schonen wollten, nicht gesagt, was wir sagen müßten, um ehrlich zu sein: daß wir Dich von Herzen bedauern; daß wir Dein Leben für falsch halten, weil Du es um Dich selbst kreisen läßt, weil Du in Dein Leben keine Tiefe und keine Weite bringst. Sicher, da sind Deine Reisen, und ich kenne die Ziele – Rom, Paris und New York allein in den letzten drei Monaten –, das ist ein gutes Stück aus dem Lebenskuchen, das sich schon sehen lassen kann. Und trotzdem: In Deinem Leben ist keine Weite. Denn wo immer Du hingehst, mit wem immer Du sprichst, was immer Du erlebst – und ich weiß, Du erlebst viel –, alles ist doch für Dich nur ein Spiegel, in dem Du Dich selber suchst.

Auch in den Augen der Frauen, die Deinen Weg kreuzen – und es sind schöne Frauen, auch das weiß ich – suchst Du nur Dein Spiegelbild. In Deinem Leben wird das Wort Ich zu groß geschrieben, lieber Freund.

Gestern nun, als Du mit unserem kleinen Sohn spieltest, als er Dich anstrahlte und mit seiner kleinen Hand nach Deiner Nase griff, als Du Grimassen geschnitten hast, um ihn weiter zu amüsieren – und es ist Dir gelungen, Du kannst gut mit Kindern umgehen! –, da war etwas in Deinen Augen, was ich zuvor nie bemerkte: eine melancholische Fröhlichkeit. Und Deine Frage, die so unvermittelt kam und die Dir so wichtig schien – die Frage nämlich nach dem Preis für so ein kleines Glück –, haben wir nur halb beantwortet, indem wir, um Dich nicht zu verletzen, nur die Nachteile nannten.

Die Vorteile will ich Dir nicht aufzählen, sie lassen sich sowieso kaum beschreiben. Was würde Dir beispielsweise bedeuten, wenn ich Dir berichten würde, was allein das erste Wort des Kindes, das erste »Mama« – uns bedeutete? Es war uns, als habe sich der Himmel für einen Augenblick geöffnet. Was ich Dir also sagen will und nun auch sagen muß, ist etwas anderes: Wenn Du so ein Baby zu Hause hast, stellt sich die Frage nach dem Preis des Glücks überhaupt nicht. Mehr noch: Es ist überhaupt falsch, bei einem Kind nach einem »Preis« zu fragen. Sicher, irgendwie bezahlt man, weil einem ja nichts geschenkt wird, aber das ist nicht wichtig.

Bei Kindern hören diese Überlegungen auf. Wenn Du eine Frau kennenlernst, von der Du nicht weißt, ob Du sie liebst, von der Du es vielleicht noch nicht weißt, dann mag es sein, daß Du nach dem Preis der Liebe fragst; daß Du überlegst, ob es sich lohnt, dafür seine geliebte Freiheit aufzugeben. Junggeselle, laß Dir sagen: Mehr noch als bei der Liebe, die Dich einst mit einer Frau für immer, wie ich hoffe, zusammenführen wird, ist bei der Liebe zu einem Kind die Frage nach dem Preis, den man zu zahlen hat, dumm und töricht und sinnlos. Ein Baby verändert Zeit und Raum, ein Baby ist ein Wunder auf zwei – anfangs zumeist – krummen Beinen. Bei einem Wunder redet man nicht, da staunt man nur.

Ich trete jeden Abend an das Bett meines Kindes und staune. Nicht, weil mein Kind ein besonderes Kind ist, ein Wunderkind gar. Sondern weil sich hier ein Hauch von Lebenssinn offenbart, den – und das macht die Verständigung so schwierig – nur begreifen kann, der dieses Wunder selbst erlebt. Wenn Du – noch Junggeselle, noch Nicht-Vater – ein Foto meines Sohnes siehst, ist Deine Reaktion ganz anders, als wenn ich dieses gleiche Bild einem Mann zeige, der selbst Vater ist. Die Gedanken, die bei diesem Mann auftauchen, sind ganz andere und seine Fragen auch.

Väter haben zwei Sprachen: die Sprache der Männer – und die Sprache der Väter. Väter aber fragen gar nicht mehr nach dem Preis des Glücks, weil sie wissen: Die Münzen, die sie zahlen, sind klein, und was sie mit ihrem Kind haben, ist im Grunde unbezahlbar. Damit wir uns verstehen: Auch die Sorgen, die mit einem Kind verbunden sind, gehören natürlich dazu; auch die Jagd mit einem Taxi nach einem Arzt; auch der Urlaub, der später, wenn die Schule kommt, nur noch im Gedränge der Hauptsaison genommen werden kann; auch das Kurztreten, wenn es um eigene Wünsche geht, weil der Junge oder die Tochter da ist mit ihren Wünschen. Das ist es, was ich mit der Tiefe meine, die Deinem Leben fehlt.

Ich will Dich nicht überreden, ich will Dich nicht beeinflussen – ich könnte es auch gar nicht –, ich will nur eines: nachholen, was zu sagen ich gestern versäumte. Darum dieser Brief. Seit ich diese nachdenklich traurige Fröhlichkeit in Deinen Augen gesehen habe, weiß ich, daß Du – vielleicht in diesem Augenblick – selbst schon ein Suchender geworden bist. Die Wahrheit des Lebens sind die Kinder wohl nicht, aber es ist für mich nur noch schwer vorstellbar, wie ich diese Wahrheit ohne ein Kind jemals finden könnte. Wir werden den Sinn all dessen, was wir tun, vielleicht nie herausfinden.

Aber ich glaube, daß wir doch dem Lebenssinn ein kleines Stück näherkommen, wenn wir das Glück haben, in die Augen von Kindern zu schauen. Frage also bitte nicht mehr nach dem Preis des Glücks, ein Baby zu haben. Es gibt Stunden, glaube es mir, in denen Dich nur ein Gefühl beherrscht, wenn Du mit einem so winzigen Menschen zusammensein darfst: das Gefühl der Demut. Und: das Gefühl der Dankbarkeit. Ich wünsche Dir dieses Gefühl recht bald.

Schenk deinem Kind, was du nicht kaufen kannst

Geht es Ihnen auch so? Sie kommen abends nach Hause, der Tag hat sie acht, zehn, zwölf Stunden im Griff gehabt, Sie hatten Telefonate, Termine, Gespräche – mal ein Scherz dazwischen –, und nun schließen Sie die Tür zu Ihrer Wohnung auf. Sie wissen, wie alles sein wird: Die Frau hat den Tisch gedeckt, und die Kinder kommen Ihnen auf dem Korridor entgegen, mit einer Frage, mit irgendeiner Belanglosigkeit, mit einem Wunsch, Herrgott, was Kinder sich nicht alles wünschen können! Sie waschen Ihre Hände und greifen zur Zeitung und vielleicht nach einem Glas – ein Schluck wird erlaubt sein, der Tag war lang und zäh. Das nun ist die Sekunde, da Sie eigentlich zum Kern kommen könnten, zum Wahren, zum Sinnvollen, zum Wesentlichen. Aber wie pathetisch das klingt, wenn Sie müde sind, zerschlagen, nur auf Ruhe eingestellt. Aber es bleibt Ihnen nicht mehr viel Zeit. Denn die Kinder, um die es hier geht, müssen bald ins Bett, früher oder später, je nach ihrem Alter. Und diese Zeit, die Sie den Kindern nehmen, holen Sie nie wieder ein, und wenn Sie Ihr Vermögen hergeben würden. Sie müssen also etwas tun, damit die Kinder spüren, daß sie auch von Ihnen geliebt werden.

Geht es Ihnen auch so? Ich meine, daß Sie sich plötzlich fragen: Muß ich Bücher kaufen? Bonbons? Einen Teddy mit braunen Augen? Eine elektrische Eisenbahn? Nein, das alles muß ich nicht. Ich kann das tun, und ganz ohne all diese herrlichen Sachen geht es zuweilen sicher auch nicht. Aber ob sie wirklich zählen? Ich glaube das plötzlich nicht mehr. Warum eigentlich? Ich habe inzwischen etwas erfahren. Meine Tochter hatte so glänzende Augen, weil ich sie – mitten in der Woche, und ganz ohne Anlaß – einmal zum Essen in die Stadt einlud, in das Restaurant, von dem sie immer nur aus Gesprächen zwischen meiner Frau und mir wußte. Ich habe ihr beim Essen zugehört. Wissen Sie: so richtig zugehört, nicht nur mit halbem Ohr. Ich habe sie in einer wichtigen Sache, die meinen Beruf angeht, ins Vertrauen gezogen – und um ihre Verschwiegenheit gebeten, ja, und um ihren Rat. Lächeln Sie nicht: Was kann eine Zwölfjährige schon raten? Ich habe sie gefragt, sie hat geantwortet, und ich habe diese Antwort ernst genommen. Ich habe sie um ihre Hilfe gebeten – und sie hat mir ihre Hilfe gegeben. Abends kam sie noch einmal zu mir ins Zimmer, sie wollte mir noch etwas zu dem Problem sagen, sie war sehr aufgeregt, sie fühlte sich in ein »Geheimnis« eingeweiht – wir waren uns plötzlich so ganz nahe.

Geht es Ihnen auch so? Sie erkennen auf einmal, wenn Sie sich nur Zeit nehmen, wie unendlich beglückend es sein kann, mit dem eigenen Kind Freundschaft zu schließen, und wie leicht es ist, plötzlich sich etwas einfallen zu lassen: einen Spaziergang durch den Stadtpark, einen Kinobesuch, eine Fachsimpelei über Winnetou (zuvor kurz in das Buch schauen, man hat so vieles vergessen!), einen Gang durchs Museum. Dann geht plötzlich eine Tür auf, und niemand wird diese Tür je wieder zuschlagen.

Geht es Ihnen auch so? Sie lernen zu irgendeiner Stunde irgendeines Tages, das Wesentliche vom Unwesentlichen zu unterscheiden. Kinder streben nun einmal nach oben, nach vorn, in die Weite. Sie wollen, wenn sie in ein bestimmtes Alter kommen, von der Welt der Erwachsenen mehr wissen, als diese glauben oder – falscherweise – für richtig halten. Für das Kind Zeit zu haben, ihm zuzuhören, mehr noch: ihm zu lauschen, ist wesentlich! Das ist keine verlorene Zeit, weil es bei den Beziehungen zu Kindern überhaupt keine verlorene Zeit gibt. In festlichen weihnachtlichen Tagen werden Sie es besonders stark erleben. Und ich wünsche Ihnen, daß diese glückhafte Erfahrung anhält.

Bin ich eigentlich klüger als mein Kind?

Natürlich bin ich schon ein paar Schritte vorausgegangen, mein kleiner Sohn kommt hinterher, wer kann denn auch so lange warten, ich habe es eilig, irgendwelche Geschäfte warten, der Tag ist doch eingeteilt, Stundenzeiger, Minutenzeiger, Sekundenzeiger – und dazwischen der Junge: Langsam setzt er die Füße, bleibt stehen, dreht den Kopf in den Himmel, staunt über Wolken, Bäume, Vögel, eine vom Himmel schwebende Schneeflocke.

Ich rufe, will ihn antreiben, wir müssen schließlich weiter. Aber dann, ganz plötzlich, bleibe auch ich stehen: Ich schaue mich um, sehe den kleinen Kerl und die Mühe, die er noch mit dem Gehen hat, und die Freude, die er beim Stehenbleiben hat, und ich sehe all sein Staunen.

Und ich denke: Warum messen wir Großen mit unserem Maß, das doch nur ein Maß ist – und wer sagt denn, daß die Wahrheit bei uns Großen liegt, die wir es immer so eilig haben? Für Kinder ist die Welt und das, was sie zu bieten hat, so unheimlich frisch.

Wir Großen müßten viel öfter mit Kindern gehen, wir können von ihnen so unendlich viel lernen: das Wundern, die Freude, das Einfach-nur-Dasein – nicht das »Immer-woanders-sein-Wollen«. Das Glück findet jetzt und hier statt. Die Kleinen sagen es uns, auch wenn sie nicht reden können. Sie sind die Weisen im Lande.

Ja, und dann kommst du spät zurück, trittst in die stille Wohnung, gehst in das Zimmer, in dem die Wiege steht, das Flurlicht brennt, genug Licht, um zu sehen, ob das Baby schläft, du neigst den Kopf, um seine Atemzüge zu hören – du bist beruhigt. Und dann sitzt du, noch im Mantel, vor dem Kind, das da in den nächsten Tag hineinschläft, der noch ohne Bedeutung für das Kind ist – von den fünf Flaschen Milch abgesehen, die ihm gehören und die es braucht und für die es schreit.

Und auf einmal beginnst du zu wägen. Das laute Leben draußen, und das stille Leben hier bei diesem Kind.

Draußen: Da war das Fest, mit all den Menschen, die du nicht kennst und die du nie kennenlernen wirst, die nur irgendwie deinen Weg kreuzen, weil der Beruf es so will oder die Gesellschaft oder die Verwandtschaft oder weiß Gott für eine Macht – du kannst dich dem ja nicht entziehen –, bist du heute nicht dabei, wirst du morgen nicht dabeisein, die Gesetze sind unerbittlich, und du mußt mitlächeln und die anderen fabelhaft finden und und und . . .

Und nun hier drinnen: das Kind, sechs Wochen lang auf der Welt, ein Hauch von Leben, wenn man so will: ein Anfang, ein erster Schritt heraus aus der Gefahrenzone der ersten Tage. Es liegt in den Kissen, schlafend und – wenn nicht alles täuscht – zufrieden. Hier ist noch alles ohne Falsch. Der Schrei – die Flasche: Das ist eine ehrliche Rechnung.

Was denke ich eigentlich, hier, vor dem Kind, neben dem Kind, über dem Kind, bei dem Kind – den Zigarettenrauch zur Seite blasend, den Autoschlüssel noch in der Hand?

Ich denke: Du bist mehr für mich als alle die Menschen, die

ich heute abend gesehen habe und die alle nett waren und reizend und interessant und freundlich – das sowieso, wer ist das nicht, nimmt man das Äußere? Ja, du bist mehr für mich, obwohl du nur daliegst und obwohl du eigentlich, ehrlich gesagt, gar nichts tust, um mich zu begeistern, du bist nur klein und hilflos ...

Du kannst mir keine Sprosse in meinem Beruf nach oben helfen, du kannst mir kein Frauenlächeln herzaubern, du kannst keine Mark auf mein Konto bringen, du kannst immer nur fordern: daß ich es richtig mache mit dir, schon die ersten Monate entscheiden irgendwie alles, ich kann da nur Fehler machen und mein Gewissen belasten, wenn ich die Fehler spüre. Warum – warum eigentlich bist du mir so wichtig?

Mir fällt das herbe Wort eines Freundes ein, der einmal sagte: »Ich kann nichts für meinen Vater – und mein Vater kann nichts für mich.« Ich weiß nicht, ob du später auch so etwas sagst, aber ich weiß, in diesem Augenblick, daß es mir gleichgültig wäre: die Hilflosigkeit deiner jungen Tage, das erste Rudern deiner Arme, dein erstes Lächeln, das Strahlen deiner Augen, die zärtliche Berührung, von der ich hoffe, sie gilt mir – und von der ich doch weiß, daß sie ein Zufall ist –, all das allein ist Geschenk genug. Im Grunde ist es der Anfang, der sich hier zeigt – und den ich liebe. Der Anfang ist immer das Schönste im Leben, auch wenn er schwer ist: Nachher weiß man es. Der Anfang, der Beginn – der bindet.

Die Tür geht auf, meine Frau bringt die Flasche. Sie hebt das Kind langsam hoch. Während ich nur herumgedacht habe, hat sie die Flasche gemacht. »Hoffentlich erlebt es später auch so schöne Feste wie wir«, sagt meine Frau. Ja, ich wünsche dem Kind solche Feste. Aber ich wünsche ihm noch mehr: daß es irgendwann in seinem Leben von solchen Abenden heimkommt und dann auch an eine Wiege treten kann. Weil dort Wahrheit ist. Weil dort etwas beginnt. Weil dort – ja was denn? – nun sag's doch. Also bitte: weil dort Gott einen Gruß hinterlassen hat, ein Zeichen, eine Botschaft – einen Auftrag.

Da draußen, da läuft die Welt. Hier drinnen, da beginnt eine Welt. Das macht den Unterschied – und – das Glück.

Ein bisschen Himmelsblau

Willkommen auf dieser Welt, laß Dich bewundern, wir wollen noch einmal staunen, Du bekommst Seltenheitswert, Kinderkriegen ist nicht mehr »in«, besonders nicht hierzulande. Denn in der Bundesrepublik schrumpfte die Rate der Neugeborenen wie in keinem anderen Land! Hier will man Säuglingsgeschrei nicht mehr hören, Komfort bis in die Ohrenspitzen. Kinder sind überflüssig, gefährden nur den Aufstieg, das Zweitauto, den dritten Spülautomaten, den Ferientrip mit dem eingebauten Abenteuer, bedrohen die große Frische und Freiheit, stören bei dem Gedränge, das immer anzutreffen ist auf den Weg nach oben, dort, wo soviel Schönes wartet: der Erfolg, die neue Möbelgarnitur, das Superbenzin, der knatternde Rasenmäher und das Durchschlafen nachts, weil da kein Baby wund in den Windeln schreit.

Ein Wunder also, daß Du da bist, ein Irrtum vielleicht, wer weiß das so genau? – Dein Vater war zuerst erschrocken, als er von Deiner Ankunft hörte, denn er hatte sofort all die Schwierigkeiten vor Augen: mit Kindergarten, Schule, Autorität, Jusos und Judos, Universitäten, Bärten, Generationskonflikten. Aber nun, da nichts mehr zu ändern ist, wird es sein wie eh und je: Die Eltern treten abends in das Kinderzimmer, und sie werden staunend an dem Bett stehen, in dem ihr Kind mit seinen Träumen liegt. Sie werden das erste Lächeln fotografieren, die ersten Schritte filmen, seinen ersten Sturz als Schmerz in ihrem eigenen Herzen spüren, sie werden bangen, wenn das Kind, irgendwo im Stadtpark, plötzlich einmal verschwunden ist, sie werden noch nie so verzweifelt auf einen Arzt gewartet haben wie in dem Augenblick, da die

Fiebersäule über 41 Grad geschossen ist, natürlich an einem Wochenende, spätabends, weil Kinderfieber immer spätabends am Wochenende kommt.

Und später: Die Eltern werden schwer eine Wohnung finden, sie werden Ärger mit Nachbarn, Lehrern, Behörden bekommen, die Mark wird noch weniger wert sein, Reisen müssen ausfallen. Es wird all die Sorgen geben, die man befürchtet hatte – und doch: Es gibt da eine ganz kleine Sache, von der heutzutage nicht mehr gesprochen wird, aber wer sie besitzt, hütet sie, will sie nie missen, versteht keinen, der so hochmütig und abschätzend über Kinder spricht, genießt nur, ganz leise, eingewinkelt in seiner Familie, unbeobachtet von den Aufgeklärten, Abgeklärten, Allesbesserwissenden: die Liebe zu den Kindern und mit den Kindern. Und er weiß: Er hat sich ein Stück Himmelsblau auf seine kleine graue Erde geholt.

Von Anfang an Liebe

Ich weiß nicht, wo wir eigentlich unsere Augen haben, wir, die wir groß sind, erwachsen und »mitten im Leben stehen«, an alles denken, alles wissen, alles zu wissen glauben, uns um alles kümmern – um das Geld vor allem, denn das ist doch wichtig, nicht? Ich weiß wirklich nicht, warum wir dreißig, vierzig, fünfzig Jahre lang diese Welt gesehen haben, um eines Tages festzustellen: Von dem Wesentlichen sehen wir zuwenig. Mir ist es so ergangen, kürzlich, als ich mit meinem kleinen Sohn den Ausflug machte, den ganz gewöhnlichen, harmlosen Sonntagsnachmittagsausflug – ein Wort, so schrecklich, wie solche Ausflüge manchmal sind! – Wir hatten ein junges Mädchen dabei, ein Nachbarskind, einen Blondschopf – und wir fuhren zur Stadt hinaus. Das Mädchen hatte eine Puppe bei sich, und als ich mit meinem Sohn spielte und dabei die Kleine – ehrlich gesagt – kaum beachtete, da drückte sie die Puppe an sich, selbstvergessen, und irgendwie sprach sie auch mit diesem Stück Zelluloid. Und plötzlich fühlte ich, welche Kraft in einem solchen Kind steckt: die Phantasie, mit der es sich aus der Einsamkeit rettet, die Zwiesprache, die in Wahrheit ein Monolog ist – Kinder können träumen und sich ihre eigene Welt zurechtbauen. Das Fohlen auf der Weide – es hatte so traurige Augen wie das Mädchen zu meiner Seite, aber dann sprang es hoch, und die beiden unterhielten sich miteinander. Ich war schon einige Schritte weitergegangen, das Mädchen blieb zurück und fragte das Fohlen, wo es denn eigentlich schlafe . . .

In der Straßenbahn erzählte mir das Mädchen später, daß es vom Pferd wirklich Antwort bekommen habe. – Mein Gott, diese Welt ist nicht nur das, was ist, sondern auch das, was man sich vorstellt, und Kinder sind Könige in ihrem Reich – und am Anfang ist allemal die Liebe. Vergessen wir Großen das nicht viel zu oft? Wann nehmen wir uns die Zeit, endlich Zeit zu haben? Immer gibt es die Uhr: tagsüber im Beruf; abends, wenn wir einem Vergnügen nachjagen; nachts noch versuchen wir, öfter als gut ist, mit Tabletten den Schlaf zu verändern: Wir möchten ihn schneller machen – schneller einschlafen – und tiefer –, bloß nicht aufwachen! Alles möchten wir steuern, beeinflussen, manipulieren, dirigieren. Und dann kommt so ein Kind daher und lehrt uns: Man kann eine Kaufhauspuppe lieben, man kann mit Pferden sprechen, man kann Wolken vom Himmel zaubern, man kann auf einem Sonnenstrahl reiten und – man kann Liebe finden, wo immer man will, ganz einfach: indem man Liebe gibt.

Diese Unbefangenheit, die später dahinbricht, Stück für Stück, von Jahr zu Jahr mehr – wer rettet sich davon ein winziges Stück in sein späteres Leben? Sicher, es gibt Augenblicke, da auch wir Großen noch einmal einen Zipfel erhaschen: wenn wir in die Ferien fahren und den fremden Ort für uns erobern, wenn wir am Meer liegen und aufs Wasser schauen. Aber diese Augenblicke, in denen wir spüren: Wir sind eins mit der Welt und mit uns selbst und mit dem Menschen, den wir lieben – diese Augenblicke sind rar. Ein Kind an die Hand zu nehmen und die Welt durch die Augen des Kindes neu zu entdecken – das ist eine Sache, die sich verlohnt. Aber weil sie nichts kostet, scheint sie wenig wert zu sein – ein Irrglaube, ein Fehler, den wir Großen teuer bezahlen müssen.

Das Glück, ein Freund zu sein

Da sind eine Handvoll Wünsche, die möchte ich Dir mit auf den Weg geben, mein kleiner Sohn. Einer davon ist der Wunsch, daß Du Freunde findest – und daß Du selber die Fähigkeit entwickelst, anderer Menschen Freund zu sein. Du sollst Freundschaft geben – und nehmen können.

Es gibt Kinderfreundschaften: bunte, leuchtende Luftballons, voller Phantasie, jäh aufsteigend, hochgerissen in den blauen Himmel, der keine Wolken und kein Ende kennt. Heiß und kalt sind diese Freundschaften, der Streit kommt schnell in die kleinen Freundschaften, fährt wie ein Gewitter dazwischen. Aber Kinder haben diese herrliche Fähigkeit, die den Großen später so unendlich schwerfällt: Sie können schnell verzeihen – und vergessen.

Es gibt Jugendfreundschaften. Auch sie steigen steil empor, wie Drachen, wie Ballons, wie Flugzeuge, wie Vögel – aber sie zerbrechen nicht mehr so schnell; und zerbrechen sie doch einmal, lassen sie sich nicht mehr so leicht kitten. Ich wünsche Dir viele Jugendfreundschaften! Mit jedem Freund öffnet sich für Dich eine Tür in ein neues Stück dieser Welt. Freunde machen das Leben reicher, tiefer, sinnvoller – manchmal wird es durch Freunde auch traurig und verzweifelt, aber all das gehört dazu. Du wirst es lernen: Es gibt nichts ohne einen Preis, keinen Reichtum ohne Neid, keinen Erfolg ohne Einsamkeit, keine Freundschaft ohne Schwierigkeiten.

Schließlich gibt es – selten, das muß gesagt sein – Freundschaften, die sich noch bilden, wenn die Tore hinter der Kindheit und Jugend längst zugeschlagen sind. Aber um diese Freundschaften, mein Sohn, ist nicht mehr der Glanz, der die in jungen Jahren geschlossenen Freundschaften umgibt: der Glanz von Unbefangenheit und Selbstlosigkeit.

Später, so um die dreißig, um die vierzig, um die fünfzig, kommen – oft nur ganz leise, aber doch nicht überhörbar – die Fragen: Ist dies wirklich eine Freundschaft ohne Blick auf Karriere, Geld, Vorteile? Von der Ehrlichkeit der Antwort hängt der Wert der Freundschaft ab. Ich wünsche Dir darum viele Freunde in Deinen jungen Jahren, und wo Du sie triffst, da halte sie fest.

Und was ich mir selber wünsche ist dies: daß mir das Glück zuteil wird, eines Tages nicht nur Dein Vater, sondern auch Dein Freund zu sein – Dein ältester sicher, aber nicht Dein schlechtester.

Die wichtigste Verabredung

Wir Väter sind täglich verabredet – leider vergessen wir das so oft. Wir haben so viele andere Termine. Und da laufen wir hin und sind sogar pünktlich und reden und erledigen vieles und tun wichtig – bis wir nach Hause kommen und plötzlich spüren: Wir haben ja unsere wichtigste Verabredung gar nicht eingehalten! Unser Kind hat gewartet – auf den Vater gewartet, der den lieben langen Tag fort war.

Kinder sind wehrlos – kleine Kinder, große Kinder, alle. Vater hat immer etwas Wichtiges zu tun. Das kennen sie schon. Das ist für Kinder keine neue Melodie.

Wenn ich abends erst nach der Tagesschau nach Hause komme, ist mein Dreijähriger im Bett und schläft. Er kann mir nun nichts mehr mit aufgeregter Stimme erzählen, kann mir nicht sagen, ob er mich vermißte. Ich aber weiß schon in der Sekunde, da ich mich über ihn beuge und in sein Gesicht schaue: Sein Entgegenstürmen, sein »Arme-um-den-Kopf-Legen«, sein Ganz-nahe-Kommen zum Einschlafkuß – das alles fehlt mir plötzlich.

Und wenn ich meine große Tochter in der Stadt treffen will – »also um ein Uhr« – und ich lasse sie warten, weil sich ein Besucher geschäftlich dazwischengedrängt hat, dann habe ich gleich gegen drei Selbstverständlichkeiten verstoßen: gegen die Höflichkeit, auf die eine junge Dame Anspruch hat, auch wenn sie meine Tochter ist; gegen die Zuverlässigkeit und gegen die Rücksichtnahme. Das eigene Kind zu verletzen, zu demütigen, zurückzudrängen, nur weil es gerade ein Fremder so will – das Kind um die Zeit mit seinem Vater zu betrügen – wer kann das eigentlich verantworten?

Beim Steuerberater, bei Konferenzen, bei Einladungen

aller Art bin ich pünktlich, und das ist nicht immer leicht – warum mache ich es mir eigentlich bei meinen eigenen Kindern leicht?

Dabei haben die Kinder am Ende eines langen Tages so viel zu berichten und zu fragen! Aber Vater? Wenn Vater nicht da ist? Mutter ist da, sicher, aber Mutter ist nicht Vater. Man kann beide nicht tauschen.

Ich weiß nicht, was wir Männer bloß im Kopf haben, wenn wir glauben, ein »Husch ins Körbchen«-Kuß am Abend genügt – und aus. Ein Kind, ein kleines wie ein großes, will mehr, braucht mehr und hat ein Recht auf mehr.

Wir Väter müssen wissen: Die Hand, die sich in deine Hand hineinschmiegt, in einem zauberhaften verstohlenen abendlichen Augenblick – diese Hand wird größer. Und das Gesicht des Kindes verändert sich. Und seine Gedanken. Und seine Sprache. Von Tag zu Tag zerbricht etwas und wird etwas Neues. Dein Kind heute ist nicht mehr dein Kind morgen. Was du an ihm heute nicht gesehen, genossen, miterlebt hast – ist dahin.

Die Konferenzen, die Freundesrunde – gut und schön. Aber das Kind, das inzwischen auf dich wartet? Es hat keinen Terminkalender. Und wenn es einen hätte, dann wären da ein paar Stunden mehr drin, auf denen »Vati« stehen würde – oder »Papi«.

Heute abend werde ich früher heimgehen. Heute abend bestimmt. Und wenn mich jemand fragt, werde ich nur sagen: Ich bin verabredet ...

Hochzeitsrede eines Vaters

An diesem Tag, da Du aus meinem Leben heraustrittst und in Dein eigenes Leben eintrittst – da stehe ich, Dein Vater, mit einer Art von Hilflosigkeit am Wege, die so ganz anders ist als jede Art von Hilflosigkeit, die ich sonst in meinem Leben erfahren mußte. Es ist die Hilflosigkeit des Glücks. Es ist das Gefühl, daß meine Wünsche vielleicht nicht ausreichen könnten, daß sie sich schneller verbrauchen, als Deine Schritte vorwärts gehen – und es ist ein ehrliches Stück Abschied in diesem Tag: Laß mich nachdenken, was ich Dir mit auf den Weg geben kann, ohne daß Du überfordert wirst. Eine Handvoll Wünsche also, mehr nicht.

Da wäre zunächst mein Wunsch, daß Dein Mann es ehrlich mit Dir meint, daß er in Dir nicht nur die Frau sieht – sondern den Menschen. Der Reiz, den Jugend und Schönheit ausmachen – beides ist ein Geschenk, beides verflüchtigt sich, viel schneller, als man je glaubt –, reicht nicht aus für eine gute Ehe. Größere Chancen gebe ich dem Gefühl des gegenseitigen Besorgtseins. Eure Ehe sei ein einziges langes, gutes Gespräch. Der Kuß ist eine herrliche Sache – aber die Hand, die noch einmal zärtlich über Dein Gesicht streicht, während Du schon im Einschlafen bist, verrät Dir, wie es – nicht um die Verliebtheit, sondern um die Liebe, die allein von Dauer ist – wirklich bestellt ist.

Dann wünsche ich Dir, daß Du eine wunderbare Gabe nicht verlierst: an die Sonne zu glauben, auch wenn sie hinter Wolken verborgen ist. In der Ehe wird es diese verhangenen, trostlosen Tage geben, denn die Ehe ist ein Teil des Lebens, und auch dieser Teil unterliegt den Gesetzen des Lebens: Es gibt keinen Naturschutzpark für Eheleute, es gibt keine

Schonzeit für die Liebe. Der Ärger mit dem Beruf, die leidige Sache mit dem Geld, die Hoffnungslosigkeit, die den Menschen zeitweise in die Tiefe zieht – all das wird vor Eurer Haustür nicht haltmachen.

Ich wünsche Dir, drittens, Kinder. Jedes Kind ist ein Händedruck mit der Zukunft. Kinder lenken den Blick nach vorn. Die Gegenwart ist lebendiger – und es bleibt weniger Zeit, sich um sich selbst zu drehen, wie ein Brummkreisel: Kinder schärfen den Blick für das Wesentliche und das Beglückende.

Darf ich, als nächstes, einen Wunsch vortragen, der auf den ersten Blick etwas sonderbar klingt? Ich möchte Dir wünschen, daß Du Dich freihältst von der Jagd nach den sogenannten »äußeren Dingen«. Nicht, daß ich Dir nicht eine schöne Wohnung wünschte oder wunderbare Reisen oder kostbare Kleider oder gute Plätze, wo immer Du sein möchtest: im Theater, beim Ball, bei Gesellschaften. Aber nimm das alles nicht so wichtig. Der Tanz um die »goldenen Kälber«, von denen der Dichter spricht, ist nicht lohnend, »halte fest: Du hast vom Leben doch am Ende nur Dich selber«. Du kannst Deinem Mann, Du kannst Deinen Kindern, Du kannst den Menschen um Dich herum nur etwas sein, wenn Du Dir selbst etwas bist. Der wahre Reichtum besteht nicht in den Dingen, die ein Mensch besitzt, sondern in den Dingen, die er bekommen könnte: Die Möglichkeiten sind von größerer Faszination als die Erfüllung. So nimm auch diesen Tag der Hochzeit nicht als Tag der Erfüllung, sondern als den Tag des Beginns.

Eine Handvoll Wünsche, mehr nicht, so habe ich es versprochen. Darum hier mein letzter Wunsch, und er ist so einfach, daß ich ihn kaum zu nennen wage: Ich wünsche Dir Glück; pures, schieres, einfaches Glück. Ich kenne zu viele

Menschen, die trotz allem Fleiß, aller Aufrichtigkeit, aller Mühsal ein Leben ohne Glanz führen. Die immer, wohin sie auch gehen, an eine Mauer stoßen; deren Augen wie blinde Spiegel sind; deren Ohren selten einen Jubelschrei hören; deren Hände nur Arbeit kennen – und die einen zärtlichen Gegendruck kaum gespürt haben. All diese Menschen haben auch nur ein Leben zu leben, all diese Menschen bekommen keine zweite Chance. Man braucht einen Schuß Glück, sonst geht es nur schwer voran, und darum wünsche ich Dir dieses Glück.

Die Tür, die heute hinter Deiner Kindheit und Jugend ins Schloß fällt, an diesem Tage, zu dieser Stunde – sie fällt nicht ins Schloß: Sie bleibt einen ganz kleinen Spalt offen. Der Spalt ist zu klein, als daß Du zurück könntest, mein Kind – aber er ist groß genug, daß Deine Eltern immer ganz schnell zu Dir kommen können, wenn Du Hilfe oder Rat brauchst.

II
DAS IST MAL EINE GUTE NACHRICHT!

Das ist doch mal eine gute Nachricht!

Daß alle Jahre wieder bei der Frage nach dem größten Wunsch die Gesundheit an erster Stelle genannt wird – wen wundert es? 88 Prozent aller Deutschen gaben der Gesundheit Platz 1 auf ihrer seelischen Hitliste.

Auch die Sehnsucht, daß es mit dem wackeligen Frieden so bleiben möge, wie es ist, läßt sich schnell begründen: Krieg wäre nicht nur die größte Bedrohung von Leib und Leben, Krieg würde alles in einem Feuersturm vernichten. Also: 39 Prozent wünschen sich politische Stabilität.

Dann aber kommt die Überraschung, die all die Propheten der »neuen Lebensqualität« schier erblassen läßt: An dritter Stelle der deutschen Wunschliste finden wir »Zufriedenheit und Harmonie innerhalb der Familie«. Hier ist der Sprung sensationell: von nur 6 Prozent vor einem Jahr auf 31 Prozent (!) an diesem Jahreswechsel.

Diese Plazierung – noch vor der Sicherheit der Arbeitsplätze, noch vor dem Kampf gegen die Inflation – läßt sofort zwei Gedanken aufkommen. Entweder sieht es in den deutschen Familien so fabelhaft aus, daß alle nur noch davon träumen, diesen harmonischen Zustand zu erhalten – oder die Sehnsucht nach »mehr Familie« signalisiert: Weil wir allüberall, am Arbeitsplatz, auf Reisen, unter Nachbarn und Freunden, nicht die menschlichen Bindungen finden, die uns wahrhaft ausfüllen, suchen wir sie wieder im engsten Umfeld.

Ich glaube, daß bei dem Wunsch nach der Zufriedenheit in der Familie beide Gründe zusammenlaufen: Familie ist einfach wieder »in«. Nachdem sie jahrelang in Grund und Boden diskutiert wurde, nachdem in Zeitungen und Magazinen, die von der Verwirrung, nicht von der Klärung leben, die Feldzüge für Kommunen und andere »relevante Formen neuen gesellschaftlichen Zusammenlebens« geführt worden sind – kurzum: Nachdem man sich als normal arbeitender Familienvater mit Ehefrau (ohne Freundin), zwei Kindern, Lohnstreifen und Wochenend im Grünen schon richtig vorgestrig fühlte, kann man nun endlich wieder Luft schöpfen.

Auch muß die Mutter nicht mehr engere Jeans als die Tochter tragen, der Wettlauf der Generationen, der im Badezimmer begann und im Schlafzimmer nicht enden durfte, wird lächerlich. Wir können wieder laufen, ohne zu schnaufen. Die Kinder wollen wieder »richtige Eltern« haben; die Sache mit der Ohrfeige ist erfreulicherweise vorbei, aber Vater darf schon mal auf den Tisch hauen. Kinder wissen längst um Aggressionen Bescheid. Ein bißchen Freud bringt mehr Freude ins Haus.

Und da in der Welt da draußen auch nur wenige Kerzen der Liebe brennen, schaut man mal wieder zu Hause nach, ob man dort nicht etwas reparieren kann, damit es wieder leuchtet. Die tieferen Gründe für die Geborgenheit, die wir in der Familie suchen, vermute ich allerdings woanders: in der »seelischen Brutalisierung« der vergangenen Jahre. Die Bilder des Schreckens, allabendlich in der Tagesschau zu besichtigen, können auch dann nicht ohne Spuren bleiben, wenn uns das alles direkt nichts angeht: Sie zeigen die schnelle Verwundbarkeit des Menschen. Der Fremde bleibt heute leichter ein Fremder. Das Zutrauen ist seltener.

Kein Wunder also, daß die Familie, die auch nicht immer das reine Honigschlecken ist, das Rennen macht – weil sie einige Vorzüge aufweist, die heute so sehr zum Mangel geworden sind: Ansprechen, Zuhören, Umeinanderwissen. Mutter ist auch nicht immer die Beste, aber sie ist immer da – und wer ist schon sonst noch auf dieser verrückten Welt für uns da?

Mutterliebe auf Kommando?

Heute ist Muttertag – und Muttertag, so sagt mancher, ist seelischer Krampf. Es ist der Tag der Drogisten und Blumenzüchter. Es ist der Tag, da es Liebe auf Kommando gibt. Der Wandkalender mahnt: Da Gott nicht alles allein machen wollte, schuf er Mütter. Muttertag ist ein alter Hut – mit Rosen und Tulpen garniert. Die Kinder müssen brav sein, wenigstens einmal im Jahr. Und überhaupt: Eigentlich müßte jeder Tag ein Muttertag sein, nicht? Ohne Brimborium, einfach nur so. Wer etwas gegen den Muttertag sagt, der ist modern, fortschrittlich, der stellt auch diesen Tag in Frage, denn in Frage stellen ist der Trick, um heutig zu sein. Das ist die eine Seite.

Und wie sieht die andere Seite aus? Natürlich hat die französische Dichterin Simone de Beauvoir recht, wenn sie sagt, daß »die Mutter nicht eigentlich das Kind schafft; es bildet sich in ihr«. Aber wenn das Kind dann da ist, wer ist es dann vor allem, der für das Kind da ist?

Es ist die Mutter! Sie hat die schlaflosen Nächte, wenn das Kind in Krankheit weint. Sie behütet seine oft wirren Wege. Sie nimmt teil an dem schwierigen Prozeß, erwachsen zu werden. Sie ist Vertraute, Freundin, Erzieherin, Mahnerin, Betreuerin, Ernährerin – sie wird aus der Verantwortung nie entlassen, die spätestens dann von ihr empfunden wird, wenn das kleine, unbekannte Wesen zum ersten Mal »an die Pforten der Welt, an die Wand des Leibes pocht, die es von der Welt trennt«. Ich erinnere mich an ein Denkmal in Mexiko, das all den Frauen gewidmet ist, die Mutter wurden. Die Inschrift lautet: »Derjenigen, die uns liebte, schon ehe sie uns kannte.«

In einer Zeit, die so wenig liebevoll ist wie diese, die von

Mütterlichkeit so wenig wissen will, die sich kühl gibt und aufgeklärt und unsentimental, die so wenig Gefühl für das Gefühl hat – in einer solchen Zeit ist es so falsch nicht, wenn an einem Tag den Müttern zugerufen wird: Habt Dank für eure Liebe; habt Dank für eure Tränen; habt Dank für tausend Wege, die ihr gelaufen seid; habt Dank für alle Zärtlichkeit. Und da nicht sicher ist, daß wir, eilig wie wir sind, an den 364 übrigen Tagen des Jahres dazu kommen – sollten wir wenigstens diesen Tag als eine gute Möglichkeit nutzen.

Sehen wir eigentlich noch die Grenzen des Glücks?

Es ist erregend – und es ist trostlos, jenes Schauspiel, das zur Zeit auf der Bühne unseres Lebens abläuft. Wir wissen nicht, ob wir Zuschauer, Regisseure, Chargen oder Helden sind. Aber betroffen sind wir alle. Und der Name des Stückes, das uns so viele Schmerzen bereitet, heißt: »Wie der moderne Mensch sich Schritt für Schritt selber unglücklich macht.«

Reden wir nicht von den Politikern: Ihre Gesichter werden von Woche zu Woche blasser. Sprechen wir nicht von den Kirchenmännern: Von ihnen hört man am lautesten, wenn einige von ihnen hinter roten Fahnen demonstrieren. Vergessen wir auch die Ärzte: Bei ihnen scheint es hauptsächlich um die Amputation der Chefärzte zu gehen. Schweigen wir über das Fernsehen, das miserabel zu finden heute schlicht zum guten Ton gehört – allüberall auf der Lebensbühne Sorge, Verblendung, Neid.

Stoßen wir gleich zum Zentrum vor, dorthin, wo der Mensch zutiefst betroffen ist, wenden wir uns also der Ehe zu, von der wir nun nach den neuesten Zahlen eines ganz sicher wissen: Sie ist krank, so krank wie nie zuvor. Nicht jede Ehe, aber viele Ehen um uns herum. Und das bedeutet: Ansteckungsgefahr! In Hamburg und Berlin entfällt heute schon auf je zwei Hochzeiten eine Trennung. 90 000 Scheidungen im letzten Jahr allein hierzulande. Das hat es noch nie gegeben!

Und das bedeutet: So viele Menschen wie in Ulm und Göttingen zusammen leben, haben Krieg miteinander, fügen sich Schmerzen zu. Da gibt es böse Briefe, endlose Telefonate, berghohe Lügen, Entsetzen bei der Trennung, weinende Kinder – den »modernen Menschen« ficht das kaum an, er darf sich nicht aufhalten lassen. Er stürmt seinen verschwommenen Zielen zu – so einsam war noch keine Generation.

Ein Wissenschaftler, der Psychiater Professor Paul Matussek, hat die Probleme offengelegt, die viel zu hochgeschraubten Wünsche erkannt: »Früher, im Ständestaat, wollte keiner anders sein, als er ist; heute möchte jeder etwas anderes sein, und je mehr er es sein möchte, um so unglücklicher ist er.«

Schon sagen Ärzte, daß jeder dritte Mensch hierzulande seelisch gestört ist, längst in hilfreiche Hände gehört. Nie gab es soviel Depressionen. Nur bei den Kindern, da nehmen die Depressionen schon wieder ab, wie jetzt auf einem Berliner Kongreß erklärt wurde, weil dafür etwas anderes ganz groß im Kommen ist: die harte kindliche Aggressivität. Opposition um jeden Preis. Schulverweigerung heißt diese neue Krankheit.

Und so werden, kaum daß das Ehedrama abgelaufen ist, aus den Kulissen die gefährdeten Kinder hervortreten – und wieder werden auf der Bühne kein Licht und keine Hoffnung sein.

Wahrlich, kein gutes Stück. Der moderne Mensch hat sich übernommen. Er will zuviel, und er will alles auf einmal. Totalen Genuß. Weniger Arbeit. Viel Prestige. Alle Freiheit, keinerlei Bindung. Aber die das Herz anrührenden Seiten einer menschlichen Bindung, die will er schon. Er will sehr wohl den seelischen Komfort, aber möglichst auf einem Freiplatz.

Die vielen Rollen, die wir auf der Bühne des Lebens gleichzeitig zu spielen haben, überfordern uns – manchmal bis zum Herzinfarkt, wie Untersuchungen ergeben haben. Und es gibt doch so wenig Rezepte. Vielleicht hilft noch am ehesten, an das zu denken, was Berliner in solchen Fällen sagen: Haben Sie es nicht eine Nummer kleiner?

Kinder der Angst

Es fing ganz harmlos an. Die jungen Leute sollten in Schulaufsätzen schildern, wie sie sich das Leben vorstellen, wenn sie selber fünfzig Jahre alt sein werden. Eine kleine Vorausschau, etwas Zukunftsmusik. Die Lehrer dachten wohl, Aufsätze zu lesen mit dem Titel: »Dann fahre ich mit Cooks zum Mond.« Denn hier handelte es sich um englische Teenager.

Was aber kam, war der Blick in einen Abgrund. Die Schatten fallen neuerdings voraus, die jungen Gedanken sind alt: angefüllt mit Angst und Schrecken. »Wenn ich fünfzig bin, klettere ich ins Bett und flüstere zu Gott das gleiche Gebet, das ich die ganzen letzten Jahre gesprochen habe: daß ich nie wieder aufwachen möge.« Und ein anderer schrieb: »Ich glaube nicht, daß ich es aushalten kann, alt und häßlich zu werden. Vielleicht, wenn noch eine Falte kommt oder noch ein graues Haar, dann werde ich Schluß machen.«

Von Verfall und Krankheit ist hier die Rede, von Sinnlosigkeit und Einsamkeit, und das ist bei Jungen so wie bei Mädchen: Ein sexuell verwöhntes Girl, pillenerprobt, zeichnete sogar die schrecklichste Version: »Meines Mannes Kahlkopf erscheint in der Tür, wie langweilig ist es, Tag für Tag den gleichen Mann zu sehen, ich denke zurück an die Tage, als ich mich davon überraschen ließ, mit wem ich morgens wohl aufwachen werde.«

So weit – so schlecht. Wenn diese Bekenntnisse die innere Stimmung der Jugend von heute spiegeln – und Psychologen lassen daran keinen großen Zweifel –, dann wird plötzlich so vieles verständlich: die rasende Geschwindigkeit, die junge Menschen in ihr Leben hineinbringen – und nicht nur indem sie auf dem Feuerstuhl eines Motorrades immer neuen Todesgefahren entgegenbrausen. Auch ihre Unerbittlichkeit des »Alles-sofort-haben-Wollens« wird erklärlich.

Wer glaubt, daß im Film des Lebens nur der Anfang farbig ist, der Rest aber ödes Schwarzweiß = Rentnerdasein, der packt natürlich in sein junges Leben hinein, was nur hineinzupacken geht. Da muß alles sozusagen aus dem Stand heraus funktionieren. Erfolg, Genuß, Rausch – hier und heute. Das Leben in der verkürzten Perspektive.

Wird man den jungen Menschen jemals beibringen können, daß ihre Rechnung nicht stimmt? Und vor allem: Was führen wir, die wir so um die Fünfzig schwanken, eigentlich für ein Leben, daß die jungen Menschen solche Angst davor haben?

Kinder, wie ihr die Zeit verdreht ...

Nun läuft der Film andersrum. In Bozen haben Schulkinder zur Abwechslung einmal die Lehrer vom Unterricht für eine Woche »ausgesperrt« – und den Direktor gleich dazu. Der Grund ist die landläufig unschöne Lappalie einer Ohrfeige. Und beim Süddeutschen Rundfunk sorgten 5000 Kinder dafür, daß ihr »Protest« erhört wurde: Eine wegen angeblicher Brutalität abgesetzte Comic-Serie darf wieder über den Bildschirm flimmern.

Vielleicht kommt mein fünfjähriger Sohn morgen daher und verbietet mir, ins Büro zu gehen. Ich werde es meinem Chef mitteilen, soll er dann sehen, wie er den Hosenmatz wieder auf Vordermann bringt. Er kann ja mit ihm »diskutieren«, wie das Problem des zu lange abwesenden Vaters zu lösen ist. Es werden sich sicher ein paar Gutachten dafür finden lassen, daß es für die seelische Entwicklung des Kleinen gut ist, wenn ich öfter zu Hause bin. Vielleicht muß man dann die unausweichlichen »gesellschaftlichen Veränderungen« in meinem Arbeitsverhältnis einleiten, die ohnehin nach Veränderungen schreien, denn Veränderungen alleine bringen Veränderungen, und diese Welt darf doch nicht stehenbleiben.

Vor allem muß darüber viel und lange diskutiert werden, die Arbeit kann inzwischen warten. Und auf Kinder (und Narren) nicht zu hören ist sowieso bestimmt falsch, weil sie nach dem bekannten Sprichwort die Wahrheit sprechen.

Auch die Bundeswehr-Offiziere haben ihre Sorgen mit den Zwanzigjährigen. Es macht sich bei den Chefs, wie der Wehrbeauftragte des Bundestages in dieser Woche sagte, eine »Verdrossenheit« breit – schlimmer noch: Die Herren sind »diskussionsmüde« geworden. Das verstehe, wer will.

Natürlich werden wir in dieser merkwürdig verdrehten Welt alle viel glücklicher, freier, selbstbewußter werden, wenn wir fernab aller ordnenden Autorität viel diskutieren. Die kleinen Piepmätze eingeschlossen, auch sie haben eine Stimme, das Beispiel aus Bozen zeigt es. Mein Zahnarzt, den ich kürzlich besuchte, hatte sich von seinem Assistenten getrennt. Der junge Mann hatte während des Studiums so viel diskutiert, daß er nicht wußte, wo und wie und wann er den Bohrer ansetzen muß. Nun arbeitet mein Zahnarzt in der Praxis wieder allein. Die Patienten, die er nicht behandeln kann, werden ihre Schmerzen behalten, oder sie gehen zu einem anderen Kollegen, wo sie vielleicht auf diesen jungen Arzt treffen, der zwar reden, aber nicht bohren kann.

Wenn das alles Schule macht, werden wir, um im Bilde zu bleiben, eines Tages viel zu beißen – aber keine Zähne mehr haben. Dafür werden wir unermüdlich diskutieren, diskutieren, diskutieren. Nur – es spricht sich so schlecht mit zahnlosem Mund.

Hört doch auf, die Väter zu beschimpfen

Vor drei Tagen, am Vatertag, was habe ich da gesehen? Fuhren Männer mit Kreissägen auf dem Kopf und Flaschen unter dem Arm durch die Lande, singend, grölend, randalierend? Nahmen Väter für einen Tag Abschied von der Familie und fühlten sich als die Größten? Oder was taten sie – die Väter?

Vielleicht hatte ich Glück, gleichviel, was ich sah, war dies: Männer, die mit ihren Kindern spielten. Fußball, Bootfahren. Die ihren Kindern Eis kauften. Die Kinderwagen schoben, etwas unbeholfen wie Astronaut Mitchell einst mit seinem Mondkarren, aber immerhin. Ich sah wirklich zärtliche Väter.

Über die Väter in diesem Land ist in den letzten Jahren viel Schreckliches geschrieben und geredet worden. Auf Kongressen wurde lamentiert: Der Vater als Leitfigur sei praktisch ausgefallen. Und sei es nur aus dem ganz simplen Grund, daß er einfach nicht zu Hause ist. Väter – so die Fachleute, die immer alles besser wissen – jagen dem Gelde nach, dem Wohlstand, dem Luxus, dem eigenen Haus, dem Auto, dem Kühlschrank, der Waschmaschine, kurzum: dem Wirtschaftswunder. Und sie vergessen dabei die Seelen ihrer Kinder, die der väterlichen Liebe bedürfen.

Nun mag eine Spur Wahrheit in diesen Vorwürfen stecken. Aber die Frage wird ja wohl noch erlaubt sein, ob die Väter nicht alles dieses heranschaffen, um auch ihren Kindern ein schönes Leben zu bieten? Denn: daß mancher Mann lieber einen zweisitzigen, schnittigen Sportwagen fahren würde als eine fünfsitzige Familienkutsche, wer glaubt das nicht?

Besonders die Männer über vierzig, die die deutsche

Trümmerlandschaft von 1945 verwandelten – und die das, bitte schön, immer noch mit Arbeit, und nur mit Arbeit geschafft haben, sind vielleicht nicht immer die reinen Bilderbuchväter gewesen. Aber aus vielen Gesprächen mit vielen Vätern weiß ich: Sie haben es begriffen, sie wollen nachholen, was sie versäumten – um was sie ja sogar betrogen wurden! Denn so töricht ist kein Mann, daß er bei der Jagd nach der nächsten Wohnungsbauprämie nicht doch ganz plötzlich spürt: Was nützt es mir, wenn ich die ganze Welt gewänne und Schaden nähme an der Seele meiner Kinder. Daß die Väter »ihren Tag« nicht mehr dazu benutzen, sich von der Familie zu entfernen, sondern daß sie sich der Familie zuwenden, zeigt den Wandel. Und was am Vatertag so gut klappte, kann am nächsten Sonntag gleich noch einmal geübt werden!

Hätte er doch was gesagt!

Der Anruf kam unvermutet. Ich erkannte die Stimme nicht sofort. Dann versuchte ich etwas Belangloses zu sagen, und dann fiel mir endlich ein, wer da sprach.

Er habe sich nur mal melden wollen, er habe zufällig von mir gehört, und da hätte er gedacht, »man dürfe ja wohl einmal stören . . .« Und dann: ein kleiner Scherz, ein »Weißt du noch?«, ein langgezogenes »Ja, damals«, eine Pause schließlich. Sagten wir damals eigentlich du, sagten wir Sie zueinander? Alles ist so weit fort. Verweht in der Hast der Jahre. Nur an sein Gesicht erinnere ich mich noch, blaß und schemenhaft.

Wie lange ist alles her! Da gab es im Beruf ein Stück gemeinsamen Weges, manchen Ärger, aber auch ein paar lustige Abende nach Dienstschluß. Wir hielten damals, nach dem Krieg, die Welt fest in unseren Händen. Die Sonne lag breit über unserem Leben. Er hatte als erster von uns ein neues Auto, ich durfte um den Häuserblock fahren. Dann kam seine erste Auslandsreise, er schrieb aus Venedig, ich hatte die Karte noch wochenlang auf meinem Schreibtisch stehen.

Wie es mir so ergangen sei, wollte er wissen. Ja, er hätte Glück gehabt, sich rechtzeitig selbständig gemacht, nur seine Ehe sei schlecht gelaufen, geschieden – die Kinder seien nun aus dem Haus . . .

Ob er aus der Stadt anrufe wollte ich wissen, dann könnte man sich doch schnell mal irgendwo treffen. Heute ginge es zwar nicht mehr, zuviel Arbeit, aber morgen vielleicht . . .

Nein, er rufe von auswärts an, nur so, um mal zu hören, nichts weiter, also bis zum nächsten Mal, »ich melde mich dann auch vorher an«. – Das hörte ich noch, und ich sagte, das würde mich freuen . . .

Knack – vorbei. Ich legte den Hörer auf die Gabel. Es gibt ihn also noch! Er hat irgendwo sein kleines Glück gemacht. Es ist alles nicht mehr so strahlend, man wird ja auch älter, aber immerhin . . .

Jetzt, Wochen nach diesem Anruf, erfuhr ich, daß er doch in der Stadt gewesen ist; daß es ihm schlechtging; daß er dringend Hilfe brauchte; daß er mich deshalb angerufen hatte, aber dann muß ihn der Mut verlassen haben, weil heute jeder seines Weges geht . . . Was zählt da schon ein Stück Gemeinsamkeit? Die Zeiten haben sich geändert. Die Zeiten? Wirklich nur die Zeiten? Nicht auch die Menschen?

Nicht einmal mehr ein Kinderlächeln

Ein alter, weiser Freund schrieb mir dieser Tage, »die Seligkeit der Kinder falle nicht mehr auf die Eltern zurück«. Es sei schwer, heute Vater zu sein, Mutter zu sein, die Jugend selber sei so schwierig geworden, die Familien seien hin und her geschüttelt zwischen autoritärer, antiautoritärer, unautoritärer Erziehung, ein Wust von Theorien. Die gute alte Liebe reiche wohl nicht mehr aus, die Probleme zu lösen, die Aufbegehren, Drogen, Kriminalität, Streunertum und Gammelei heißen.

Danken also die Eltern ab? Hört man nicht allenthalben, daß wir Deutschen kinderfeindlich seien – spürt man nicht immer häufiger, daß wir nun auch kindermüde werden?

»In diese verrückte Welt setze ich doch keine Kinder« – wie oft habe ich diese These in den letzten Wochen gehört! Auch wer nicht glaubt, daß sein Kind eines Tages in gestohlenen Autos mit Bomben durch die Gegend reist, ist voller Sorge: Sein Kind später in der Universität zu wissen reicht vielen Eltern schon zur Beunruhigung. Denn heute brauchen nicht nur kleine Kinder immer häufiger einen Schutzengel – und bei unserem sehr lockeren Verhältnis zum lieben Gott ist kaum damit zu rechnen, daß er uns ein solches Heer von Schutzengeln herunterschickt.

Aber auch diejenigen, die Kinder haben, trainieren sich in einer neuen Form von Eltern»liebe«: ein bißchen mehr Distanz, damit, wenn es alles schiefläuft, der Abschied nicht gar so schwierig wird. Eine Art Selbstschutz für die eigene Seele, die natürlich immer noch verwundbar ist, wenn es um die eigenen Kinder geht. Doch man paßt sich vorsorglich an, Elternliebe wird »relativiert«, die dummen Modewörter passen für jede dumme Sache.

Und was bleibt? Unser Leben wird, an einer entscheidenden Stelle, abermals etwas ärmer. Das strahlende Licht ist gebrochen, die kleinen Prinzen sind entschwunden. Alles ist durch und durch vernünftig. Vielleicht wurden die Kleinen bisher überschätzt; nun ist man frischwärts dabei, sie zu unterschätzen.

Wenn Sie mich fragen: Wir geben etwas auf und bekommen dafür nichts – nicht einmal mehr ein Kinderlächeln.

Loblied auf das Doppelzimmer

Wenn ich so höre, was Männer alles Tolles erleben, sobald sie unterwegs sind, allein auf Dienstreisen, in Geschäften, mit dem kleinen schwarzen Erfolgskoffer; wenn sie in den Nobelhotels absteigen, das Einzelzimmer von der Sekretärin im voraus gebucht (und per Telex bestätigt) – wenn ich das alles so höre, dann fühle ich mich hoffnungslos altmodisch. Denn mir macht das Reisen nur mit meiner Frau Spaß.

Es geht schon mit den Einzelzimmern los. Sie wirken immer so spartanisch. Als ob es nicht ganz gereicht hätte. Blanke Zweckmäßigkeit. Das Stückchen Seife, Werbung. Die Minibar. Man spürt schon beim Eintreten: Hier ist alles auf die pure, schnelle Übernachtung abgestellt.

Ganz anders: das Doppelzimmer! Ich liebe es, die Brause nebenan zu hören, während ich am Radioknopf herumspiele und den Sender suche. Ich finde es herrlich, wenn meine Frau tropfnaß aus dem Bad kommt. Ich freue mich an den Dingen, die urplötzlich überall herumliegen, wenn sie dabei ist: das Kleid für den Abend, das Köfferchen mit Kosmetik, allerlei Krimskrams, das Modejournal, die Bilder von den Kindern, die sie nie vergißt.

Im Einzelzimmer hingegen: grausame Ordnung, Rasierzeug, Zeitungen, Aktentasche, Schlips eins und zwei. Oberhemd – aus. Einzelzimmer sehen schon beim Einzug so aus, als ob man ausziehen wollte.

Aber es geht ja nicht nur um die Ankunft! Mit seiner Frau verreisen heißt mehr: ihr in der Ferne endlich wieder einmal nahekommen. Das ist doch das ganz große Geheimnis, das in diesen Reisen zu zweit liegt: wegfahren, um zueinanderzufinden. Schon dieses Spiel am Morgen, wer zuerst das Frühstück bestellt. Und wenn man inmitten der vielen alleinreisenden Herren, die immer so tolle Sachen erleben, auf seine eigene Frau wartet: Gleich, gleich wird sie kommen mit jener kurzen Verspätung, die Frauen so ziert und Ehefrauen wieder in Frauen verwandelt. Du stehst auf – wann geschah das zuletzt? –, rückst ihr den Stuhl zurecht (etwas ungeübt, aber immerhin), und der Tag liegt da wie ein Weihnachtspaket, das nun langsam aufgeschnürt wird.

Man erobert das Hotel, die Stadt, den ganzen Tag, man erobert von einem Doppelzimmer aus alles viel leichter, besser, schöner, amüsanter.

Es geht schon an der Rezeption los: »Ein Doppelzimmer, bitte . . .« Das klingt nicht nur ganz anders, das ist auch etwas ganz anderes. Die Männer aus den Einzelzimmern – sie tun mir ein bißchen leid. Wenn ich auch manchmal notgedrungen dazugehöre.

III
ES LIEGT WAS IN DER LUFT!

Es liegt was in der Luft!

Nun sind endlich die Tage da, die wir in die Hand nehmen und festhalten möchten. Reiben wir uns die wintermüden Augen! Die Sonne ist von ihrer Erholung zurück, wir bleiben plötzlich mitten in der Stadt an einer Häuserwand stehen und blinzeln nach oben – Frühling, Mozart, Kinderlachen, Flirt, knallbunte Reiseprospekte, neue blanke Autos, erste Ostereier in den Schaufenstern, helle Mäntel, offen getragen, Liegestühle auf den Balkonen, Blumen für die Sekretärin (– und vielleicht für die eigene Frau).

Vor allem aber dies: Im Blut so eine Spur von Unruhe, ein seltsam schwebendes Gefühl der leisen Angst, den hellen Tag nicht ganz ausschöpfen zu können – da ist zuviel Fabrik, Haushalt, Büro. Der eine kurze Weg rund um den Häuserblock, das kann doch nicht alles sein!

Wir ertappen uns, daß wir nun sogar am Tage träumen: Plötzlich fällt unser Blick im Vorübergehen auf ein Plakat, das einen endlos weißen Strand verheißt, und ein Meer, von dem wir wissen, daß es uns viele Sorgen nehmen könnte. Und wir würden am liebsten dort sein, wo wir gerade nicht sind – unsere Unruhe war nie so groß.

In diesen Frühlingstagen glauben wir wirklich, das Leben sei ein einziger dicker Warenhauskatalog, aus dem wir uns zu Spottpreisen heraussuchen können, was immer wir gerade brauchen: Liebe, Zufriedenheit, Unruhe oder Ruhe, Freundschaft, Einsamkeit, Lärm, Stille – alles ist machbar, manipulierbar, bezahlbar, unsere Wünsche schlagen aus wie Knospen, der heitere Übermut hat uns ergriffen – Frühling, was willst du mehr?

Aber wenn wir dann nur für einen Augenblick nachdenken

über unser Leben, das plötzlich so frisch geputzt erscheint, so bunt und fröhlich, dann kommen wir ganz schnell dahinter, daß hier etwas Wunderbares geschehen ist: Wir haben aus dem Keller unserer Erschöpfung und unseres Mißvergnügens die Seele hervorgeholt, die schon zu verkümmern drohte.

Und das ist auch schon das ganze Geheimnis. Was uns die Regierenden versprochen haben, ohne es bis heute zustande zu bringen: die vielbeschworene Verbesserung der Lebensqualität – sie ist im Nu da, weil einer, der weiser ist als die Politiker, das Zepter genommen und unsere Herzen angerührt hat . . .

Millionenfach sind sie jetzt unter uns: die Prospekte mit den Verheißungen eines Feriensommers ohne Beispiel. Da sind Palmen und Mädchen, kein Hotel ohne Swimming-pool, kein Pool ohne Bikini, Bahamas und Bulgarien, Monte Carlo und Miami, Travemünde und Tunesien, einmal ganz um die Welt, einmal halb um die Welt, nichts ist unmöglich – bunte Luftballons der Sehnsucht steigen auf, und wir – was machen wir?

Wir blättern in diesen modernen Märchenbüchern für Erwachsene, sitzen in Wohnungen und Neonbüros, träumen von Sonnentagen, die wir wie Perlen auf eine Kette ziehen wollen: Ferien 78 – die schönsten, weitesten, größten Ferien, die es je gab, nicht wahr? Denn alles, wirklich alles, scheint erreichbar.

Vielleicht fällen wir gerade heute die Entscheidung. Und plötzlich fallen alle anderen Ziele aus – nur ein Ort, ein Hotel, ein Zimmer bleibt übrig. Denn wir können immer nur einmal wählen. Je mehr Möglichkeiten, um so schwerer die Entscheidung. Um so größer auch die Befürchtung, das Falsche zu tun. Es bleibt ein Rest von: Hätte ich doch ...

Das ist so im kleinen, bei den bunten Reisezielen; das spüren wir im großen – bei der temposchnellen Reise durch unser Leben, die für viele schon zu einer unermüdlich ermüdenden Hetzjagd geworden ist. In einer Zeit, die uns vorgaukelt, alles – oder doch fast alles – erreichen zu können, bleibt uns am Ende doch immer nur dies übrig: eines zu tun und alles andere zu lassen. Wir können nur einer Aufgabe, einem Menschen treu bleiben – oder wir können gehen und etwas anderes tun. So einfach scheint alles, und so schwer ist es wirklich.

Für was wir uns auch immer entscheiden, für Zusammenleben oder Trennung, für Hierbleiben oder Wegfahren – eines bringen wir auf jeden Fall mit: uns selber.

Ist es – denken wir zurück – nicht so gewesen, daß das Glück immer nur dann dabei war, wenn wir uns treu geblieben sind? Wenn wir wissen, was wir für unser eigenes Glück wirklich brauchen? Steht ein Deutscher, so sagt man, an einer Wegkreuzung – und ein Schild zeigt in Richtung »glückliches Leben«, und das andere Schild in Richtung »Vortrag über ein glückliches Leben« – der Deutsche wählt gern den zweiten Weg.

Lassen wir uns noch so gerne in Prospekten erzählen, wie bunt die Welt ist, hören wir die schmeichelnden Verführungen der Ferienmacher, aber *gehen* wir im Leben und *fahren* wir in den Ferien doch bitte dorthin, wo wir mit uns selber im Einklang sein werden und mit den Menschen, die wir lieben.

So nobel kann kein Fünf-Sterne-Hotel, so fein kein Sandstrand, so exquisit keine Küche, so perfekt kein Service sein, daß wir nicht ganz schnell spüren: Das alles ist Kulisse, das Stück spielen wir. Vom einfachen Leben will heute keiner was hören, da wir die Chance des vielfachen Lebens haben. Aber wenn wir ehrlich sind, besitzen wir doch eigentlich nur die Kraft zu dem uns gemäßen Leben.

Heute ist Sonntag, heute läßt sich gut darüber nachdenken.

Ein bisschen Blau über dem Blech

Autobahnen in diesen Tagen sind mehr als nur Straßen, Verbindungsstücke zwischen Wunsch und Wirklichkeit – Autobahnen in diesen Tagen sind Spiegel unserer Existenz. Während wir in irgendeinem Stau drinhängen, gefangen wie Tiere, umgeben von Blech und Qualm, dürfen die Gedanken, die bekanntlich frei sind, durchs Schiebedach hinaufsteigen in einen Himmel, der wenigstens noch so aussieht, als sei er von allem hier unten völlig unberührt.

Wir denken: Nun sind wir also doch wieder am ersten Ferientag gestartet – etwas früher als »die anderen«: Wir haben die Kinder aus dem Schlaf gerissen, den Wagen schon am Vorabend gepackt. Wir haben alles »kriegsmäßig« vorbereitet, denn wir wußten ja: Es geht nun in »die Schlacht« auf unseren Straßen. Wir wissen auch aus den Vorjahren, daß es immer besonders viele Tote gibt, von den Verwundeten spricht sowieso schon keiner mehr. Und wir taten diesen ganzen Irrsinn trotzdem, weil wir – es klingt verblüffend – unverbesserliche Egoisten sind. Denn wir glaubten, es würden immer die anderen sein, die Rücksicht nehmen, die nicht fahren, die einen oder zwei Ferientage herschenken – aber dann, beim Einbiegen in die Autobahn, schon beim ersten Einfädeln, spüren wir: »Die anderen« sind nicht anders als wir selber!

Und wir denken – während sich nun ein Stau von zwanzig Kilometern »aufgebaut« hat (merkwürdig, unsere neue Fähigkeit, negative Dinge mit positiven Wörtern zu belegen) – über die Frage nach, ob man nicht nur noch ein »antizyklisches Leben« führen sollte: in den sommerlich leeren Städten zu sein, wenn alle anderen sich am Strand drängen, in irgendeinem City-Hochhaus zu wohnen, wenn alles in die grünen Vororte drängt, die Sommerfrische zu suchen statt den »Teutonengrill« – kurzum: den Predigern der Gleichheit zu entkommen und das bißchen Leben selbst zu gestalten. Wenn alle Auto fahren, fährt keiner mehr.

Wir denken, während wir an den ersten liegengebliebenen Autowracks vorbeischleichen und die ersten Rettungswagen sehen, deren Blaulicht uns für einige Sekunden die Zerbrechlichkeit aller menschlichen Pläne in Erinnerung ruft: Hoffentlich erreichen wir selber wenigstens heil unser Ziel. Da kommt, nach den Verkehrsdurchsagen, ein Notruf: Der Fahrer mit dem Kennzeichen XYZ möchte bitte sofort zu Hause anrufen ... Unsere Phantasie kreist plötzlich um einen Mann, den wir nicht kennen, an dessen Schicksal wir aber teilhaben: Welch dramatischer Grund fordert seine schnelle Heimkehr?

Wir denken, während wir auf der rechten Spur an der linken Spur vorbeiziehen, weil die Ampel der Baustelle es so will, daß wir den blauen Lieferwagen, den wir uns gemerkt hatten, als er vor einer Dreiviertelstunde so hochmütig an uns vorbeizog, nun doch wieder eingeholt haben: Es gibt eben keinen Zeitgewinn, wenn alle zugleich hinter der Zeit her sind!

Wir sehen in die Gesichter ringsum: lachende Kinder, weinende Frauen, müde Alte, übermüdete Fahrer, Männer mit dem glasigen Durchhalteblick. Es gibt keine Gespräche: Jeder ist in seiner Stahlkiste für sich allein. Auch hier: die Autobahn als Spiegel unserer Existenz. Auf ihr ist alles zu finden, was unser Leben so schwierig macht: der Egoismus; die falsche Vermutung, die anderen werden anders sein; der Irrglaube, wer größer sei, der sei auch schneller, und wer schneller sei, komme auch früher an; die Einsamkeit, das

Nichtgespräch, der Notruf, die Schwierigkeit zu helfen. Ja, auf der Autobahn ist es wie sonst auch: Keiner kennt keinen, aber alle sind voneinander abhängig.

Vergessen sind die Städte, all die Probleme, die Enge des Tages. Die Welt der schönen Bilder tut sich auf vor uns – Meer, Himmel, Weite, Berge. Ein Kruzifix am Wege – kein Gebet vielleicht, aber doch ein schneller Gedanke, buchstäblich im Vorübergehen: Woher kommen wir, wohin gehen wir, wer lenkt unsere Schritte, was denkt der Mensch, mit dem wir gehen und den wir lieben, in der geheimen Kammer seiner Seele?

Wir müssen uns eingestehen: Wir wissen es nicht. Und so reden wir. Erst über Hypotheken, Schulzeugnisse, Karriere, Politik, Intrigen, Abwehr von Intrigen. Aber dann, fast unmerklich, sind unsere Gespräche plötzlich nicht mehr an der Oberfläche. Mit unseren Worten suchen wir nun einander – und uns selber.

Viele scheuen insgeheim diese Feriengespräche, aus denen es sich nur schwer ausbrechen läßt: weil es nun so viel Zeit gibt – und so wenige Entschuldigungen, nicht die Wahrheit zu suchen in der Gemeinsamkeit. Natürlich können wir mal eine Nacht durchfeiern, »ein Faß aufreißen« – aber wir können uns deshalb doch nicht an dieser Zwiesprache vorbeimogeln.

Es sind vor allem die Frauen, die endlich einmal wieder hören möchten – und sollten! –, was sie im Leben ihrer Männer wirklich bedeuten. Denn die Dialoge zwischen Mann und Frau in all den Alltagstagen sind oft kraftlos, umstellt von Sorgen, auf Vordergründiges gerichtet.

Aber nun, in diesen Sonnentagen, die uns gehören und niemandem sonst – da könnten wir schon einmal ganz deutlich sagen, wie uns wirklich ums Herz ist. Aber tun wir es? Und wenn wir es nicht tun – warum eigentlich nicht?

Leere Gesichter über vollen Brieftaschen

Ein paar Tage in einem Luxushotel. Sechs Sterne im Prospekt. Komfort wie im Breitwandfilm. Die Küste ist ein goldener Sandteppich, die Landschaft ein wilder Garten, das Meer von unglaublicher Schönheit. Nur ... nur die Menschen ...

Nein, diese gelangweilten Gesichter! Dieses dauernde »den Kopf in die Sonne recken«. Dieses einförmige Gerede über Essen und Trinken – und sonst fast gar nichts. Die Weinkarte hat man einmal rauf und runter getrunken. Die Vier-Gänge-Menüs? »Also hören Sie, das hat man doch schon mal besser gehabt.« War es in Marbella oder Nizza oder in Mallorca?

Die Reichen und die Schönen und die Verwöhnten haben so ihre eigenen Probleme. Der Bademeister im Swimmingpool hat eine zu große Trinkgeldhand. Das Zimmermädchen vergaß die Badewanne. Und Kaffee können sie alle sowieso nicht kochen. Ich traute meinen Ohren nicht bei diesem Katalog läppischer Sünden.

Da standen sie nun in ihrem »Luxus-Schuppen« und schimpften. Sie schimpften ganz ohne Grund, ein Opfer ihrer eigenen Maßlosigkeit und Langeweile. Sie taten mir zutiefst leid. Selten sah ich so leere Gesichter über so gefüllten Brieftaschen. Da war ein Stück vom (Touristen-)Paradies, ein blauer Zipfel des Glücks, eine kleine Bühne für etwas Spaß und Genuß, aber es war ihnen alles nicht genug. Die Antennen für die schönen Dinge sind bei zu vielen Menschen gestört.

Die Unzufriedenheit ist eine der großen Krankheiten dieser Zeit. Sie hat sich längst auch schon auf der Sonnenseite des Lebens eingenistet. Man möchte hingehen und die Menschen packen, hin und her schütteln, sie erinnern an all die Leiden und Entbehrungen der Vergangenheit, an den steinigen Weg seit 1945 in dieses seidenweiche Ferienglück – damit sie sich besinnen.

Der böse Bruder der Unzufriedenheit ist die Undankbarkeit. Und wo diese Zwillinge auftauchen, ist der liebe Gott mit Sonne, Meer und Palmen – ist der Mensch mit Langustencocktail, Klimaanlage, Continental-Breakfast und allerlei anderem Komfort-Schnickschnack machtlos. Das ist bei den ganz Reichen so – und bei den weniger Reichen häufig leider auch.

Wir müssen die Freude wieder lernen.

Der Chef war nicht mehr da

Gleich würde ich dort sein, der Chef wird mich »wie immer« fragen, ob ich wieder das Zimmer ganz oben links haben möchte, ja, das Zimmer mit Meerblick und dem Balkon um die Ecke. Ich freute mich schon auf den Augenblick, an dem sich die Erinnerung an viele Sommer in eine heitere Gegenwart verwandelte – da blieb ich plötzlich erschrocken stehen: Das Hotel hatte geschlossen, die Möbelwagen standen vor der Tür, das Mobiliar wurde abgeholt, die Gardinen waren schon von den Fenstern, die Appartements ohne Leben.

Der alte Portier, der noch im Garten herumlief, sagte mir, der Chef habe aufgehört. Wissen Sie, die Personalsorgen ... Von Jahr zu Jahr sei es schwieriger und unerfreulicher geworden: Vom Verdienen wurde geredet, nicht mehr vom Dienen. Immer mehr Ärger mit den Behörden. Und dann, er blinzelte mich an, als ob ich kein Gast sei, sondern ein Eingeweihter – »die Gäste sind auch nicht mehr, was sie früher mal waren«. Nur so dahingesagt, nichts Genaueres, soll ich mir doch denken, was ich will.

Ob das Haus unter »neuer Leitung« eines Tages wieder eröffnet würde, fragte ich, um im selben Augenblick zu spüren, daß diese Frage sinnlos war: Ich suchte ja die Vergangenheit in diesem Hotel, die fünfziger Jahre, die sechziger, die Erinnerungen an meine Kinder, die hier durch die Halle tobten; an die Zeit, als ich im kleineren Auto als heute vorfuhr – mit weniger Gepäck, und das nicht nur bei den Koffern.

Wie unheimlich leer so ein großes Haus plötzlich geworden ist, wenn ein Mann aufhört, müde wird, enttäuscht von dannen zieht. Das Ferienparadies: ein Betonsilo. Das Lachen der Gäste: verweht, vorbei. Der Parkplatz vor dem Haus: verwildert schon nach Wochen. Die Speisekarte des letzten königlichen Menüs: hinter Glas vergilbt.

Vielleicht kommt alles einmal wieder, unter »neuer Leitung«. Aber dann wird es ein Management sein, Computer, Bettenumschlag pro Besucher pro Nacht, stromlinienförmig, kühl, kein Händedruck mehr für ankommende Besucher, nichts Persönliches.

Das Hotel mit dem alten Chef ist dahin. Und die Erinnerungen an ein paar Ferienträume haben keine Heimstatt mehr. Als ich davonfuhr, dachte ich: Es ist der Mensch, der all den Dingen eine Seele gibt.

Diese zaghaften, schönen Gespräche am Ferienstrand …

Und dann kam jener Morgen, an dem sie nicht mehr da waren. An dem Fremde neben uns am Strand lagen. Das Ehepaar, das all die Tage – anfangs durch Zufall, später durch Gewohnheit – unseren Platz am Meer teilte, war ganz offensichtlich abgereist. Zwar hatten die beiden am Tage zuvor das abendliche Bad über Gebühr ausgedehnt, wie man es tut, wenn es ans Abschiednehmen geht, aber ich hatte mir nichts dabei gedacht. Auch daß die beiden Hand in Hand ins Hotel zurückgingen, mit leicht gesenktem Kopf, und auf dem Wege noch ein paarmal stehenblieben und zurückschauten, als wollten sie das Bild von Meer und Felsen und Himmel gleichsam mit dem inneren Auge festhalten, um es jederzeit in ihre Erinnerung zurückholen zu können, wußte ich erst jetzt zu deuten: Es war ihr letzter Ferienabend gewesen.

Nun gibt es, genau besehen, keinen Grund zur Betrübnis, denn ich hatte mit den beiden kaum gesprochen, vor allem nichts Wesentliches. Es gab nur die üblichen Belanglosigkeiten. Das Wetter. Die Frage nach der Sauberkeit des Wassers. Wo es weit und breit noch gute Hotels gibt. Wie lange Post aus Deutschland dauert. Ob es sich lohnt, einen Wagen zu leihen. Aber es stellte sich doch, bei diesem Austausch von Beobachtungen und Meinungen, eine seltsame Vertraulichkeit ein. Ohne daß wir Genaueres einander sagten, waren wir in der Beurteilung der unterschiedlichsten Dinge – der großen Politik, der Küche des Hotels, der Gäste rundum – einer Meinung. Und so blieb es nicht aus, daß die Begrüßung von Morgen zu Morgen herzlicher wurde.

Und nun also plötzlich diese Leere. Abgereist! Schon lagen neue Menschen neben uns, blaß, großstadtmüde, nervös. Vor allem aber: unheimlich fremd. Neue Menschen in Zugabteilen, Hotels, Strandburgen sind immer unheimlich fremd. Ich mußte an die beiden denken, die nun wahrscheinlich schon auf dem Weg zum Flughafen waren, und ich wußte nicht einmal, wohin sie fliegen würden. In all den Tagen hatte es kaum Hinweise gegeben, die Rückschlüsse zulassen. Vielleicht war der Mann Arzt von Beruf, denn er sprach einmal von seiner Praxis; vielleicht hatten sie ein Kind, denn die Frau erwähnte einmal Sorgen mit der Schule – es ist nicht viel, was das Bild der Erinnerung erhellt.

Und doch gab es da dieses Gefühl: Man müßte sich wiedersehen. Das Gespräch, zaghaft geknüpft, dürfte nicht abreißen. Man hatte zusammen gelacht, wo gibt es das denn heute! Es war eine sanfte Unverbindlichkeit, die sich in dem Bemühen traf, einander zu schonen, Lärm zu vermeiden, die Sonnentage zu genießen. Keiner hatte versucht, irgend etwas herauszufinden, den anderen zu überzeugen, zu beeinflussen. Warum aber gab es dann keinen Austausch von Adressen, kein »Wir-müssen-uns-mal-Wiedersehen«? Wohl deshalb, weil wir alle längst gelernt haben, in dieser schwebenden Unverbindlichkeit zu leben.

Anders als unsere Eltern, unsere Großeltern gar, sind wir entwurzelte Kinder: Wir wechseln die Wohnungen, Arbeitsplätze und Urlaubsziele mit atemloser Geschwindigkeit. Es treten mehr Menschen in unser Leben, als wir verkraften können. Wir haben so viele Möglichkeiten wie nie zuvor, und es sind doch nur ein paar Menschen, denen wir wirklich etwas sein können.

Und so gibt es immer wieder diesen Augenblick, da neben uns plötzlich ein Platz leer geworden ist, ein Gespräch nicht weitergeht, außer Erinnerung nichts bleibt . . .

Es wird schon einer kommen und helfen

Als die Wälder loderten, als die Hitze in den Himmel stieg, als es die ersten Toten gab – Feuerwehrleute aus Niedersachsen –, da kletterten ein paar Männer in ihre Segelflugzeuge, um »den Aufwind zu nutzen«, der sich durch die Hitze bildete – und sie flogen über das Inferno hinweg. Sie mußten sich nicht unter die Neugierigen auf der Erde drängen, die den Hilfstruppen im Wege standen – in der Luft waren sie selber den Rettungshubschraubern im Wege.

Was ist, so fragt man sich, in uns Menschen für ein Geist eingezogen, nachdem zu viele von uns von allen guten Geistern verlassen scheinen? Was sind das beispielsweise für Menschen, die an der Ostseeküste bei Scharbeutz jene Rettungsschwimmer höhnisch beschimpfen, die vor der gefährlichen Unterströmung warnten – sieben Tote hat es in dieser Saison immerhin schon gegeben! Schlimmer noch: die sogar dann noch ins Wasser stiegen, als direkt neben ihnen Ertrunkene geborgen wurden. »Wir konnten die Unvernünftigen nur mahnen«, berichtete ein junger Mann – die Wut über die Ohnmacht war zu spüren. Zwar wollen die Behörden nun eine Verordnung durchsetzen, die Verstöße gegen das strikte Badeverbot »mit drakonischen Strafen« belegt – »Wir werden wirklich nur die Unbelehrbaren zur Kasse bitten« –, aber die Frage muß erlaubt sein, ob man damit in das Zentrum des Problems vorstößt.

Genauer: Ob man damit die Rücksichtslosigkeit bremsen kann, die darin besteht, das Leben anderer Menschen aufs Spiel zu setzen, weil man sein eigenes Leben – aus Leichtsinn, aus Hochmut oder Übermut, aus welchen Gründen immer – in Gefahr bringt. Nach der Devise: Ich steige in die Felsen, geht's schief – ein Hubschrauber wird schon kommen; ich stürze mich in des Meeres und des Leichtsinns Wellen – irgendeiner wird mir schon notfalls nachschwimmen. Widersprüchlich wie so vieles ist auch dies: Die Menschen beklagen allüberall, daß es immer weniger Füreinanderdasein gibt – aber sie erproben gleichzeitig den Mangel. Sie verspotten die Helfer, sie steigen ins Meer – Kinder der Maßlosigkeit. In ihrem Dasein, das schon gestrandet ist, noch ehe sie den Strand betreten haben, spiegelt sich die gefährliche Mischung unserer Zeit wider: Hybris und Dummheit – und keine Spur von Demut.

Wenn es sich nur um »ein paar Verrückte« in Ferienlaune handeln würde, nun ja. Aber hinter ihnen sind Legionen, die im Alltag so denken und handeln: Wenn ich nur meinen Spaß, meinen Nervenkitzel, meine Sensation, mein Ich-weiß-nicht-Was habe – sollen dann doch die anderen die lästigen Pflichten erfüllen, den schwierigen moralischen Kategorien folgen, so altmodische Dinge wie Vernunft und Hilfsbereitschaft praktizieren. Wir, die »Lebenskünstler«, die Genießer, tummeln uns derweil im Aufwind des Feuers, gehen bedenkenlos in die Fluten . . .

. . . bis eines Tages die Erkenntnis kommen könnte, daß es mit einer »drakonischen Geldstrafe« der Behörden nicht getan ist. Und dann das Grausame, das Unvorstellbare geschieht: daß kein Mensch am Ufer sich mehr rührt, wenn draußen irgendwo einer um Hilfe ruft.

Eine Kette schöner Tage

Natürlich wußte man, daß er kommen würde, aber man hat nicht daran gedacht. Man hat den Gedanken immer wieder verdrängt. Aber nun ist er plötzlich da: der letzte Ferientag. Der Tag des Abschieds. Jetzt heißt es: Koffer packen, Zimmer räumen (bis 12 Uhr mittags), Hände schütteln, ein verstohlenes Trinkgeld an den kleinen schmalen Ober, der so tüchtig gewesen ist. Ein Blick auf die »Nachfolger« werfen, die gleich in das Zimmer einziehen werden, in dem man so glücklich war. Eine Spur Neid ist plötzlich da. Der letzte Ferientag und der erste Ferientag begegnen sich, ungleiche Brüder.

Und dann sitzt man im Auto, ein letztes schnelles Winken, ein paar Kurven, der Ferienort liegt schon sechs, acht Kilometer zurück, die Tachonadel steigt auf hundert Stundenkilometer, eben hat man die gefährliche Kreuzung überfahren, bei der es auf dem Hinweg beinahe gekracht hätte – wie nervös ist man damals gewesen! Und nun geht es glatt nach Hause. Nicht der erste Ferientag ist der schönste – heute, da so vieles schieflaufen kann –, der letzte Ferientag ist der schönste!

Am Beginn, da ist noch alles unsicher. Wie wird das Hotel sein? Liegt das Zimmer am Fahrstuhl? Kannst du nachts schlafen, oder ist der Parkplatz mit knallenden Wagentüren vor dem Haus? Das Meer – ist es so sauber und blau? Die Liebe, von der so viel Verheißungsvolles unter dem Stichwort Urlaub notiert wird, muß sich zu ungeahnten Höhen aufschwingen – wird ihr das gelingen? Die Zimmermädchen werden ehrlich sein, man hat ja so ein paar wertvolle Sachen herumliegen. Wenn man plötzlich einen Arzt braucht, er wird ja aufzutreiben sein. Und von zu Hause werden keine

Nachrichten kommen, die den Ferientraum zerplatzen lassen. Und die Sonne wird unermüdlich scheinen, das ist doch »inklusive«.

Es wird alles sommersonnenwarm und schön sein, die zwei, drei Wochen, aber insgeheim wissen wir natürlich, daß es auch alles nicht so sein könnte. Daß irgend etwas dazwischenkommt. Etwas, woran wir am ersten Ferientag nicht denken mögen, wenn wir auspacken.

Der erste Ferientag, der vielgelobte, sagt: Seht her, mit mir beginnt die schönste Zeit des Jahres. Alles habt ihr noch vor euch, eine Kette schöner Tage, Nichtstun, Liebe, Zärtlichkeit. Der letzte Ferientag – der von vielen so gefürchtete – aber antwortet: Ich alleine kann sagen, ob die Zeit schön gewesen ist. Ob das Amüsement reichte. Ob die Liebe kam. Ob die Welt der schönen Bilder sich einstellte. Ob es alles ohne Ärger und Störungen abging. Der wahre Ferienkünstler weiß den letzten Ferientag zu schätzen.

Wer backt dann die Brötchen?

Wie schnell alles vergeht, ein Blick aus dem Kabinenfenster, die Sonne versinkt im Mittelmeer, wirklich so rot wie im Reiseprospekt – dann die Landung nachts, der Bus heim, der schnelle Schlaf, und dann wieder am nächsten Morgen: die langen Gänge im Büro, über die sie die Akten trägt – und nun auch noch ein paar verwirrte Gedanken.

Denn sie hat plötzlich Angst, am Leben vorbeizuleben. Sie ist erst 23, Sekretärin, der Aufstieg im Glaspalast schon fast geschafft – und doch: Wie schnell zerbrechen die Tage zwischen 8.30 Uhr und 17 Uhr, werden zerhackt von Terminen und Telefonaten.

Natürlich hatte sie längst ihren Freund angerufen, er ist älter und weiser – sie wollte Tröstliches hören, was hatte er zu sagen? Sie hörte so ein paar Redensarten: Das Leben sei kein Traum und schon gar nicht ein Dauerurlaub – »saure Wochen, frohe Feste«, das sei erprobt, Altmeister Goethe wußte es schon, an dieser Wahrheit habe sich nichts geändert – dabei fuhr der Dichterfürst mit der Kutsche gen Süden, nicht wie sie mit Jet, nicht per Charter, nicht für 411 Mark für zwei lange Wochen. Ihr Freund hatte es erfreulicherweise auch schon gar nicht mehr gewagt, die alte Platte von Verantwortung und Füreinanderdasein aufzulegen, das stecke ja alles schon sowieso im Reißwolf der moralischen Inflation.

Aber die Vision ist schon gespenstisch: Sollte alles so weitergehen, wird bald ein gigantisches Heer von Freizeitmenschen in die Freizeitzentren einmarschieren und vergebens Ausschau halten nach denen, die dann noch – dumm genug? – zur so vielgeschmähten Leistungsgesellschaft gehören. Denn irgend jemand muß doch die Brötchen backen,

Zimmer säubern, das Essen kochen, Zeitungen drucken und die Züge nachts über die Schienen jagen.

Die Sekretärin ist verwirrt. Sie fragt sich, ob ihr Freund wirklich recht hat, der sagt: Eines Tages kippt's um, dann gibt's einen Knall, und dann geht's wieder ganz spartanisch von vorne los. Dabei schaut sie in den grauen deutschen Himmel und weiß nur eines ganz genau: Ihre beneidenswerte Bräune, die ist hier auf keinen Fall zu halten. Sie wird in zwei Monaten noch mal runterfliegen, »zum Nachtanken«. Mal sehen, wie lange es gutgeht ...

Ich hätte gern was mitgebracht

Die Motoren summen präzise – in drei Stunden werden wir in München landen. Die Stewardeß bringt die ersten Zeitungen aus Europa, sie lächelt, wo es nichts zu lachen gibt, die Schlagzeilen sind wie Messerstiche, all die erdrückenden Unglaublichkeiten muß man dennoch glauben, vielleicht haben wir deshalb nur noch so wenig Kraft für echten Glauben, wer weiß . . .

Neue Todesserie in Belfast, der Irrsinn geht also weiter. Ritualmord in Paris: Welches Gehirn hat Schrecklicheres erdacht? Ein Mächtiger aus Moskau kommt nach Bonn: 26 000 Mann müssen diesen einen Mann bewachen, billiger ist Sicherheit heute nicht zu haben. Die Inflation bleibt nicht mehr auf Währungen beschränkt. Haß, Gewalt und Bedrohung, alles wird heute fleißig inflationiert.

Ich lehne mich im Sessel zurück. Die gute alte Erde da unten, vom Herrgott doch eigentlich ganz gut ausgedacht, 10 000 Meter tief, sonnenüberglänzt, unschuldig – sieht sie nicht plötzlich seltsam krank aus? Wo hat sich dort das Glück versteckt, wo verweilt der Friede? Vielleicht auf der kleinen, von Wellen umspülten Insel dort unten, vielleicht . . .

Die paar Ferientage sind nun auch schon wieder Vergangenheit. Und die paar Seiten Nachdenkliches aus einem guten Buch sind fast vergessen. Die paar Gespräche, die kein Alltag abschnürte, sondern in die Tiefe gingen und das Herz berührten – sie klingen noch nach, aber wie lange noch?

Warum bleibt man nicht einfach dort, wo die Menschen so heiter waren? Vielleicht deshalb, weil das Einfache heute so schwierig geworden ist. Und weil man immer alles haben will: vom Komfort die Sicherheit, aber nicht den Streß; von der Sonne des Südens die Bräune, aber nicht die Hitze; vom einfachen Leben die Unbeschwertheit, aber nicht die Unsicherheit des kommenden Tages.

Unsere Stewardeß lächelt noch immer. Ich höre zufällig, daß sie am selben Abend noch in New York sein wird. Ein Kind dieser Zeit. Sie wird lernen, was wir alle lernen: daß wir für unser immer schnelleres Leben bezahlen müssen. Zur Muße braucht man vor allem Zeit, aber Muße ist altmodisch, nicht effektiv, höchstens als Souvenir eines Ferienaugenblicks zu haben, kaum festzuhalten, schon gar nicht zu verschenken. Dabei hätte ich Ihnen so gerne etwas mitgebracht.

Allein unser Herzschlag ist die Welt

Nach Hause kommen, die Tür öffnen, seine Wohnung für einen Augenblick wie mit fremden Augen sehen, die Koffer abstellen, ein schneller Blick in den Flurspiegel: Ja, man hat die Falten im Gesicht wirklich verloren, sie müssen irgendwo auf Mallorca geblieben sein. Die Treppe fiel so leicht, alles ist so federnd, die Batterie ist aufgeladen, Ferienbräune im Gesicht, morgen werden es alle im Büro sehen können – und was hat man sich nicht alles vorgenommen!

Natürlich, ein paar Atemübungen morgens, sofort nach dem Aufstehen – und ein Weg um den Block abends, nach dem Krimi und vor dem nun schwerelosen Schlaf. Freunde einladen, die schon lange warten. Mehr Zeit für die Kinder haben und mit dem Menschen an seiner Seite lange Gespräche führen, um dem Sinn des eigenen Lebens nachzuforschen, so, wie es auf dem Ferienbalkon gewesen ist.

Und vor allem: Mit den Kräften noch etwas geizen. Ein Hauch von Angst ist da vor jener Ermattung, die man in sich spürte, vor zwei, drei Wochen noch, als es der Sonne entgegenging: blaß, ausgepumpt, mit den Nerven fertig.

Es sind nicht die langen Winterwochen, von denen die Bücher unserer Großeltern so viel Rühmliches zu berichten wußten – es sind die hellen Sommertage, die uns in Wahrheit nachdenklich stimmen, die uns in die Ruhe und in das Zentrum allen Geschehens hineintragen: Unser eigener Herzschlag allein ist die Welt.

Nun packen wir die Koffer aus. Eine einzelne Muschel zwischen den Bademänteln, Seesand. Erinnerung schon dies alles. Ein Schritt ans Fenster: Draußen ein Himmel, der nie so blau sein wird, wie wir ihn gestern noch gesehen. Die vielen

Autos! Die schnellen Schritte – wohin treibt es all diese Menschen bloß?

Keine Sorge: In ein paar Tagen sind wir wieder mittendrin. Der Wogengang des Lebens will es so. Ebbe und Flut. Finsternis und Mond. Sonne und Regen. Wärme und Kälte. Die Natur, diese große Künstlerin, macht es uns vor: Das Schönste an der »Ferien«-Ruhe ist die Unruhe davor und danach.

Zurück nach Castrop-Rauxel

Habt Mitleid mit uns, kommt uns zart entgegen, wir brauchen noch Schonung, unsere Bräune täuscht, der herausfordernde Glanz in unseren Augen verrät nichts von unserer jäh verwundeten Seele, wir haben noch den Wellenschlag des Meeres im Ohr, haben – gestern noch! – gefeiert, gelacht, getanzt, der Augusthimmel gehörte uns allein; aber nun sind die Tage voller Leichtigkeit verflogen, und ihr habt uns wieder, wir sind mitten unter euch: wir, die Ferienheimkehrer. Erbarmen, Erbarmen!

Denn dieser schnelle Szenenwechsel ist härter, als ihn unsere Eltern und Großeltern jemals hatten, die »nur« von der Sommerfrische heimkehrten. Gestern noch an der gleißenden Algarve-Küste, am Bikini-Strand von Tel Aviv, in der Meeresbrandung von Jütland, im Hexenkessel des süßen Lebens von Torremolinos; inmitten der unverschämten sexuellen Direktheit all der verwirrenden Bilder – das Leben in Color, Breitwand, Super und alles Hi-Fi und Stereo – und nun, schwupp, nur noch Castrop-Rauxel, Salzgitter, Buxtehude, das will verkraftet sein! Wir modernen Menschen zahlen wirklich für alles und für jedes. Unsere Seele krankt an den Geschwindigkeiten der Jets. Wir sind zwar wieder zu Hause, aber unsere Träume schweben noch irgendwo weit in der Ferne herum.

Natürlich wissen wir aus schmerzlicher Erfahrung, wie schnell die Nerven wieder zu flattern beginnen, wie eilig wir den Olymp des Wohlgefühls verlassen, um uns mit den Strapazen des Alltags wieder anzufreunden – aber eins wird uns ganz besonders zu schaffen machen: die Erkenntnis, was wir in einen einzigen Tag an Sonne, Zärtlichkeit, guten

Gesprächen und Leichtigkeit hineinzugeben vermögen. Und wir wissen um die Wehmut, diese Fähigkeit nicht in das »normale Leben« hinüberretten zu können.

Es ist eine gereizte Spannung in den Begegnungen zwischen jenen, die Ferien hinter sich – und jenen, die die Ferien noch vor sich haben. Es zeigt sich dabei, wie gefährlich wir zu Extremen neigen: Entweder sind wir total erschöpft, zur Erholung buchstäblich reif – oder wir können vor Kraft kaum laufen, sind aufgepumpt, nicht mehr braun, sondern wirklich braun-braun, wie es die Reklame verspricht.

Denn wir haben einen Ferienkult entwickelt, grotesk oft wie Bodybuilding, gejagt von der Angst, in diesen Wochen nicht zum vollen Genuß zu kommen. Ein leicht beschädigter Urlaub – und mancher glaubt wirklich, das ganze Jahr sei sinnlos geworden.

Und all die Gedanken: Man sollte ein winziges Häuschen auf den Klippen von Mallorca haben, den Zivilisationsballast abschütteln, um endlich in der Senkrechtsonne des Mittelmeeres aufzusteigen in ein neues, besseres, helleres, sinnvolleres Leben – diese Gedanken sind erlaubt – und verständlich.

Nur: schauen Sie in die Gesichter der Ewig-Glücklichen, der Nackten und Schönen, der Nichtstuer, der Gelangweilten, der Partymiezen und Playboys; schauen Sie genau hin, wie sie die Puppen immer aufs neue tanzen lassen, um nur eines auf keinen Fall erleben zu müssen: zur Ruhe zu kommen und gar noch auf sich selber zu treffen.

Die Erkenntnis eines Feriensommers aus dem Bilderbuch des Lebens: Der Mensch braucht den Wechsel in der Beständigkeit, nicht die Beständigkeit im Wechsel. Achten wir auf die richtige Währung des Lebens. Die Inflation der Illusionen hätte uns gerade noch gefehlt.

Nachricht von meinem ersten Chef

Der Brief kam vor ein paar Tagen, er traf mich unvorbereitet, er enthielt einen Zeitungsausschnitt. Mein Freund schrieb dazu, ich sollte »trotz der vielen Arbeit ein paar Minuten innehalten« – die Nachricht meldete den Tod meines ersten Chefs.

Ich hatte meinen ersten Chef aus den Augen verloren. Er wohnte in einer anderen Stadt. Er war längst nicht mehr im Amt. Es hatte noch ein paar Grüße gegeben, meist zu Weihnachten, dann blieb auch das aus. Wer begonnen hatte, nicht mehr zu schreiben – ich weiß es nicht.

Aber die Bilder aus jenen Tagen habe ich noch vor mir: 1946/47. Hunger. 100 Gramm Butter in der Woche. Schuhe auf Bezugschein. Wer ins Theater ging, mußte Briketts mitbringen – zwei Stück mindestens. Schwarzmarkt. Chesterfield – das Stück für acht Mark. Nur Hoffnungen gab es gratis.

Und zwischen Trümmern und Not: dieser Mann, unermüdlich zwischen Konferenzen, Bürgerschaft, Zonenbeirat, alliierten Behörden. Aufbau, Kampf Millimeter um Millimeter – gegen Krankheit, Entkräftung, Demontagen.

Sein Zimmer war zufällig etwas wärmer als meines: Wenn ich fror, dehnte ich das Gespräch, um mich etwas durchzuwärmen. Und wenn er mir sein Auto lieh, war ich König.

Als ich ihn dann verließ, »um weiterzukommen«, hatte ich ein verdammt schlechtes Gewissen, ließ ihn in einem Berg voller Sorgen zurück. Ich weiß noch, wie ich mich fühlte, als ich sein Zimmer betrat, er zuckte auch kurz zusammen, aber dann war es doch nur halb so schlimm: Er sei ja auch einmal jung gewesen – und ein Wechsel . . .

Immer, wenn ich später in die kleine Stadt kam, trieb mich ein seltsames Gefühl, ihn zu besuchen. Heute weiß ich: es war Dankbarkeit. So eine Sache ohne Mitbestimmung, so etwas ganz Überholtes. Und ich traf ihn wie in alten Hungerszeiten; vierzehn Stunden täglich am Schreibtisch, und doch hatte er immer Zeit für ein Gespräch. Ja, so ist das in jenen Jahren gewesen, als er »ganz oben« und ich »unten« den Weg aus den Trümmern suchten.

Nun also, 25 Jahre später, diese Nachricht. Ein Stück Zeitungspapier. Und fast an der gleichen Stelle liest man, daß Männer, die etwas unternommen haben, so wie mein erster Chef, heute »Raubtiere« genannt werden – von Heinrich Böll, dem Dichter.

IV
DIE SONNE BRINGT ES AN DEN TAG

Die Sonne bringt es an den Tag

Nun ist die ganz große Hitze über uns gekommen, mit der Urgewalt der Natur, die uns immer noch Respekt einflößt, ein Paukenschlag, unüberhörbar, ein Tusch: Der Sommer ist da, im Minirock, frech und heiß, und er lehrt uns Menschen, was wir sonst so schwer begreifen – daß wir doch allesamt nur Menschen sind.

Denn bei dem ganz großen Durst, der uns alle verbindet, schmilzt so vieles dahin, was uns insgeheim im Alltag stört; der Hochmut, die oft zu kühle Distanz zum Nachbarn, die unerträglich mühsame Genauigkeit, die das Leben in unseren Breitengraden so schwermacht, weil uns die südliche Leichtigkeit fehlt.

Vor allem aber stellen sich Liebe und Nächstenliebe, diese so oft vergessenen Zwillinge, ganz prompt wieder ein, denn wir haben bei der Hitze natürlich nicht nur unsere Hemdkragen geöffnet, sondern ein bißchen auch die Herzen.

Erstaunlich, was uns da für »menschliche Erleichterungen« gelingen: Die Sekretärin beispielsweise darf plötzlich früher nach Hause gehen, denn der Chef, sonst so unerbittlich, hat entdeckt, daß sie etwas zu blaß um die Nase herum aussah – das schwüle Wetter, der Kreislauf, man liest da so viel, und die Sirenen der Krankenwagen sind auch nicht zu überhören.

Und schon holt die Sonne zum zweiten Schlag aus: Sie zaubert unsere Städte leer. Wie in einem Hitchcock-Thriller legt sich die Einsamkeit über die soeben noch lauten Boulevards. Die Fenster sind geschlossen, die Jalousien heruntergelassen, die Häuser sehen müde aus. Und nur ein paar Touristen irren durch die Straßen – und natürlich all jene, die nicht verreisen konnten, die kein Haus im Grünen haben, die arbeiten müssen. Aber sie, die nicht nach Travemünde, Rimini und Mallorca ausbrechen können, fühlen sich auf eine seltsame Weise miteinander verbunden; indem sie trotz der Hitze in der Pflicht bleiben, bemühen sie sich, einander das Leben so angenehm wie möglich zu machen, vereint bei diesen verdammt schönen dreißig Grad im Schatten.

Also genießen wir diese Tage, wo immer wir sind. Genießen wir die schwebende Heiterkeit. Die Nachsicht, die wir spüren, die Rücksicht, die wir denen, die unter Hitze leiden, angedeihen lassen, die Vorsicht, die wir einander empfehlen – welch eine Freude, erfahren zu dürfen, daß wir zu all dem noch fähig sind!

So ein bißchen Hitze-Notstand – und schon legen wir mit der Jacke ein Stück falscher Würde ab –, und das tut uns allen sehr gut.

Der Mensch geht jetzt im Rückwärtsgang

Wir wissen nicht genau, wie stark die Bilder, die wir Tag für Tag aus den Zonen der Gewalt, des Todes, der Verzweiflung sehen, unsere eigenen Gefühle und Handlungen verändern. Aber wir spüren, daß Ungeheures geschieht.

Es ist plötzlich jenes Gefühl da, das Ernst Jünger, der ebenso geehrte wie angefeindete Schriftsteller, im ersten Kriegsjahr 1939 mit dem ersten Satz in seiner Erzählung »Mamorklippen« so unnachahmlich beschrieb: »Ihr alle kennt die wilde Schwermut, die uns bei der Erinnerung an Zeiten des Glückes ergreift.« So könnte auch heute alles beginnen, was uns erzählt wird. Denn nun spürt auch der letzte: Nichts wird mehr so sein, wie es war. Und nicht einmal ein Abglanz der Nachkriegsjahre reicht in unsere heutige Dunkelheit.

Hatten es Eltern damals schwer, ihren Kindern die Qualen und Entbehrungen des Krieges zu schildern, verstanden die Kinder, bei den alten Wochenschauen im Fernsehen schnell herbeigeholt, die Trümmerlandschaft dennoch nicht, spotteten sie sogar über die zu kurzen Haare der Väter und die zu langen Röcke der Mütter, so verwandelt sich nun das Problem. Es ist ebenso schwierig, den Kindern etwas von dem Glücksgefühl des Aufstiegs, der Freude an der Leistung und dem Miteinander auf dem Weg nach oben mitzuteilen. Und so sitzt die mittlere, die ältere Generation allabendlich vor der Tagesschau, um in den neuen Bildern des Todes die selbsterlebten Schmerzen zu erkennen. Und kaum noch ein Gespräch in diesem Lande, in dem sich nicht zur Trauer die Empörung und zur Empörung die Angst gesellt.

Der Mensch geht jetzt im Rückwärtsgang, so sagen viele,

die über diese Zeit nachdenken. Sie meinen damit die vielen kleinen alltäglichen Morallosigkeiten, die einem schon gar nicht mehr auffallen; das Werturteil »gut« oder »böse« ist aus der Welt verschwunden. Die Verteufelung des Andersdenkenden hat längst jedes Maß überschritten. Wer von Moral spricht, hat das Gefühl, eine Währung zu benutzen, die außer Kraft gesetzt ist. Die Moral wurde, um es genauer zu sagen, in den letzten Jahren aus unserem Bewußtsein buchstäblich »herausdiskutiert«. Indem man, beispielsweise, »Gewalt gegen Sachen« für möglich hielt, wurde Gewalt gegen Menschen möglich.

Im Angesicht der Bilder des Todes machen wir Älteren die Erfahrung, daß wir nun auch unsere übersonnte Vergangenheit kaum beschreiben können, nachdem die Jungen uns unsere schwere Vorvergangenheit mit den Bomben, den Trecks der Flüchtlinge nur selten glaubten.

Und so ergreift uns wieder »die wilde Schwermut bei der Erinnerung an die Zeiten des Glückes«, von der der Dichter sprach, und wir sind traurig, weil wir den Verführten und den Jungen und den Suchenden einen Weg doch nicht zeigen können.

Zu kurz, zu belanglos, unsere Gespräche im täglichen Auf und Ab

Da sind die Fahrstühle in den hohen Bürohäusern, diese unermüdlich rollenden »Menschenbagger«, diese Stätten der Kurzbegegnungen – so recht geschaffen für den Menschen unserer Zeit, der die Kunst des Verweilens längst verlernt hat: ein paar Sekunden nur, ein bißchen Alltagsphilosophie, ein Hin und Her des belanglosen »Wie geht's?« – wenn es ein Sinnbild für unsere sinnentleerte Zeit gibt, es sind diese Paternoster!

Der Mann plötzlich neben mir, zugestiegen im dritten Stock, vielleicht um die fünfzig alt, sagte ganz unvermittelt, er hätte plötzlich den furchtbaren Gedanken, daß er hier wohl nur noch »ein paar Jährchen« fahren würde, der Verschleiß sei so groß, man wüßte ja nie, ob man das Tempo durchhalten könne, »die schönsten Jahre sind sicher schon vorüber, das haben wir alle nur noch nicht gemerkt«.

Wollte der Fremde neben mir Ermunterung, wollte er Bestätigung, wollte er Erwiderung? Sollte ich ihm sagen, daß er jünger aussieht – und lügen? Man steht so hilflos, so eingezwängt in diesem rollenden Käfig – vierter Stock, siebter Stock, neunter Stock –, redet etwas vom Wetter, das die Depression fördert, vom Südwind, der nicht nur in den Bergen an den Nerven zerrt – und man weiß doch im gleichen Augenblick: Der Fremde, der ein paar Abteilungen weiter arbeitet, der sein eigenes kleines Leben lebt, das wir von außen nicht beurteilen können – wir müßten doch alles von ihm wissen: Kindheit, Eltern, Schule, Kriegsjahre, Liebe, Ehe –, dieser Mann wollte einen Notruf geben. Und mit ein paar Floskeln habe ich mich darüber hinweggemogelt. Im zehnten Stock stieg er aus, ein trauriges Lächeln – das es ja wirklich gibt! – in einem Gesicht voller Müdigkeit. Im elften stieg ich selber aus dem Fahrstuhl, etwas elend, denn man hat doch nichts gesagt, hat den »Problemfall« gehenlassen, und der Trost ist schon da, ehe man noch in den Korridor eingebogen ist: Man schleppt ja selber seine Sorgen, seine Termine – und überhaupt: Wer hilft denn eines Tages dir?

Und so geht man in sein Zimmer, blättert noch in der Zeitung, liest die neueste Meldung von der Universität in Kassel, wonach bis zu vierzig Prozent aller Studenten für eine kürzere oder längere Zeit psychotherapeutisch behandelt werden müssen. Die Jungen sind nicht besser dran als die Alten – ein Trost?

Als ich abends wieder in den Fahrstuhl stieg, mußte ich – im Korb elf – an den Mann vom Morgen denken, der nun anfängt, seine Jahre zu zählen. Ich erinnerte mich plötzlich an das Eingeständnis seiner tiefen Sorge, von der vielleicht nicht einmal seine Frau etwas weiß. Und wieder stieg, im Abfahren, ein Mann, ein anderer Fremder, hinzu. Er nickte nur und sagte nichts. Aber ich wußte plötzlich, daß er auch irgendeine Not mit sich herumträgt.

Vielleicht ist es gut, daß wir all diese Dinge um uns herum nicht erfahren. Und sicher ist es richtig, immer daran zu denken, daß es sie allüberall gibt. Auch wenn wir miteinander reden – und dabei zumeist doch eigentlich gar nichts sagen.

Wenn die Kumpels im Betrieb feierlich werden …

Man hat versprochen zu kommen, man würde dabeisein, das sei doch Ehrensache, wo man doch so viele Jahre zusammen gearbeitet habe. Und nun ist es soweit: Aus den Zimmern rechts und links des Korridors kommen sie alle an, die Kollegen, die Mitarbeiter, die Gegeneinanderarbeiter, die Freunde, die Intriganten, die Beinsteller, die Kumpels. Sie streifen sich, oft noch im Gehen, die Jacke über, etwas feierlich soll es schließlich werden, und irgend jemand wird sicher auch eine Rede halten: Abschiedsfest für einen, der dann nach Hause geht und morgen nicht wiederkommen wird, der plötzlich nicht mehr dazugehört, der fünfundsechzig geworden ist, Pensionsalter, Schallgrenze, Mauer, neuer Lebensabschnitt – was immer du willst.

Es sind schon viele vor dir dort, stehen beieinander, rauchen, Orangensaft im Glas, das Glas in der Hand, allerlei Gedränge, Händeschütteln – und dann trittst du ihm entgegen: Er lächelt, etwas maskenhaft – schwer zu durchschauen, was er denkt, da er heute noch hier in der Firma ist und morgen nicht mehr. Und du gäbest einiges darum, könntest du doch nur erfahren, wie ihm zumute ist, weil du doch weißt: Eines Tages wirst du dort stehen, und die anderen werden um dich herum sein, wie du nun um ihn herumstehst, und dann erst wirst du ganz genau wissen, was es heißt: nicht mehr arbeiten zu können, zu dürfen, zu müssen, zu sollen – zu, ich weiß nicht was.

Die Rede, die erwartete, wird wirklich gehalten, muß gehalten werden, irgend jemand muß in Worte fassen, was so unfaßbar ist: einen Abschied, den man nicht ganz begreift. Eigentlich ist er nur nach dem Kalender fünfundsechzig. Er sieht jünger aus, er könnte doch noch hier bleiben, man könnte sich doch vorstellen, daß er noch etwas abgibt von seiner Erfahrung – aber da ist schon die Rede: Er habe immer seine Pflicht erfüllt, er sei ein guter Kollege gewesen, nun würde er endlich Zeit für sich selber finden, alle guten Wünsche würden ihn begleiten: Prost!

Der Orangensaft schmeckt schal, der Sekt, der hineingegeben wurde, ändert daran nichts. Wir stoßen an. Ich sehe in sein Gesicht. Fühlt er sich verwundet? Er will nichts zeigen. »Schau mal wieder rein.« »Laß von dir hören.« »Zum Betriebsfest mußt du aber kommen.« Was man so redet, wenn man nichts zu sagen hat.

Ein Geschenk gibt es auch, zur Erinnerung an die vielen gemeinsamen Jahre. Ein Bild seiner Geburtsstadt haben sich die Kollegen ausgesucht, einen alten Stich – die Stadt liegt fünfundsechzig Jahre zurück, das Leben ist wie verrückt gelaufen, die Zeit ging immer schneller dahin – diesen Tag hatte er so deutlich noch gestern nicht vor sich gesehen. Und nun die vielen Hände zum Abschied. Und das Gefühl: Morgen schon, wenn er noch einmal an seinen Schreibtisch geht, um etwas Liegengebliebenes zu holen, wird er inmitten dieser Menschen ein Fremder sein, nicht mehr dazugehören, ein Besucher nur. Nicht selbstverständlich wird es sein, wenn er in eines der vielen Zimmer tritt, vielmehr wird man aufmerken, hochschrecken, Fragen stellen, einen Kaffee anbieten – Besuchern bietet man Kaffee an.

Langsam stiehlt sich einer nach dem anderen aus der Runde, man hat ja zu tun, so viele Termine noch. Entschuldigungen – er wird es verstehen, er war ja früher auch so oft dabei, wenn ein anderer dort stand, wo er nun steht: einsam inmitten der vielen.

Abschiedsfeiern im Betrieb haben so etwas Unerbittliches an sich.

Morgens, sieben Uhr - Südeingang ...

Der Termin war früh, bitte, kommen Sie pünktlich. Ich war einige Minuten früher da, ging vor dem Krankenhaus auf und ab, Südeingang. Ein Rettungswagen kam mit Blaulicht. Trage, Männer, Eile – ein Arzt gab Anweisungen, Schonung, Vorsicht, ein schwerer Fall.

Plötzlich dieses Gefühl: Wie nahe wir alle einer solchen Notsituation sind. Der Mann auf der Trage hat vor einer Stunde noch nicht gewußt, daß er hier um sieben Uhr in die Klinik getragen würde. Unfall? Herzinfarkt? Kolik? In seinem blassen Gesicht ist nur der Schmerz zu erkennen – und die Hilflosigkeit des Menschen, der sich in die Hände anderer Menschen begibt.

Ich schaue die Hauswand empor. In allen Fenstern brennt schon Licht. In einem Raum sind fünf Ärzte versammelt, in einigen Minuten werden sie Visite machen. Ich hatte schon auf dem Parkplatz gesehen, daß von acht Parkplätzen für Doktoren sieben bereits besetzt waren. Lächerlich die Diskussionen, die in den Universitäten geführt werden, ob man den Studenten zumuten kann, früher anzufangen: Im Berufsleben geht es nicht so zimperlich zu!

Die Schwester, die mir einen Bogen für die Personalien gibt, sieht müde aus. Sie öffnet die Tür einer Umkleidekabine. Bitte den Oberkörper freimachen! Bitte warten. Ein halber Quadratmeter. Halbdunkel. Ein kleiner Spiegel. Die Haut ist winterweiß. Das ganze Leben, das so laut dort draußen wieder anhebt, ist plötzlich entrückt. Wie wird man dorthin zurückkommen, in einer Stunde, in zwei Stunden – krank, gesund, halb gesund, halb krank?

Als mich die Schwester endlich aus dieser quälenden Enge

herausholt, habe ich schon das Gefühl, daß ich mich selber beobachte. Sie geleitet mich mit einem Wink zu einer Liege, ein Metallbrett, ein karges Kopfkissen, eine Fußablage – »die Schuhe können Sie anbehalten ... bitte, rücken Sie noch etwas nach unten« – die Kommandos kommen hinter einer Glaswand hervor. Nun senkt sich das Röntgenauge, der Apparat rückt ein Stück vor, ein kleineres Stück zurück – ein Roboter, der seine Beute sucht: ein Stück deines Körpers, von dem er Genaueres wissen will.

Alles andere ist nun ganz weit weg: der Beruf, die Familie, die Kinder, die Einladung heute abend, der Termin beim Chef morgen, die Urlaubsreise, die vom Reisebüro immer noch nicht bestätigt ist, und all das Wichtige, das die Gedanken so unermüdlich am Kreisen hält und das nun so unwichtig geworden ist.

Das Röntgenauge hat seine endgültige Position erreicht. Der Arzt, der bisher in anderen Räumen war, tritt heran. »Es tut nur kurz weh.« Ein Kontrastmittel wird gespritzt.

Warten. Dann: Einatmen! Ausatmen! Bitte nicht atmen! – Ein Knacken. Aus. Warten. Minutenlanges Warten. Nun ist die ganze Welt in einer unheimlichen Weise verschwunden. Nun weiß man, daß ja alles nur geschieht, weil man es selber wahrnimmt: durch Auge und Ohr, durch Briefe und Fernsehen, durch Radio und Zeitung, durch Gespräch und Gebet. Und hier auf dieser Stahlplatte, unter diesem Röntgenauge, hier, wo man plötzlich nur noch Körper ist, wird für Augenblicke das Leben in seiner Bedrohtheit spürbar.

Und dann merkt man, im Warten: Das Herz pumpt, das Wunderwerk des Körpers wird in Gang gehalten, rundum nur Stille, nur Einsamkeit. Dann – nach dieser wesentlichen Erfahrung – kommt der Arzt, der zufrieden ist –, ein Seufzer der Befreiung – dann die Schwester, die Kabine, der Ausgang der Klinik, die Autos, das Hupen, der Lärm, das Laute. Wie ein Film, der sich zurückdreht.

Und man möchte die Arme ausbreiten und das Leben neu umarmen!

Nehmen wir zum Beispiel Christiaan Barnard, den weltberühmten, von Erfolg verwöhnten Arzt. Mit vierundvierzig gelang ihm die Operation des Jahrhunderts, die Verpflanzung eines Menschenherzens; damals, 1967, schoß sich der vitale Chirurg in eine eigene Umlaufbahn um die Erde – die Stationen standen nicht in den ärztlichen Standesnachrichten, die hungrigen Reporter der Illustrierten waren es vielmehr, die ihr Opfer gefunden hatten: der gutaussehende Doktor an der Seite von Gina Lollobrigida und Papst Paul, das gab Titelfotos und Klatsch zu Discountpreisen.

Dann senkte sich, nach allem Spektakel, der Vorhang, der Mann ging wieder für dreitausend Mark Monatslohn ins Groot-Schuur-Krankenhaus in Kapstadt, es gab weitere Herzverpflanzungen, ein bürgerliches Glück für ihn ohne Schlagzeilen, bis er nun, inzwischen auch Buchautor geworden, wieder unterwegs war und bei dieser Gelegenheit jenen verräterischen Satz sagte, der uns nachdenklich stimmt.

»Wenn einer der vielen reichen Leute, die es in eurem Land gibt, ein Krankenhaus in Süditalien baute, würde ich dort gratis arbeiten«, sagte Schriftsteller Barnard kürzlich in Rom, als er die italienische Übersetzung seines Romans, der in Frankreich schon ein Bestseller geworden ist, der Öffentlichkeit vorstellte. Und er versprach: »Ich würde aus diesem Krankenhaus die beste Klinik Europas machen.« Auf die Frage eines Reporters, warum der südafrikanische Meister denn unentgeltlich arbeiten wolle, kam Barnards Antwort: »Weil es mir lieber ist, daß mir ein Patient danke sagt, als daß er mich bezahlt.«

Da stand also, in einer der schönsten Städte dieser Welt,

jener Verwöhnte, der zwischen Erfolg und Anbetung wählen kann, und gibt in einem Nebensatz ganz plötzlich zu erkennen, was ihm in Wahrheit so viel bedeutet: die Dankbarkeit. Nun ist Dankbarkeit ein flüchtiger Stoff, seit die Beziehungen der Menschen untereinander von Jahr zu Jahr unverbindlicher geworden sind, nicht nur zwischen Arzt und Patienten, vielmehr allüberall. Nach dem Trommelfeuer der »Konfliktstrategie«, der Philosophie des Neides, nach der ins Gigantische gewachsenen Anspruchsmentalität – »Der Staat soll für mich sorgen«, »die anderen« müssen mir helfen, »die Gesellschaft« ist schuld an meinen Problemen –, nach all diesem seelischen Müll, für den es keine Verbrennungsanlagen gibt, ist Dankbarkeit in der Tat kostbar und selten. Der »moderne Mensch« hat es nicht mehr nötig, dankbar zu sein, er hat ja für alles bezahlt!

Und so kommt es durch diesen Hochmut nicht unbedingt zum Herzinfarkt, wohl aber zum »Gefühlsinfarkt«, zu jener verzweifelten Leere, in der man weder fähig ist, anderen Menschen Dankbarkeit zu bezeugen – noch selber Dankbarkeit zu empfangen. Vor allem kommt man zu einer Einstellung, gerade nur noch soviel zu tun wie nötig – und dafür ist Dankbarkeit in der Tat eine zu kostbare Münze.

Vielleicht muß man auch als Christiaan Barnard wirklich in die armen Dörfer Siziliens gehen, um noch ein echtes Dankeschön zu hören, wer weiß? Vielleicht wird dieses Wort eines Tages überhaupt aus unserem Sprachschatz verschwunden sein, »hinwegdiskutiert« von den Berufsveränderern unseres Lebens, die mit immer neuen Programmen unser Dasein dort, wo es wahrhaft lebenswert ist, besonders armselig gemacht haben.

Rückkehr von der Front

Er saß neben mir im Flugzeug: etwa vierzig Jahre alt, schmal, novemberblaß, den schwarzen kleinen Koffer unter dem Sitz, in dem ein paar Dokumente waren, wie ich zufällig sah, und ein Foto: die Frau mit zwei lachenden Kindern, irgendein Sommerbild, irgendwo am Meer.

Er sprach wenig, aber ich erfuhr doch, daß er es wieder einmal versucht hatte mit einer persönlichen Vorstellung – »das klingt doch nach Zirkusauftritt, nicht wahr?« Es sei ja immerhin schon erfreulich, wenn man nach einer Bewerbung in die engere Wahl gezogen würde . . . und den Flug München – Hamburg – München, den bezahlt ja die Firma, das sei ausgemacht. Warum also nicht auf Verdacht nach Hamburg fliegen, wenn auch das kleine Reihenhaus fast in den Bergen liegt, dicht nebenan die vertrauten Geschäfte, die Schule, die Freunde. Das würde man ja alles sausen lassen, wenn »die da oben« in Hamburg ihn nur nehmen würden, »denn wissen Sie: nach einem halben Jahr Warten, da hört alle Sentimentalität auf, da sind nach den vielen Bewerbungsschreiben die Finger krumm, da kennt man die Floskeln auswendig: Bedauern wir, Ihnen mitteilen zu müssen . . .«

Seltsam, diese Vertraulichkeit unter Fremden, kaum daß wir den Sternen zehntausend Meter näher sind. Denn nun sagte er, ohne mich dabei anzuschauen: Es sei ohne Arbeit ja in Wahrheit nicht auszuhalten, man müsse sie nur einmal verlieren, dann wisse man schon Bescheid – »manchmal möchte ich hinschmeißen, wissen Sie, alles«. Besonders wenn die Frau nörgelt und die Kinder so unglaublich große Augen machen.

Ob er am Flughafen abgeholt würde, sonst könnte ich ihn

in die Stadt fahren? Nein, das sei nicht nötig, bisher sei seine Frau noch immer gekommen.

So trennten wir uns nach der Landung. Die hundert Männer – warum sind immer nur Männer in diesen Abendmaschinen? – drängten zum Bus, zum Ausgang. Ein paar von ihnen – ein paar nur! – wurden erwartet. Frauen, Freundinnen. Wiedersehen. Küsse. Arm in Arm.

Zufällig sah ich, daß der Mann, der mit der »persönlichen Vorstellung«, zögerte. Er sah plötzlich nicht mehr wie vierzig, schon eher wie fünfzig aus. Er suchte, den Kopf hoch hinausgestreckt, dann ließ er ihn plötzlich schwer fallen und ging allein von dannen.

Da dachte ich: Es werden zu wenige Männer an den deutschen Flughäfen abgeholt, wenn sie, meist geschäftlich unterwegs, zurückkommen. Denn heute – so wie die Zeiten nun einmal sind – kommen sie allemal meist von der Front.

Natürlich weiß man, daß diese Wohnung leer sein wird, abends, die Frau ist ja mit dem Kind für ein paar Tage fortgefahren. Es gab diese schwebenden, schrecklichen Minuten der Trennung, in denen sinnlose Sätze hin und her geschoben wurden wie Bauklötze: »Bleib schön artig« – »Schreib mal«. »Vergiß uns nicht.« »Denk daran, das Elektrische auszudrehen.« »Ich ruf dich an.«

Man weiß also, daß die Wohnung leer sein wird, die man nun aufschließt. Schon von ferne gibt es die Dunkelheit in allen Fenstern. Die Zeitung steckt noch im Briefkasten. Im Flur hängt kein Mantel, die Kinderschuhe fehlen, die sonst immer gleich vorne am Eingang stehen.

Erst einmal in allen Räumen: das Licht! In der Küche steht ein Topf, Vorgekochtes. »Damit du morgen nicht essen gehen mußt.« Sie hat noch im Aufbruch an dich gedacht! Im Wohnzimmer die Blumen, jeden zweiten Tag brauchen sie Wasser, ich soll es nicht vergessen, wenn möglich bitte ...

Dann dieser kleine Stich ins Herz: das leere Kinderzimmer. Der Teddy auf dem Bett sieht plötzlich ganz traurig aus. Die Knopfaugen schauen mich an. Teddybären müßten reden können. Sie würden uns erzählen, was unsere Kinder nicht sagen. Dieser hier kann nicht einmal mehr brummen, wenn man ihn auf den Bauch legt – er wurde kürzlich von meinem Sohn »operiert«.

Es ist alles so beklemmend still. So ordentlich. Die Küche sieht aus wie eine Küche aus dem Schaufenster. Die Sessel am Fernseher stehen so parallel wie Zwillinge: Gestern haben wir hier zusammen noch einen Krimi gesehen. Ich kann die Ruhe nicht ertragen, schalte das Bild ein. Die Tagesschau: Politiker, Bomben, Kongresse, Wetterkarte.

Auf dem Tisch steht eine halbe Flasche Wein, der Rest von gestern. Daneben ein Zettel, ein paar liebe Worte, Trost, soweit »der Herr des Hauses« Trost braucht, man liest ja so viel in den Zeitschriften, was heute alles so läuft. »Laß dir die Zeit nicht lang werden«, steht auf dem Zettel.

Wenn die Frau jetzt, in dieser erbärmlichen Minute des Alleinseins anrufen würde, fragen würde, vielleicht zweifeln würde, was denn ihr Mann so alleine treibt, sie würde hören: »Es geht mir fabelhaft, Liebling.« Weil wir Menschen so seltsam gebaut sind, daß wir aus mancherlei Gründen nicht zugeben: Diese plötzliche Einsamkeit ist trostlos, grauenhaft, idiotisch.

Bis dann am nächsten Morgen die Sonne aufgeht und dieser königliche Augenblick kommt, da ein Mann in einer leisen Wohnung vor einer Tasse Tee sitzt und – ungestört, völlig ungestört – die Zeitung liest ...

V
RUM MUSS, ZUCKER DARF, WASSER KANN . . .

Sommermenschen, begreift endlich, daß eure Zeit dahingezogen ist, der blaue Himmel, so es ihn gab, ist verhängt, die »fünfte Jahreszeit«, von der Tucholsky schwärmte, weil die Natur damals noch in Ordnung war (diese schwebenden Tage zwischen Sommer und Herbst), ist uns vorenthalten worden, die Kühle kam ganz direkt mit einigen tiefen Staffeln aus dem Nordmeer – ihr Sommermenschen, begreift: Nun beginnt die Zeit der Wintermenschen!

Nun also kommen jene ganz groß heraus, für die der Winter die Jahreszeit aller Jahreszeiten ist: Partys und Feste, Hausbälle, Schwarzweiß-Bälle, Kerzen anzünden und Stereo hören. Das Versinken ins Gespräch. Das Zusammenrücken. Die Geselligkeit. Wintermenschen brauchen Menschen, der Winter wäre sonst nicht erträglich.

Den Sommermenschen bleibt nur die Erinnerung. Am Meer schlagen jetzt die Wellen sinnlos auf einen leergefegten Strand, ein paar verstreute Sonnencremeschachteln, Spuren jener unbeschwerten Zeit. Die Kuppeln in den Bergen sind wieder weiß, für einen Sommermenschen sehen die Berge jetzt aus, als ob sie sich erkältet hätten. Sommermenschen trauern ihrem Sommer nach, Wintermenschen genießen den Winter zusätzlich – die Welt wird allemal mit verschiedener Elle gemessen.

In diesen Tagen nun zählt, was Menschenwerk ist: die Fähigkeit, zu diskutieren und zu flirten, zu lachen, zu feiern. Bücher und Bälle, Fernsehen, Theater, Hausbesuche, Ausstellungen, jede Art von Geselligkeit. Das ist, wir spüren es sehr schnell, zuweilen auch sehr lustig. Aber es ist eben nur Menschenwerk.

Den Atem des Sommers spüren wir nicht, die Weite fehlt. Denn es macht natürlich einen Unterschied, ob nur eine Party zu Ende geht, in leeren Gläsern und Zigarettenqualm ertrinkt oder ob die Sonne bilderbuchreif am Horizont versinkt – da gab es dieses Gefühl für Unendlichkeit, das haben wir vor wenigen Wochen selber noch erlebt.

Doch nun ist alles verändert, wenden wir uns also einander zu, enttäuschen wir uns nicht. Willkommen bei der nächsten Party! Immer nur lächeln. Packen wir ein paar Witze in unser Gedächtnis, damit wir die Fröhlichkeit anschieben können, wenn sie ins Stocken gerät. Und sollten wir auf einen Sommermenschen treffen, der seinen wehmütigen Erinnerungen nachhängt: Nachsicht üben!

Bis zum Fasching gibt's für Wintermenschen kein Halten. Und diejenigen, die am glücklichsten sind, wenn die Sonne am höchsten steht, sollten sich darauf einrichten. Campari ade – der gute alte Grog steht bereit. Wir wissen ja: Rum muß, Zucker darf, Wasser kann . . .

Vergessen wir sie nicht – unsere kleine, private Tagesschau!

Plötzlich, wenn die Wetterkarte aus Frankfurt kommt, ist dieses seltsame Gefühl wieder da: Das kann doch nicht alles gewesen sein – ein Tag Weltgeschehen, fast vier Milliarden Menschen miteinander und gegeneinander in Liebe und Haß – da hat man uns doch etwas vorenthalten, so armselig kann ein Tag doch gar nicht sein, wie ihn die Tagesschau uns zeigt.

Es kann doch einfach nicht stimmen, daß es nur ein paar schwarze Limousinen gegeben hat, die vor irgendeinem Palais vorfuhren mit wichtigen Männern, die zu wichtigen Konferenzen eilen. Und immer wieder: Die versorgten Pokergesichter der Politiker, in die sich die Mikrofone der Reporter fast hineinbohren; die Ankunft eines Ministers auf einem Flughafen – es geht immer ein leichter Wind –, und die Reise ist immer »nützlich« gewesen; das Festbankett, zumeist in Paris, weil sie es dort am besten können, mit Pomp und Tischreden – die Kamera scheint an Frauen kaum interessiert, man sieht immer nur Männer. Überhaupt: Tagesschau ist Männerschau, ein bißchen Frau X und Madame Y helfen da nicht weiter. Vor allem aber: Tagesschau ist Schreckensschau, auch in Farbe alles schwarz und wenig weiß.

Natürlich spüren wir, daß die Bilder täuschen: Es ist auf dieser Erde alles viel aufregender als im Film – von den Sternstunden des Fernsehens einmal abgesehen –, es ist aber auch alles viel stiller und normaler. Die Welt in ihrer Freude und Verzweiflung ist eines, die Tagesschau ist etwas anderes. Verlangen wir ohnehin nicht Unmögliches? In fünfzehn Minuten läßt sich ein weltweiter Tag nicht hineinpressen. Also: Auswahl. Also: Staatskarossen, emsige Aktentaschenmänner, Blitzinterviews.

Was wäre unsere Welt eigentlich wert, wenn sie wirklich so trostlos wäre, wie es die Tagesschau allabendlich vermuten läßt? Sie wäre kaum etwas wert! Eine Krankengeschichte, von Tag zu Tag fortgeschrieben – und die Politiker sind die Sanitäter, die von Einsatz zu Einsatz jagen. Sie sind mit ihrer gigantischen Verantwortung immer ganz allein, von der Einsamkeit der Macht umgeben – wenn nur nicht der Reporter immer plötzlich lächelnd daneben stehen würde.

Nehmen wir Tagesschau als eine von vielen Möglichkeiten, wie man den Tag, der sich neigt, auch sehen kann. Und lassen wir nebenher, in einer Sendepause, unsere kleine, private Tagesschau ablaufen: die kleinen Freuden, den großen Ärger, die paar gestrandeten Hoffnungen. Diese private Tagesschau ist vielleicht nicht so perfekt und so erregend wie die TV-Schau, aber sie hat einen unübersehbaren Vorteil: Wir haben sie selbst erlebt! Und das ist es, was zählt.

Und dann eines Tages: der Weg zum Arzt. Die Untersuchung. Dann das lange Warten, eine Zeitlang im Zimmer nebenan, oder gar ein paar Tage, bis die Befunde aus dem Labor zurückgekommen sind. Und dann wieder der Schritt durch die Tür, der Händedruck, das Platznehmen, der Mann, der nun mehr von uns weiß, als wir selber, wird zu uns sprechen – die Diagnose ist da, eine Nachricht, von allen Nachrichten, die es in diesen Tagen gab, ist sie die wichtigste: Denn hier geht es um das nächste Stück Leben.

Und auf eine seltsame Art ist alles plötzlich entrückt, was uns eben noch so dringlich erschien; mögen es nun die Konferenzen in Bonn oder Washington sein; der Disput mit dem Chef in Sachen Rationalisierung – daß die schlimmen Dinge auch immer so häßlich klingen müssen – das Telefonat mit der Frau – alles ist nun weit fort, nur die eine Nachricht zählt noch, die der Arzt jetzt gleich verkündet, nach der Untersuchung.

Diese Zeit des Wartens – die müßte irgendwo versinken, die dürfte es gar nicht geben. Die eigene Existenz ist plötzlich in ein Halbdunkel geschoben. Die Gedanken kommen nun wild und unkontrolliert. In der Zeitung, die zufällig im Sprechzimmer liegt, ist ein Bild zu erkennen, das die Frau des US-Präsidenten zeigt. Und die Schlagzeilen sind schwarz und groß.

Wir spüren plötzlich die Kälte einer Einsamkeit, die mit keiner anderen Einsamkeit vergleichbar ist, während wir auf den Arzt warten: Die Freunde wissen nichts, die Familie kann nicht helfen, die Bilder unseres Lebens sind matt, die Hoffnung hat so viele Namen. Es ist ein Gefühl, als ob nun eine

Faust nach uns greift, aus heiterem Himmel – und wir wünschen uns eigentlich nur noch ganz bescheiden: daß morgen so wie gestern sein möge, es würde schon genügen.

Während wir warten, blättern wir in der Zeitung, auf der zweiten Seite ist das Foto, das den US-Präsidenten, den mächtigen Mann der westlichen Welt, an der Hand seiner Tochter zeigt. Kinder trösten Väter, die Ohnmacht kennt keinen Namen, der Schmerz keinen Rang.

Das Schicksal, von dem wir hören, ist weit und fern – und nah. In dieser Welt ist es nicht anders eingerichtet. Spätestens in der Tagesschau können wir exakt sehen, wie der Mann nun aussieht, der da um seine Frau bangt, jede Falte in seinem Gesicht. Und wir werden selber nachdenklich.

Es muß wohl diesen Augenblick in unserem Leben geben, in denen wir innehalten, fragend alles überdenken. Dieser Wettlauf nach den immer neuen Horizonten, die wir nie erreichen, weil sie sich doch immer wieder verschieben, ist ohnehin nicht zu gewinnen. Vielleicht werden uns deshalb diese Momente immer wieder zudiktiert – im Wartezimmer des Arztes, beim Anblick der bösen Schlagzeilen.

Und dann geht's wieder weiter, wieder ein Stückchen Leben ohne Punkt und Komma; aber etwas sanfter werden wir sein, etwas nachdenklicher, vielleicht etwas dankbarer. Das ist mehr als eine ganze Menge!

Plötzlich kommt dann auf eine sehr geheimnisvolle Weise dieses Gefühl: Man müßte doch einmal wieder die Stätten seiner Jugend besuchen. Dort vorbeischauen, wo man als Kind Träume vom Himmel holte. Nur einmal nachsehen, ob noch alles so ist, wie es in den Gedanken aufgezeichnet ist: so groß, so weitläufig, so bunt, so ungeheuer lebendig.

Und dann macht man den Fehler und fährt eines Tages – vielleicht auf einer Ferienreise, vielleicht auf einer Dienstreise, vielleicht auf einer Extrareise – hinein in seine eigene Vergangenheit. Schon die Einbiegung in die Straße, die doch einst Schicksal war – damals, als die Schulmappe immer schwerer wurde, als man hier dem Abitur zustrebte –, schon diese Einbiegung läßt erkennen, daß die Erinnerungen alles verschoben haben. Oder: daß inzwischen Straßenbauer am Werk gewesen sind; denn die Kurve am Stadtpark ist schneller genommen, der Weg ist kürzer, das Ziel viel kleiner – das damalige Elternhaus, da steht es nun seltsam vertraut und fremd zugleich. Es ist viel schmächtiger, es paßt so gar nicht zu meiner kolossalen Kindheit.

Die Tür zum Garten: verwittert. Die Hecke, in der wir uns versteckten, um die vom Markt heimkehrende Mutter zu überfallen, würde Dornröschen zur Ehre gereichen. Die Tannen, die fünf stolzen Paradestücke vor dem Haus: Jetzt erst hatten sie den Schornstein knapp überrundet – wie hoch waren sie mir schon damals, vor Jahrzehnten, erschienen! Alles machte einen dahinwelkenden Eindruck. Ich schlich um das Haus, wurde aus dem Küchenfenster argwöhnisch beobachtet – wer hat schon gern, wenn sein Besitz so genau inspiziert wird –, und ich konnte doch nicht erklären, wie harmlos dieser Ausflug in die Vergangenheit zu bewerten ist. Ich wußte nur, daß ich in eben jener Küche – vor vierzig Jahren – absichtlich einen Topf Spinat vom Herd gestoßen hatte, als niemand in der Küche war – ich mochte keinen Spinat.

Auf der Rückseite des Hauses: die Fliederlaube, in der ich meine Schularbeiten machte, sobald es Sommer gab, aber auch hier war alles Verwunschene verschwunden. Und auch der Himmel über dem Haus kam mir kleiner, unbedeutender vor, als ich ihn in Erinnerung hatte, und spätestens in diesem Augenblick spürte ich, daß ich einer doppelten Täuschung zum Opfer gefallen war: Die Dinge des Lebens sind eben nicht nur die vielbeschworenen Realitäten, sie sind eben auch die Bilder, die wir uns von ihnen machen.

Mein Elternhaus war bis vor wenigen Stunden für mich gewesen: groß, nobel, weitläufig, von Sonne überstrahlt, von Flieder umzäunt, inmitten eines Tannenwaldes, eine herrliche Geschichte mit einem roten Luftballon am Schornstein, und sogar das Fahrrad, das mir auf dem Schulhof gestohlen worden war und noch lange durch meine verängstigten Träume fuhr, kam auf eine geheimnisvolle Weise immer wieder, wie es eben nur in Träumen und in Märchen geschieht . . .

Und nun, nach diesem Besuch, war mein Elternhaus: nicht so groß, bei weitem nicht so nobel, an einer Straße gelegen, die schon eine so merkwürdig armselige Einbiegung hat – wirklich: Ich hätte diesen Besuch in der Erinnerung nicht machen dürfen. Wann werde ich nur begreifen, daß die Wahrheiten von gestern nichts mit den Wahrheiten von heute zu tun haben.

Jugend – und noch ein bisschen mehr

Es war um Mitternacht: Auf der Bühne eines Berliner Tanzpalastes erschien ein Mann, der seine Jugend längst verloren hat, Nat Gonella, eine Größe aus der Jazz-Szene der dreißiger Jahre, ein kleiner Mann mit großem Atem, in der Hand die Trompete, die er fast so meisterhaft zu nehmen weiß wie einst sein bester Freund, der unvergessene Louis Armstrong.

Ich dachte, als der kleine Mann – adrett herausgeputzt, die Stiefel so blank wie das Metall in seiner Hand – so vor mir stand, daß hier möglicherweise noch einmal das Geschäft mit der Nostalgie betrieben wird – oder ein Stück Altenhilfe.

Doch dann kam jener Augenblick, da dieser alte Mann, umrahmt von jungen Musikern einer holländischen Band, die Trompete in die Höhe riß, hinein ins gleißende Scheinwerferlicht, und eine Musik hinzauberte, daß die Älteren im Saal urplötzlich den Takt schlugen, aber auch die Jüngeren rundum spürten: Hier war nichts von Mitleid mit einem älteren Künstler, hier war ein Profi, eingebettet in die Kapelle. Und so prasselte Beifall über Beifall: Die jungen Musiker um den fast siebzigjährigen Gonella freuten sich, wie der ältere hier verehrt und geehrt wurde.

Nun wäre dies alles nicht erzählenswert, wenn dahinter nicht eine Erfahrung stände, die – zaghaft erst – doch allüberall zu beobachten ist: Zwischen den Jungen und den Alten werden wieder ein paar Brücken gebaut. Die Gefühlskälte, mit der all jene, die die Fünfzig überschritten haben, langsam, aber sicher in die eisigen Regionen eines Alten-Gettos geschickt wurden, war ohnehin nicht mehr länger zu ertragen. Die Überschätzung der Jugend, das Hochjubeln der

»dynamischen Generation« beherrschten zu lange unser Leben.

Wenngleich wir auch wissen, daß den »Machern« zwischen dreißig und fünfzig nichts geschenkt wird: Sie müssen die Universitäten finanzieren – vierzehn Menschen müssen heute arbeiten, damit von ihren Steuern einer studieren kann! –, sie sind es, die immer mehr Renten aufbringen müssen. Natürlich spüren die Vielbeschäftigten, spüren es vor allen Dingen die Frauen an ihrer Seite, wie kostbar die Zeit wird. Auf den Uhren dieser Gehetzten ist der Sekundenzeiger längst wichtiger geworden als der Stundenzeiger.

Und nun also – gleichsam über die Köpfe der Rasenden und Ruhelosen hinweg – die Allianz der Jüngeren und der Älteren!

In England, aber auch in Amerika gibt es das neueste Signal der Verbrüderung: Schulkinder machen mit Tonbandgeräten Jagd nach Erzählungen aus der guten alten Zeit. Begehrteste Trophäe in einer Londoner Schule: ein achtzehnstündiges Tonbandinterview mit einer Zweiundneunzigjährigen, die berichtet, wie ihr Vater einst Haus und Hof verkaufte, um ihr eine prunkvolle Hochzeit zu schenken.

Die erste und die dritte Generation geben sich die Hand: die einen, weil sie noch voller geheimer Ängste vor dem Abenteuer Leben stehen und auf ihre vielen Fragen von den Ruhelosen keine ruhigen Antworten bekommen; die anderen, weil für sie das Hauptrennen schon gelaufen ist und weil sie plötzlich von dem kostbaren Stoff abgeben dürfen, den in den letzten Jahren niemand von ihnen haben wollte: von ihren Erfahrungen, die doppelt wertvoll sind, weil man Erfahrungen herschenken und gleichzeitig behalten kann.

Dieses Wunder des Zusammenführens geschieht ohne den Staat. Ohne Begegnungszentrum. Ohne Behörde. Was, es sei offen gesagt, ein weiteres Wunder ist.

Rom – ein Abend, eine Nacht, ein Morgen

Wir waren zu später Stunde verabredet in einem jener kleinen römischen Lokale, denen von außen nicht anzusehen ist, was Küche und Keller leisten. Mel Ferrer sollte kommen, Elke Sommer, Hans Habe, Filmleute, Schriftsteller, sogenanntes »lustiges Volk«. Und da wir in Rom waren und der Sommer noch seidenweich am blauen Himmel hing, konnte es ein lustiger Abend werden. Neben mir, mit einer Scheu, die nur Erfahrung schenkt, saß Mel, in seinen Augen noch immer eine Spur von Audrey Hepburn, der Geschiedenen.

Und dann, das Mineralwasser war gerade gekommen, senkten sich plötzlich wie von Geisterhand die Fensterscheiben. Wem war es hier zu kalt? Ehe ich mich noch umsehen konnte, mußte ich weinen. Tränengas! Ein paar Straßenzüge abseits hatte die Polizei es gegen Auswüchse bei einer Demonstration eingesetzt.

Der Schmerz dauerte zehn Minuten. Die Langusten mußten warten. Elke Sommer erschien eine Stunde später. Der Taxifahrer hatte sich beim Anblick der roten Fahnen, der Marschkolonnen geweigert, weiterzufahren; sein Auto sei sein ein und alles. Frau, Kinder, viele Kinder, alles lebe von seinem Auto – kein Risiko also. So raste die Hollywood-Schöne zu Fuß durch eine jener römischen Nächte, die wir aus dem »Süßen Leben« eigentlich ganz anders in Erinnerung haben. Da gab es nächtliche Bäder in Brunnen, aber kein Tränengas!

Natürlich, es wurde dann doch getafelt. Man fragte die Ober, wie viele Autos an der Spanischen Treppe demoliert worden seien. Man hörte aus dem Fernseher, der neben den Scampis aufgestellt war, daß es auch in Paris, in Frankfurt

Zusammenstöße gegeben habe. Man kam mehr schweigend als redend über die Runden – und ging. Natürlich kein Taxi weit und breit, Mel Ferrer wanderte im Mondschein allein durch die mit Glassplittern übersäten leeren Straßen, seinem Hotel entgegen; kein Autogramm wird ihm in dieser Nacht abverlangt worden sein.

Kurz darauf, um Mitternacht, bin ich auf der Via Veneto: Eine Stecknadel könnte hier kaum fallen, lachende, drängende Menschen zuhauf, Autokorso, Gehupe wie in einem Fellini-Film, schöne Mädchen in braunen Männerarmen, alles scheint vergessen, was vor Minuten noch die Stadt erschreckte. Nur schwerbewaffnete Soldaten an der amerikanischen Botschaft erinnern die nächtlichen Bummler daran, daß die Gefahr noch nicht vorbei ist.

Und wieder ein paar Stunden später – nun schon morgens – und immer noch in Rom: Sonnenüberflutet der Platz vor dem Petersdom, Papst Paul, heilige Messe, Zehntausende beten und winken – und sicher ist manche Hand darunter, die vor Stunden noch zur Faust geballt war – und die nun das Kreuz schlägt.

Ein paar Stunden Rom und alles ganz dicht beieinander: der Weltstar ohne Taxi, die fleißigen Ober unter Tränengas, die blasse Frau, die die zerstörte Schaufensterscheibe an ihrem kleinen Geschäft zunagelt, die zornigen Jeans-Männer in Marschblöcken – und am nächsten Morgen – wenn auch nicht dieselben, so doch die Kinder der gleichen Generation – junge Männer im Sanitätseinsatz vor dem Vatikan.

Rom – Spiegel unserer zerrissenen Welt. Das süße Leben und – fabelhaft, wie wir Menschen das hingekriegt haben – nun auch das bittere Leben mit Schrecken und Terror . . .

Verzeih, mein Freund, es ist so viel geschehen seit damals

Nun saß er vor mir, wir hatten uns lange Zeit nicht gesehen, irgendwie trieb ihn das Gefühl in mein Zimmer, das wir alle immer wieder an uns selbst verspüren: in die alten bekannten Gesichter hineinzuschauen, um festzustellen, wie »das andere Leben« verlaufen ist. Wir hatten vor vielen Jahren zusammen gearbeitet, tagtäglich, uns dann – durch einen Ortswechsel – aus den Augen verloren. Und nun also hatte er sich gemeldet, um einmal guten Tag zu sagen, mehr nicht, beileibe nicht mehr!

Während er sich setzte, rechnete ich ein paar Daten zusammen und kam darauf, daß er etwa um die sechzig sein mußte, so genau konnte ich es nicht ermitteln. Ich wußte auch nicht mehr, ob wir schon beim vertraulichen Du gewesen waren, also wartete ich ab. Es stellte sich heraus: Wir hatten damals wirklich jenes Du gefunden, das sich im Büro so schnell in die Gespräche mogelt.

Und dann erzählte er, wie es ihm in den letzten Jahren ergangen sei. Arbeitsplatzwechsel. Die Enttäuschung bei der Suche nach einem neuen Job, als all die vielen Freunde plötzlich gar keine Freunde waren. Keine Hilfe. Nur auf seine Frau habe er sich verlassen können. Die Kinder? Auf und davon: Manchmal kommt eine Postkarte, aus Mallorca oder so. »Man fragt sich, warum man sie eigentlich mit soviel Mühe großgezogen hat.« Bitterkeit für einen Wimpernschlag. »All die vielen Abende, die man zu Hause geblieben ist, um die Kinder nicht alleinzulassen.« Er sagte dies mit einer Geste, die Verkäufer auf dem Jahrmarkt zeigen, wenn sie den Preis besonders drastisch nachlassen.

Kein Blick in ein Bilderbuch des Leben, gewiß nicht. Ein

Rechenbuch mit schwierigen Aufgaben. Und nun saß er hier vor mir und suchte im Gespräch die Jahre zu beschwören, in denen wir beide noch auf dem Weg nach oben waren. »Das waren noch Zeiten.« Er lachte, als er von einer gelungenen Intrige erzählte, die ich längst vergessen – und damals nicht durchschaut hatte.

Nebenbei erfuhr ich, daß er immer noch die alljährlichen Wiedersehensfeiern seiner Abiturklasse organisierte – Höhepunkte seines Lebens, das längst nur noch in der Kunst besteht, die Bilder der Vergangenheit in die Gegenwart zu holen, um den Glanz, den er heute rundum nicht zu finden vermag, wenigstens durch den Abglanz der Erinnerung zu ersetzen. Aber auch diese Stunden halten den Fluß der Zeit nicht auf, »die Jahre eilen dahin, es ist beängstigend«.

Wir sind, da unser Gespräch in meinem Büro stattfand, schon zweimal durch das Telefon gestört worden, beim dritten Mal hatte er plötzlich das Gefühl, daß nun alles gesagt sei. Wenn ich es recht bedenke, wenn es auch grausam klingt: Dieses Gefühl stimmte! Seltsam, wie sich ein lang gelebtes Leben manchmal auf dem Gesprächsteppich einer halben Stunde unterbringen läßt. Wie schnell alles Wichtige schon gesagt ist. Im Pendelschlag – »Weißt du noch damals . . .?« und »Wir müssen uns einmal wiedersehen« – zerrinnt die Gegenwart, nichts bleibt als die Momentaufnahme eines Menschen, der irgendwann ganz leise in das eigene Leben eintrat und ebenso leise wieder hinaustrat.

Der Besucher ging. Den langen Korridor entlang. Ich schaute ihm nach. Er kam mir kleiner vor, als ich ihn in Erinnerung hatte. Nicht so lustig wie damals. Dafür ehrlicher. Nicht so gewandt und gelackt. Es ist immer die gleiche Geschichte mit den Geschichten von gestern: Man möchte sie im Gespräch noch einmal herbeiholen, aber sie kommen nur als abstrakte Bilder.

Die Wärme fehlt, die Dramatik, die Fröhlichkeit, vor allem: die Ungewißheit jener Stunden und Tage, die man teilte. Vergilbt, verweht, dahin. Schade, daß die Beschwörung nie gelingt!

Können Sie sich ein verlorenes Wochenende leisten?

Heute, da so viele Menschen ihre »Selbstverwirklichung« so weit treiben, daß sie auf den Nächsten keine Rücksicht mehr nehmen – heute, da wir zu immer neuen Experimenten ins Theater, ins Kino, in Studiobühnen, Freizeitzentren, Buchläden gelockt werden (um dann schließlich doch bei der Beethoven-Symphonie zu landen) –, heute, da Schriftsteller erklären: »Ich mußte mir das einfach von der Seele schreiben«, ohne daran zu denken, ob die Seelen der Leser damit fertig werden –, just heute gibt es also plötzlich einen Mann, der den Mut hat zu erklären, er fühle sich verantwortlich für die Zeit, die er von seinen Lesern fordert.

Es war, in einem Fernsehinterview, der australische Schriftsteller Morris L. West, dem wir Bücher wie »In den Schuhen des Fischers«, »Des Teufels Advokat« und »Harlekin« verdanken; jener weltberühmte Autor, der für viele schwachprozentige Autoren, die sich gleichwohl auf der Kulturszene in Szene setzen, den entscheidenden Nachteil hat: Morris L. West wird gelesen, er ist erfolgreich.

Aber – und das macht den interessanten Unterschied aus zu jenen, die sich nur unermüdlich im Spiegel ihrer Reflektionen drehen, die mehr auf Kongressen als am Schreibtisch zu finden sind: Morris L. West trägt an der Last, von seinem Leser, wie er sagt, mit seinem Buch eine Woche Zeit zu fordern, er fühlt sich zur echten Gegenleistung verpflichtet.

Natürlich hatte der Moderator, der der Sendung die intellektuelle Soße wie Ketchup überstülpte (kein Bericht in diesen Kultur-Magazinen, in dem nicht ein Eiferer immer noch eins draufpackt!), auch sofort die zynische Redewendung parat: Herr West überschätze sich sicher, drei Tage, ein Wochenende gar würde wohl für den Bestseller ausreichen.

Daß aber bei einem schlechten Buch auch schon ein verlorenes Wochenende zuviel ist, das eben meinte der Weltberühmte. In der Tat ist, unabhängig von der Literatur, die Schamlosigkeit, mit der wir so oft um unsere Zeit bestohlen werden, ein erschreckendes Kapitel der Inhumanität. Es gibt keinen Rohstoff in unserem Leben, der so kostbar ist. Ein Rohstoff, von dem wir nicht wissen, ob er uns reichlich oder sparsam zugeteilt wird. Aber wir behandeln ihn in der modischen Wegwerfmanie, mehr noch: Wir lassen uns die Zeit oft brutal stehlen.

Das geschieht wahrlich nicht nur in der Literatur, im Theater – es geschieht im Betrieb, in den Behörden, in unduldsamen Familien. In all unseren »zwischenmenschlichen Beziehungen« – welch scheußliches Wort für eine so wichtige Sache! – gibt es den Betrug mit der Zeit. Ein Gespräch, das versandet, eine Party, die geschmissen ist, ein Chef, der uns warten läßt – überall verrinnt die Zeit.

Wir sollten von dem Erfolgsautor lernen, Verantwortung zu fühlen für die Zeit, die wir von anderen Menschen beanspruchen. Wir sollten hellwach werden bei jenen, die uns hier betrügen. Da gibt es zwar kein Strafgesetzbuch, da müssen wir uns selber schützen. Wenn Sie mich fragen: Etwas mehr Egoismus ist hier erlaubt.

Diese lauten stillen Tage

Nun sind sie gekommen, diese schweren Tage, in denen der Nebel vor der Sonne liegt und sich alles zum Dunklen hin verändert. Die Natur bäumt sich noch einmal auf, verwandelt die Farben der Blätter vom flammenden Rot bis zum schwarzen Braun, ehe dann der ganze Jammer vor uns steht: kahl, entlaubt, leergefegt vom Wind. An den Bäumen spiegelt sich unser eigenes Leben, wir ahnen es, wir wollen es nur nicht wahrhaben. Irgendwann in den letzten Tagen, als wir, noch nicht im Mantel, vor das Haus traten, spürten wir: Jetzt ist er da! Der Herbst fragt nicht, ob er eintreten darf: Er kommt.

Wir fahren, vom Sommer verwöhnt, von der Gewohnheit getrieben, vor die Tore der Städte. Die Kinder spielen mit dem Laub. Die Schwäne gleiten über kaltes Wasser. Die Boote liegen zugedeckt im Hafen, als ob sie nie gefahren wären. In den Wirtshäusern rücken die Menschen aneinander, reden, spielen, trinken – diese grauen Tage wollen gemeistert sein.

Wir greifen wieder zu Büchern, auch zu Gedichten. »Noch spür' ich ihren Atem auf den Wangen: Wie kann es sein, daß diese nahen Tage fort sind, für immer fort, und ganz vergangen?« lese ich bei Hugo von Hofmannsthal, dem Dichter, der unter der Erfahrung der Vergänglichkeit litt. In den Büchern der Großen ist alles schon gesagt, was uns berührt.

Ich schaue aus dem Fenster. Der Nebel ist noch immer nicht aufgestiegen. Die Flugzeuge werden noch nicht landen können, die uns – vor Wochen erst – aus irgendeinem Sommerparadies zurückbrachten. Der Bademantel, die Tennisschuhe sind vergessen, die hellen Bilder haben sich verflüchtigt, als Dia an die Wand geworfen beschwören sie nur noch ein Stück Erinnerung.

Dies ist die Zeit, in der eine große Geschäftigkeit anhebt. Konferenzen, Kongresse. Überall werden Weichen gestellt. Die Gesichter der Politiker werden hart. Die Minister sehen aus, als ob es nie einen Sommer gegeben hätte! Schon kommen die ersten Weihnachtsofferten: Wie eilig es die Menschen haben, die Vorfreude zu dehnen – und zu töten.

Und abends dann die Freunde, die man einen Sommer lang nicht um sich versammeln konnte, weil sie alle, alle unterwegs waren. Die langen Gespräche vom Abend in die Nacht. Wo sie alle gewesen sind: auf Mallorca, auf Kreta, auf Elba, auf Sylt. Zufall vielleicht: Sie sind alle auf Inseln gewesen, als sei auf dem Festland das Glück nicht mehr zu holen, als müsse man heute das Meer zwischen Alltag und Ferien legen, um zu sich selber zu finden. Und seltsam: Sie alle waren am glücklichsten in jenen Augenblicken der Bescheidenheit – mit Fischern zu sprechen, in einer Dorfkneipe einzukehren, Muscheln zu suchen, den Sonnenuntergang zu filmen war Glücks genug.

So gehen wir durch diese grauen Tage. Der Sommer hat uns entlassen, der Winter noch nicht an die Hand genommen. Und um uns herum viel Lautes – und viel Einsamkeit. Wer neben sich einen Schritt im Gleichklang spürt, darf dankbar sein.

Gedanken zum Fest – Können wir diese Stille noch hören?

»Sie wollen«, sagte der Mann, der mitten im Geschäftsleben steht, »doch hoffentlich nichts über Weihnachten schreiben? Das ist doch zu einem Fest der Habgier geworden. Eine rein materielle Angelegenheit, da können Sie sich doch nur die Finger verbrennen.«

»Ich verstehe nicht, wie Sie so etwas sagen können«, sagte die Frau, die ihm gegenübersaß. »Warum sollte nicht einer seine Stimme erheben und bekennen: Ich feiere Weihnachten. Wenn alles so trostlos weiterläuft, verschwindet doch Weihnachten langsam, aber sicher aus unserem Leben. Unsere Kinder sind Heiligabend sowieso schon auf Teneriffa. Sie verstehen: Bikini statt Weihnachtsmann. Für sie ist Weihnachten nur noch ein schneller, willkommener Kurzurlaub. Mehr nicht.«

»Wir feiern Weihnachten überhaupt nur noch, weil unsere Enkelkinder kommen, ein bißchen Tradition muß sein«, sagte das alte Ehepaar, das mit mir in der Runde saß – so viel Ratlosigkeit habe ich schon lange nicht mehr beieinander gesehen. Und während so debattiert, reflektiert und interpretiert wurde, während man das Fest wie einen Patienten untersuchte, als gelte es, einen Befund sicherzustellen, dachte ich:

Und in ein paar Tagen werden sie doch alle unter dem Lichterbaum im Widerschein der Kerzen nach den Bildern ihrer eigenen Kindheit suchen! Sie werden auf ein Zeichen warten! Sie werden wohl das Lied von der »Stillen Nacht« nicht mehr singen, schon gar nicht die zweite oder dritte Strophe. Aber sie werden das Lied noch hören wollen, im Radio oder im Fernsehen. Vielleicht werden sie auch auf die

Botschaft dieser Nacht warten, denn sie sind alle hilflos inmitten einer immer schwierigeren Welt. Sie brauchen den Schutz, den das Ritual bietet, weil nur in ihm noch möglich ist, sich unbelächelt, gleichsam legal, zum Gefühl der Freude, der Liebe, der Dankbarkeit zu bekennen.

Denn um uns herum ist es kühler geworden. Und alles geht so unheimlich schnell. Auch Weihnachten vergeht im jagenden Tempo der Zeit. Eine Kerzenlänge Gefühl – und wir sind durch! Dann können wir das Visier wieder herunterklappen: Bloß nicht zeigen, daß wir in der uns immer mehr bedrängenden Frage nach dem Sinn unserer Existenz um Antworten so verlegen sind.

Dabei ist nicht die Frage, was wir von Weihnachten halten, die entscheidende Frage. Die Sache läuft genau anders herum: Weihnachten kommt hoch von oben zu uns herunter und fragt uns, wie wir es mit der einzigartigen Möglichkeit halten, in diesen festlichen Stunden über unser Verhältnis zum Leben, zu Gott, zu den anderen um uns herum nachzudenken.

Weil wir es, Kinder dieser wirren Zeit, so gern laut haben, wünschen wir uns gegenseitig »Fröhliche Weihnachten«. Aber erfüllen wird Weihnachten sich erst später: wenn die Glocken die Stille der Nacht verkünden. Dann werden wir den Ton hören, und dann werden wir hoffentlich die Melodie verstehen.

Können Sie noch schreiben?

O du fröhliche, nun kommen sie wieder ins Haus, die ersten, sicher ein wenig zu frühen Weihnachtsgrüße der Verwandten und Bekannten, der Kollegen, der Firmen und Verbände. Damit kommt Buntgedrucktes, Vorgestanztes. Da heißt es:»...wünschen ein gesegnetes Fest« – und der Absender ist ein Trikotagengeschäft, in dem man vor langer Zeit eine Partie Unaussprechlicher kaufte. Die Botschaft Gottes, nun ja – aber die Werbebotschaft kommt bestimmt. Und man fragt sich, wieviel Segen auf diesen gesegneten Wünschen liegen mag.

Der Strom des Segens wird noch anschwellen. Denn schon kommen die Aufrufe der Post, in die Karten- und Briefschlacht ja noch rechtzeitig einzusteigen, ehe wir dann alle am Mittwoch, dem 24. Dezember, völlig ermattet unter dem Christbaum kapitulieren: Dann – spätestens – werden wir in all diese Grüße hineingreifen und inmitten der netten Belanglosigkeiten nach dem Wesentlichen suchen. Denn spätestens am Heiligen Abend ist unser Herz aufnahmebereit für die Botschaften, die nichts mit Geschäft, Rabatt, Diskont, mit Alltag zu tun haben. Da wird nichts Vorgestanztes bestehen können.

Ein Freund, der mir eine Karte mit dem Aufdruck »und ein fröhliches neues Jahr« schickt – ist er ein Freund? Sind nicht viele von uns in diesen Tagen nur eine menschliche Adressiermaschine? Roboter, die ein Pensum Herzlichkeit, genormt, gestückelt, von sich geben?

Nein, Freunde, das ist ein Weg, der nirgendwo anders hinführt als in eine seelische Wüste. Etwas mehr könnte es schon sein! Wie wär's denn mit etwas ganz Altmodischem?

Mit einem Brief, mit einem, hört genau her, handgeschriebenen Brief? Was das ist? Ein kleines Kunststück vielleicht, mit etwas Mühe verbunden, mit Zeitaufwand, mit ein wenig Nachdenken, ich weiß – aber was glaubt ihr, wie eure Verwandten, Freunde, Nachbarn sich wundern werden, wenn sie euren Brief in den Händen halten – und wie sie ins Staunen geraten, wenn sie ihn unter dem Kerzenschein dann lesen, vielleicht sogar vorlesen, weil ihr etwas ganz Seltenes getan habt: Ihr habt euch in die Seele des anderen Menschen hineingedacht und die unverwechselbaren Wünsche auf ihn ganz allein bezogen.

Hat die Stille Nacht nur eine Strophe?

Es wird nie wieder so sein, wie es war. Ist es nicht so, daß die Zeit, die ich zum Schmücken des Weihnachtsbaumes aufwende, von Jahr zu Jahr kürzer wird? Eine knappe Stunde für Kugeln und Lametta, das muß jetzt reichen. Mein Vater hängte die Silberfäden noch einzeln in die Äste, er benötigte einen halben Tag. Von meinen Großeltern in Dessau berichtet die Familienchronik, sie hätten schon am Vortage begonnen, die beiden Bäume – darunter taten sie es nicht! – mit Glanz zu versehen. Und mein Urgroßvater, der in Husum lebte, zauberte in wochenlanger Vorbereitung die Weihnachtsstimmung herbei – »ich muß euch sagen, es weihnachtet sehr«.

Wie arm sind wir dran, Kinder der Ex- und Hopp-Gesellschaft, im Schein der Neonkerzen, umgeben von Plastikbäumen, einer eilfertigen Fröhlichkeit. Wer heute nicht die Begabung hat, gleichsam aus dem Stand heraus sich in eine festliche Stimmung hineinzukatapultieren, der wird's nicht erleben.

Wenn wir nach den Ursachen der weihnachtlichen Ernüchterung suchen – zu ihr gehört auch die Flucht, die Millionen Menschen gen Süden antreten: statt Pelz Bikini, statt Schnee Sand, statt Berge Swimming-pool, statt Kirche Hotelappartement –, dann bleibt der vorherrschende Gedanke: Der rastlose Mensch unserer Zeit kann auch am Heiligen Abend nur er selber sein! Und das bedeutet allemal: Mit kleinstem seelischem Aufwand das Fest, das nun einmal da ist, möglichst gut über die Runden zu bringen, wie es auch sonst unsere Art ist. Schließlich gab es eine Gratifikation ... Schließlich sind da die Kinder ... Und ein bißchen Tradition kann ja nichts schaden . . . Aber daß es kaum noch gelingt, anheimelnde Wärme zu erzeugen, die Spannung um die Geschenke, das gemeinsame Singen der »Stillen Nacht« – und nicht nur die erste Strophe, und nicht nur dieses Lied! –, das alles wird uns von Jahr zu Jahr schmerzhaft bewußt.

Denn wir sind – sagen wir es doch einmal ganz deutlich – Kinder einer »seelischen Eiszeit«. Sie ist über unsere Erde gekommen, abgefedert nur durch den Wohlstand. Aber so kühl wie heute ging es doch schon lange nicht mehr zu! Wir haben unser Spielzeug zertrümmert. Uns fehlt die Poesie. Mozart ist lange tot. Wir haben uns dafür heute »neues Bewußtsein« aufschwatzen lassen, um dann den Jahrmarkt der Reformen »aufgeklärt« emanzipiert zu verlassen! Nur: Glücklicher sind wir nicht geworden. Und all diejenigen, die uns so verwirrten, haben inzwischen längst ihr eigenes Gewissen in Sicherheit gebracht: Die Dichter beispielsweise, die noch vor Jahren radikalen Schriften »die Systemüberwindung« predigten, sprechen inzwischen von einer »neuen Subjektivität« und von »neuer Innerlichkeit«. Man hat das leidende Individuum wiederentdeckt, es war ja auch höchste Zeit: Zu lange hatte man »an der Gesellschaft« herumlaboriert, die Wunden konnten nicht vernarben.

Inmitten dieser Wirren und Verwirrungen, inmitten der zunehmenden Verschärfungen, die vor allem die Politik in unseren Alltag trägt – und die Politiker tragen eine Verantwortung, die sie in ihrem Machtrausch manchmal nicht zu spüren scheinen –, inmitten dieser gigantischen Unruhe also nun: Fröhliche Weihnachten. Wird Weihnachten mehr als ein Freizeitobjekt sein? Gibt es noch einen Widerschein der versunkenen Zeit? Wie wird dieser Tag 1980 – oder gar 1985 aussehen? Holen wir dann den »totalen Weihnachtsset« aus dem Supermarkt? Keiner kennt den Weg.

Was ist nun zu tun? Vielleicht fangen wir mit dem Naheliegenden an. Schmücken wir den Baum wieder ganz festlich.

Jetzt dreht sich wieder der Jahrmarkt der Eitelkeiten: Party paradox

Der Januar trat durch die Tür des neuen Jahres, lächelte hier und da noch mit ein paar Sonnenstrahlen, dann setzte er sich nieder – und wurde krank. Einen Januar wie diesen müßte man eigentlich sofort ins Krankenhaus bringen.

Seltsamerweise sagen uns die Meteorologen, dies sei alle Jahre so ähnlich; vermutlich haben wir die herrlichen Rodelwinter unserer Jugend nur geträumt? Es gibt heute sogar einen Fachausdruck: die verlängerte »Weihnachtsdepression«, damit sind die Depressionen am Himmel, nicht in unseren Seelen gemeint, als ob sich das so leicht trennen ließe.

Ausgerechnet diese blasse Zeit nun ist die Zeit der Partys, der Bälle. Wenn der Normalmensch, der nicht mal eben zu den fernen Seychellen jettet, an einem tristen Januar-Morgen vor dem Spiegel seines Badezimmers steht – nackt dasteht! – ist auch nicht die Spur von Sonnenbräune mehr zu entdecken.

Das traurigste Weiß unseres Lebens. Gleichwohl: Ausgerechnet in dieser miserablen Ausstattung unserer Verfassung stürzen wir uns ins Gedränge. Es muß sich um einen Urtrieb handeln: In den Gesichtern längst vergessener Menschen, die plötzlich irgendwo bei Paloma Blanca wieder vor uns auftauchen, suchen wir ein Stück unserer eigenen Vergangenheit.

Und schon beginnt die große Party-Mogelei: »Wir müssen uns unbedingt mal wieder treffen« – »Ich rufe morgen mal an« – »Blendend schauen Sie aus« – »Wenn Sie wüßten, wie oft wir von Ihnen gesprochen haben« – »Sie werden überhaupt nicht älter« – und die scheinheilige Frage: »Wie machen Sie das eigentlich?«

Die Wahrheit ist eine andere. Wir schauen in die Gesichter, versuchen herauszufinden, wie schnell die Lebensuhr des anderen läuft, entdecken seine Falten, beugen uns im Gespräch vor, angeblich, weil wir genauer zuhören wollen – aber unser Blick schweift schon über die Schulter weiter: Gibt es irgendwo noch einen Menschen, der unsere Beute werden könnte? Genauer: einen Menschen, der noch sehen müßte, daß auch wir hier sind. Denn immerhin: Wer die hundert Mark Eintritt zahlen kann, will doch wenigstens eine kleine Rendite an Eitelkeit kassieren.

Wie sagte ein Weiser?: »Die Welt ist eine Bühne, du kommst, siehst und gehst.« Und innerhalb dieser großen Bühne des Lebens ist die Festivität jener Punkt, an dem der köstliche Stoff Eitelkeit sozusagen pur ausgeschenkt wird. Und seltsam: Auch all die Prominenten, die in klugen Interviews ein Jahr lang erklären, sie würden Partys, Bälle meiden, sind, wie aus dem Hut gezaubert, plötzlich alle wieder da. Theorie und Praxis. Wir schimpfen aufs Gedränge schon an der Garderobe und drängeln freiwillig (!) mit (und haben vielleicht auch unseren Spaß). Der Party-Januar offenbart des Lebens ganzen Widerspruch.

Plötzlich brennt kein Licht in seinem Fenster

Nun also brennt kein Licht mehr in der Wohnung, vierter Stock, oben links. Nun ist dort alles dunkel, die Fenster sehen aus wie Wunden in dem Haus, das so hell erleuchtet im Park auf Besucher wartet – doch nur wenige Menschen kommen. Der Abend geht schon über in die Nacht, keine Zeit für flüchtige Gäste.

Ich bin in den letzten Tagen immer wieder an dem Haus vorbeigegangen, ich habe die Fenster beobachtet, die im vierten Stock oben links liegen – es war dort immer Dunkelheit: Er ist also noch im Krankenhaus! In den Monaten zuvor war dort allabendlich Licht, ich sah es, wenn ich noch einmal meine Runden drehte, um frische Luft zu suchen, die mir tagsüber so fehlte. Nun war es dort dunkel, und ich wußte: die Krankheit hatte ihn noch nicht verlassen.

Der Mann, von dem ich hier berichte, ist nicht mein Freund, ist nicht mit mir verwandt und nicht verschwägert, ist nur mein Nachbar, aber mit ein paar Gesprächen, einigen Gedanken, die ich nun nicht mehr genau beschreiben kann, hatte er mich an sich gezogen, bin ich auf ihn zugegangen –, wer weiß das schon so genau? Kein Wunder also, daß ich nun in Sorge war.

Denn nun ist es schon der zehnte Tag, daß in seinem Zimmer kein Licht erschien. Ich weiß nicht, ob irgend jemand seine Blumen, die stets so verschwenderisch in seinem Zimmer standen, mit Wasser versorgt; aber ich denke, er wird jemanden gefunden haben. Was ist da noch zu betreuen in der Wohnung eines Mannes, der plötzlich ins Krankenhaus eingewiesen wird? Denn sicher ist er nicht von der Natur, die sich selber in die Klinik begibt, da muß schon jemand kommen und ihm befehlen: Nun ist genug herumlaboriert, nun hilft kein Selbstbetrug mehr, nun müssen die Ärzte ran.

Seltsames Gefühl, diese dunklen Fenster! Diese Scheiben, hinter denen sonst das Licht immer bis weit nach Mitternacht brannte, weil er unermüdlich lesen konnte, manchmal sogar ein Buch pro Nacht – er hatte ein eigenes Schnellverfahren. Ein Mann rund um die Fünfzig, der längst die Weisheit des Lebens erkannt hat, die darin besteht: zu geben, nicht zu nehmen. Ich habe es erlebt: Immer, wenn er mich auf der Straße zufällig traf, mich manchmal sogar in seine Wohnung bat, hörte ich ihm zu; und was viel erstaunlicher war: Er vermochte mir zuzuhören.

Soeben denke ich, daß es ja nur wenige Gespräche gewesen sind, die mich mit diesem Mann in eine Beziehung gebracht hätten: etwas Politik, ein bißchen Alltägliches, ein paar Tips für Reiseziele: »Sie waren noch nicht in Jerusalem, mein Freund, dann können Sie alle anderen Reisen vergessen.« Empfehlungen, Ratschläge, Unverbindliches, das bindet.

Und ich fühlte, nun selbst zu Hause angekommen, wie zerbrechlich doch alle Beziehungen sind. Wie viele Worte so oft ungesagt bleiben, weil man sich nicht traut, weil man keine Zeit hat, weil man doch immer glaubt, auch morgen noch hingehen zu können.

Es ist schon ein Kreuz mit so einem dunklen Fenster, das vor ein paar Tagen noch allabendlich erleuchtet war.

Peter Bachér

Trotz allem glücklich sein

Wofür zu leben lohnt

Inhalt

I
AUF DEM WEG ZU UNS SELBST

Liebes ungeborenes Kind!

Du wirst diesen Brief nie erhalten, denn es wird Dich nie geben. Die Eltern, die Dich zur Welt bringen könnten, haben beschlossen, dies nicht zu tun. Und die Zeiten, da Kinder wie ein höheres Schicksal angenommen wurden, sind ohnehin vorbei: Der Mensch hat sich auch auf jenen Thron geschwungen, von dem wir nicht so genau wissen, ob er ihm nun wirklich zusteht.

Du wirst, es klingt grotesk, beispielsweise nicht geboren werden, weil da diese Sache mit Gran Canaria ist. Das ist so eine Sonneninsel im Atlantik, und da kann jeder zu jeder Jahreszeit seine Jeans ausziehen und braunbraun werden. Und die jungen Leute sind ganz scharf darauf; von Kindern wollen sie sich bei ihren Reisen nicht stören lassen.

Was hast Du auch schon zu bieten – an Stelle von Gran Canaria – Braunbraun? Du hast zu bieten: Schmerzen und Schwierigkeiten, Kummer und Kosten. Dein Lächeln, Deine rührende Hilflosigkeit, Dein erstes zaghaftes Armeausstrecken – das erste Wort Mama –, was ist das schon?

Die Menschen sind heute ein bißchen härter als früher, weißt Du, nicht mehr ganz so gefühlsselig. Sie sagen: Baby gleich Arbeit und Verzicht, und Verzicht gleich: Nein! Sie haben ihre Waffen, kleine Pillen, die sie – wortverräterisch – Antibabypillen nennen. Sie haben eine Sorge: daß Du nicht plötzlich doch Dein Kommen ankündigst.

Aber selbst dann ist noch nicht aller Nächte Morgen. Deine Absicht, auf diese Welt zu kommen, würde allemal Gegenmaßnahmen auslösen. Und 218-Wege führen schnell zum Nichts!

Denn Du mußt wissen, daß es hierzulande Wege und Straßen gibt, die den Menschen viel wichtiger sind: Straßen für Autos, Auto rangiert, neben Ferienreisen und Wohnkomfort, vor Baby.

Das, was ich Dir hier schreibe, haben Meinungsforscher herausgefunden. Nicht erschrecken! Der moderne Mensch hat eine neue Form von Ehrlichkeit entwickelt: Er gibt seinen Egoismus jetzt ohne Zögern öffentlich zu.

Das ist keine falsche Heuchelei. Und also auch keine falsche Hoffnung. Und schon gar nicht eine gute Hoffnung. Wir sind nämlich nicht nur aufgeklärt, wir sind auch abgeklärt. Und wir sind ganz groß im Erfinden einer neuen Bequemlichkeitsphilosophie, deren Formel simpel lautet: Babys sind auch ganz niedlich, wenn man sie bei anderen sieht.

Damit ist auch gesagt, daß wir hier nicht von jenen Menschen reden, die aus wichtigen Gründen keine Kinder haben wollen; auch nicht von jenen, denen sie, oft schmerzhaft gegen ihren eigenen Wunsch, vom Schicksal vorenthalten wurden. Nein, wir sprechen hier schon von dem »neuen Egoismus«, von der Eiszeit der Gefühle, die über uns hereingebrochen ist.

Liebes Ungeborenes, natürlich würdest Du, auf die Welt gekommen, tausend Kräfte mobilisieren und den Himmel Deiner Eltern in Wahrheit um eine wunderschöne Dimension bereichern, aber sie werden es nicht erfahren. Und so sagen sie nur: »Ach, wissen Sie, in diesen unsicheren Zeiten . . . « Und sie buchen: einmal Braunbraun und zurück.

11

Wofür zu leben lohnt

Was halten wir nun eigentlich in unseren Händen, am Ende eines Jahres, vor einer neuen Runde in der Hetzjagd unseres Lebens? Ist nicht alles viel zu schnell gegangen, haben wir die Welt der schönen Bilder wirklich genießen können, da doch die schrecklichen Bilder immer wieder sich dazwischendrängten mit Tod und Terror und Gewalt?

Wir halten eines mit Sicherheit in unseren Händen: ein Stück gelebtes Leben. Das ist so wenig nicht, wenn wir nur anerkennen würden, daß es doch für sich selbst schon ein Wunder ist, überhaupt »dabeisein« zu können im Weltspektakel; dafür alleine »lohnt« es schon zu leben.

Wir wissen, wenn wir in den Himmel schauen, wenn wir Sterne sehen: In diesen unvorstellbaren Weiten gibt es kein Leben. Der Mond ist tot. Unser blauer Planet leuchtet märchenhaft in einem Universum, das schweigt.

Wir aber – wir leben! Wir dürfen, einen Wimpernschlag lang, teilnehmen, den Himmel sehen, freilich um den Preis, auch in den Abgrund zu schauen.

Aber wir gehen mit dieser Kostbarkeit, die Leben heißt, in einer Weise um, die uns immer wieder erschrekken läßt: Wir sind gewalttätig. Die Angst vor dem Krieg ist ja in Wahrheit die Angst vor dem Menschen, der immer noch zum Kriege fähig ist.

Es gibt ja nicht nur die große Gewalt, gegen die wir demonstrieren; es gibt die kleine alltägliche Gewalt, die wir selber tausendfach Tag für Tag gegeneinander produzieren – mit dem quergestellten Auto auf dem Gehweg geht's schon los.

Der Astronaut James Irwin, einer der ersten Männer auf dem Mond, hat jetzt, zwölf Jahre später, die Erkenntnis seiner Reise in einem Satz zusammengefaßt: »Der Flug lehrte mich, wie zerbrechlich die Welt im Grunde genommen ist.«

Er spürte aber auch in der Einsamkeit der Kraterlandschaft, was ihm zuvor auf der übervölkerten Erde nicht so deutlich geworden war: Gottes Schöpfermacht und seine Allgegenwart. »Der Flug machte mich religiöser. Der größte Tag in der menschlichen Geschichte war nicht, als der erste Mensch den Mond betrat, sondern als Gottes Sohn auf die Erde kam.«

Vielleicht sollten wir, die wir nicht zu fernen Sternen fliegen, die Botschaft gleichwohl begreifen: daß nicht nur die Erde zerbrechlich ist – das gilt auch für die Mächtigen, die die Hand an den gefährlichen Kriegsknöpfen haben –, sondern daß vor allem unser eigenes Leben zerbrechlich ist – und daß wir alle behutsam miteinander umgehen müssen.

Ein bißchen Dankbarkeit also, nur weil wir ganz kurz das grandiose Welttheater erleben und mitgestalten dürfen? Ja, das, meine ich, wäre eine gute Idee für das neue Jahr: ein bißchen Dankbarkeit!

Welche Rolle spielen Sie?

Haben Sie den Zündschlüssel schon hervorgeholt? Wohin soll die Reise gehen, in die Berge, an die See, in den Wald, zu Verwandten zum Amüsieren, zur nächsten Stadt, fahren Sie ins Blaue, suchen Sie das Grüne, wohin wollen Sie eigentlich?

Ich mache Ihnen einen Vorschlag: Wenn Sie heute auskehren, so kehren Sie doch einmal bei sich selber ein. Besuchen Sie einen Menschen, der schon lange auf Ihr Kommen wartet: Besuchen Sie Ihr eigenes Ich. Das klingt etwas kompliziert, und es ist auch nicht einfach, aber glauben Sie mir, es ist notwendig. Manchmal helfen, die Mediziner wissen es, Bluttransfusionen mit eigenem Blut.

Das Wichtigste zuerst: Denken Sie einmal über die Rolle nach, die Sie in diesem Leben spielen, für sich, für andere, für die Familie, für die Firma, für Freunde, Bekannte, Verwandte, die Neider und Gönner. Und nun stellen Sie sich vor, was von Ihnen bleibt, wenn Sie diese Rolle nicht mehr spielen: wenn Sie also kein Chef sind, kein Ehemann, keine Mutter, kein Vereinsmitglied. Können Sie solche Gedanken mit Gelassenheit ertragen – oder sind Sie erschrocken bei dem Gedanken, nur Sie selber zu sein?

Dann noch eines: Nehmen Sie den Neid aus Ihrem Leben, den Neid, der natürlich ein unheimlicher Motor ist, der viele Dinge vorantreibt – aber bitte: Stellen Sie sich einmal vor, Sie würden keinen Neid mehr kennen. Sie beneiden nicht mehr den Star, der im Jet heute in Paris, morgen in New York, übermorgen in Berlin (aber niemals in Castrop-Rauxel) ist. Sie beneiden nicht den Vorgesetzten, der den größeren Wagen fährt und mehr Recht hat als Sie und von dem Sie oft denken, daß er dafür weniger Pflichten hat. Sie beneiden nicht das Playgirl, das seine Kleider bei Valentino kauft und die Nächte durchfeiern kann, weil es in seinem weichen Leben morgens niemals einen Wekker gibt.

Wenn Sie dies getan haben – die Rolle Ihres Lebens überdacht, den Neid abgetötet für ein paar Stunden –, dann sind Sie der Wahrheit ein Stück nähergekommen. Sie sehen plötzlich die kalten Augen des Partygirls, das nervöse Zittern, wenn der Chef sich die Zigarette anzündet, Sie lesen von einer grauenhaften Kindheit, die der Filmstar erdulden mußte – und Sie fragen sich, ob die Summe des Leidens nicht allüberall immer gleich ist –, nur wenig kann so hilfreich sein wie diese Erkenntnis. Darum: Schauen Sie heute mal bei sich selber ein!

Manchmal habe ich das Gefühl: Es war doch erst gestern

Es kann kein Zufall sein, es kann nicht nur an diesen festlichen Tagen zum Jahreswechsel liegen, es muß etwas mit unseren Seelen zu tun haben. Und es hat sie alle ergriffen: Die Jungen und die Alten, die Reichen und die weniger Reichen, die Kranken und die Gesunden, ich hörte es von jedem, immer ein bißchen anders ausgedrückt, aber in Wahrheit gibt es doch allüberall: dieses große Wehklagen über die »dahineilende Zeit«.

Haben wir nicht das Gefühl, daß wir doch »erst gestern« die Neujahrskarten schrieben, und dabei ist inzwischen ein Jahr vergangen? Wann war das letzte Zusammentreffen mit einem Freund? Es war nicht vor drei, es war vor sechs Jahren. Die alte Dame, an deren sanfte Hilfsbereitschaft wir uns erinnern, hat uns schon vor zehn Jahren verlassen – uns ist, als sei die Todesanzeige »erst kürzlich« in der Zeitung erschienen.

Wir halten plötzlich betroffen inne, und wir bleiben stehen wie ein Spaziergänger, dem etwas ganz Wichtiges eingefallen ist, und wir möchten – wie einst der Dichter –, daß »der Augenblick verweilt«. Wir würden gern ein Stück unseres Kontos plündern, könnten wir die Zeit dehnen, strecken, ihren schnellen Lauf abbremsen. Am liebsten würden wir die Uhr einfach anhalten, uns in ihre Zeiger werfen, die mit ihrem monotonen Rundlauf nur vortäuschen, daß es morgen ja wieder diese mittägliche Stunde gibt wie heute – und dabei ist es doch dann eine ganz andere Stunde! Ja, der Prediger hat schon recht, der uns daran erinnert, daß die Uhr eine feinsinnige Täuschung ist und daß die Zeit eher einem langen Korridor gleicht, den man entlangeilt, wobei jeder Tag eine Tür ist, die man abends zuschlägt – und diese Türen haben den Griff nur an einer Seite: Man kann sie nicht mehr öffnen!

Wie aber kommt es, daß wir – mehr als je zuvor – unter der dahinstürmenden Zeit leiden? Dieser Rohstoff ist doch nicht knapper geworden, da doch unser Leben im statistischen Durchschnitt länger währt? Ist unser Appetit auf das Leben vergrößert? Packen wir zuviel hinein, oder anders gefragt: Packt man uns zuviel hinein?

Sicher, wenn wir zurückblicken, dann erschaudern wir nochmals unter den Keulenschlägen, die wir, oft nebeneinander, ertragen mußten: die Terrorakte, die Geiselnahmen, die Weltkrisen, die düsteren Wirtschaftsprognosen, die Katastrophen, in denen sich eine kranke Erde unter Schmerzen aufbäumt. Auch wenn wir nicht direkt dabei waren, so kann doch keiner sagen, daß wir nicht in unseren Seelen betroffen waren. Der Eintrittspreis für die Horrorschau des Lebens ist die dauernde Hergabe von Gefühlen aller Art, aber Mitleiden und Mitfreuen sind nicht beliebig vermehrbar.

Mit anderen Worten: Auf der einen Seite haben wir die Zeit – sie ist nicht veränderbar, nicht zu manipulieren, nicht zu kaufen, zu verteilen, zu verschenken –, und auf der anderen Seite haben wir ein ungeheures Lebenstempo: dabeisein, mitmachen, mithören, mitreden, mitmischen! Und das alles zwingt uns, immer häufiger auszuwählen, vieles zu versäumen, was wir »eigentlich« auch noch mitnehmen könnten.

Und so stehen wir Kinder des Wohlstands in diesem Leben wie in einem Supermarkt, wo in den Regalen all die schönen aufregenden Dinge liegen, von denen uns die Werbung sagt, daß wir sie uns nur »zu holen« brauchen.

Aber dann kommt noch eine Bürde: Wir müssen an der Kasse vorbei und zahlen! Und dort bezahlt man nicht mit Geld, nicht mit Öl, nicht mit Naturalien – dort bezahlt man mit Zeit! Wir bezahlen in Wahrheit immer mit dem Kostbarsten! Wir zahlen mit dem Besten, was wir haben.

Und weil wir das plötzlich alle dramatisch spüren, sagen wir nicht leichthin wie unsere Großeltern: »Kinder, wie die Zeit vergeht«. Wir sagen es ernster, trauriger, wir klagen über die »dahineilende Zeit«, als sei sie selbst schon eine Krankheit geworden.

Urlaubsglück lässt sich nicht buchen

Was wir immer schon befürchteten, das ist nun endgültig Gewißheit: Mit dem Urlaub ist es auch nicht mehr wie einst. Das geht an den Nerv, das schmerzt. Man kann schon von einem Urlaubsbankrott sprechen. Wäre dieser verregnete Sommer eine Firma, er wäre pleite. Nicht nur, daß er keine Dividenden zahlt, er würde wegen Betruges vor Gericht müssen. So sommerlos darf sich ein Sommer einfach nicht benehmen, auch wenn er uns jetzt noch ein paar versöhnliche Frühherbsttage schenkt.

Denn wie stehen Millionen von uns da? Mit blassen Beinen und leeren Händen! Das Gefühl, das viele sowieso im Leben haben – »Kann denn das wirklich alles gewesen sein?« –, stellt sich nun auch in den schönsten Wochen des Jahres für jeden dritten Urlauber mit Macht ein.

Stoßen wir einmal – an Regengüssen, an Kälte, an geschlossenen Tankstellen, an überfüllten Straßen, ausgebuchten Flugzeugen, zerbombten Hotels und Hurrikans vorbei – zum Wesentlichen vor: zur seelischen Verfassung des modernen Menschen. Dann spüren wir: Die Urlaubs-Apokalypse ist schon da.

Natürlich gibt es alarmierende Zahlen: Nur noch 69 Prozent aller Reisenden kamen einigermaßen zufrieden zurück. Im vorigen Jahr waren es zehn Prozent mehr. Ein Verfall – wie bei irgendeiner mittelamerikanischen Währung.

Nicht ohne Grund ging ein Foto mit dem Titel: »Der Mann, der aus der Kälte kam«, durch die Weltpresse. Es spiegelt trostloses norddeutsches Urlaubsvergnügen wider. Strandkörbe: geschlossen. Ein »Verrückter«, der bei

14 Grad in die Ostsee taucht, wird von drei Zugemummten bestaunt. Das Verhältnis von Aktiven und Passiven, das wir auch sonst im Leben antreffen, ist hier ebenfalls zu besichtigen: eins zu drei. Einer versucht noch zu retten, was zu retten ist, drei haben schon aufgegeben – wer ist glücklicher?

Bleiben wir ein bißchen bei der Philosophie, entdecken wir auf der Ferienszene einen neuen Zusammenhang: Die fast krankhafte Ungeduld, mit der wir glauben, das Paradies – sozusagen auf Kommando – per Buchung, Ticket, Zimmerreservierung zu bekommen, funktioniert nicht mehr. Denn wohin wir auch reisen: Die anderen Glückssucher sind auch schon da. Die Paradiese sind überfüllt. Kein Geringerer als Pascal hat schon vor drei Jahrhunderten gesagt: »Der einzige Grund für das Unglück des Menschen liegt darin, daß er nicht weiß, wie er ruhig in seinem Zimmer bleibt!«

Der Ausweg? Die Rettung? Die Heilung? Wir müssen begreifen lernen, daß wir von dem hohen Podest herunter müssen, auf dem wir stehen und verkünden: Die Welt ist total machbar geworden – und der Urlaub also auch. Wir glauben hochmütig, kein Schicksal mehr ertragen zu müssen. Wir wollen alles regulieren, arrangieren, computerisieren, organisieren, reglementieren.

Aber das geht nicht! Da kommt eben der mürrische Kellner, er knallt uns den schlecht gespülten Teller mit Pommes frites, die zu kalt sind, auf den Tisch – und die Urlaubsträume? Die verfliegen wie der Rauch der Würstchenbude im kühlen Sommerwind.

Nein, so geht's nicht weiter. Vielleicht haben wir einen trostlosen Sommer gehabt, damit wir endlich von dem fliegenden Teppich auf den normalen Teppich umsteigen.

Interessant, was ich alles hören mußte, als ich so rundum einmal die Frage stellte: Wie fühlt man sich eigentlich, wenn man fünfzig Jahre alt wird?

Da gibt es die ganz Lockeren, die Ewigfrischen, denen die Zeit, die dahineilende Zeit, partout nichts anhaben kann. »Nichts gemerkt, ein Tag wie jeder andere, nur nicht wichtig nehmen.«

Da gibt es die Gewandten, die Lebenskünstler, für die das Dasein eine Ebbe-und-Flut-Angelegenheit ist, bei der es nur darauf ankommt, immer schön oben zu bleiben. Wie ein Wellenreiter. Und die Empfehlung, falls man am Geburtstag doch einmal von der Blässe der Melancholie angekränkelt wird? »Durchtauchen, einfach durchtauchen.«

Da gibt es die Bedauernswerten, die sich in irgendeiner Einsamkeit versteckten, weil sie plötzlich, wie es heute im Zusammenhang mit der vielzitierten »Krise in der Mitte des Lebens« so oft heißt, »das Ende des Tunnels« sehen – also das Gefühl haben, das bisher gelebte Leben könne doch nicht alles gewesen sein . . .

Wir lesen viel von diesen Philosophien, wenn Prominente fünfzig werden – wie beispielsweise Hans Dietrich Genscher. »Gibt es nicht doch ein bißchen Angst oder Furcht vor dem Ruck ins nächste Jahrzehnt?« Der Bundesminister schaut mich so inwendig an, als ob er ausdrücken möchte: Gebe ich Ihnen Veranlassung, mich ausgerechnet so etwas zu fragen?

In der Tat: Sein Leben ist schneller als der Quirl eines Mixbechers. Allein die vergangenen Tage! Die Dauerdebatte über Atomenergie, die Blitzreise nach Washington zum US-Präsidenten, zurück nach Bonn zum Aktenstudium, dann nach Jerusalem – das alles in zweihundert Stunden hineingepackt! –, wer kann sich solche lebensprallen Pakete wünschen, wie kann man sie tragen?

Ich unterhalte mich drei Stunden mit Genscher, suche nach der Batterie, die dieses Nonstop-Leben speist – wir sprechen von Gott und »Midlife-crisis«, von Lebenssinn und Älterwerden –, wir sitzen in der gemütlichen Ecke des Gästehauses auf dem Bonner Venusberg, dort, wo immer Genschers Vier-Augen-Gespräche stattfinden.

»Seit ich schwer erkrankt insgesamt über drei Jahre in Krankenhäusern gelegen habe, weiß ich um das Glück, arbeiten zu können.« Das ist seine erste Antwort. »Ich kann gut schlafen – das ist ungeheuer wichtig, das darf man nicht unterschätzen« ist die andere. Ist das alles, ist das wirklich alles?

Dann spricht er noch von etwas Wichtigerem, von seiner »Kunst der inneren Versammlungsfähigkeit«. Das bedeutet: Schneckenhaus, nachdenken, meditieren, die Kräfte ausbalancieren, die Möglichkeiten des Lebens ertasten, Phantasie und Realität mischen.

Es ist schwer, mit Fünfzigjährigen zu sprechen, sie mögen unbekannt, sie mögen prominent sein: Sie ahnen – immer noch im harten Alltagsstreß – schon sehr wohl etwas von dieser Demut, aber sie haben dafür noch nicht die Zeit. Keine Frage also auch, was man den Fünfzigjährigen vor allem wünsche sollte ...

Das kleine Wunder Gips

Das kleine Wunder begann mit einem Stolpern, einem Schmerz, einem Gipsverband – und mit der Art und Weise, wie die Menschen rundum auf meinen plötzlich geschienten Arm reagieren.

Da ist der Taxifahrer, der trotz hupendem Verkehr aus dem Auto springt, um mir die Tür zu öffnen; da ist ein junger Mann, der mir mehrere Päckchen zu einem Paket zusammenpackt, »damit Sie nur einmal tragen müssen«, da ist eine alte Dame, die einen Arzt weiß, der solche Ärgernisse angeblich blitzgeschwind heilen kann; da ist mein kleiner Sohn, der seinem Vater einen Gute-Nacht-Kuß gibt, der um Bruchteile länger dauert als sonst üblich.

Kurzum: Eine Welle von Anteilnahme, von Hilfe und Mitgefühl kam mir entgegen. Ich gestehe: Ich war verwirrt von so viel unerwarteter Güte. Ich sprach mit Freunden über dieses kleine Alltagswunder. Auch sie wußten plötzlich Beispiele zu erzählen, denen allerdings allen eines gemeinsam war: Der Schmerz war von außen zu erkennen. Wie es drinnen aussieht, geht niemand was an – dieser Vers gilt noch immer, man könnte ihn ergänzen: Vor den seelischen Verwundungen, die ja viel häufiger sind, stehen wir fast immer mit leeren Händen, weil wir nichts von ihnen wissen. Für Einsamkeit gibt es keinen Streckverband, für verlorene Liebe kein Krankenhaus, für Demütigungen keine Wartezimmer.

Ein Psychiater erklärte mir Aggressionen im Straßenverkehr damit, daß ja jeder Autofahrer für sich ganz alleine im Blechkäfig sitze, unfähig, mit anderen zu sprechen. Könnte aber ein »rücksichtsloser Raser« den anderen Autofahrern signalisieren, daß er eigentlich in die Klinik müsse, weil beispielsweise seiner Frau plötzlich eine lebensgefährliche Operation bevorstehe – sie würden ihm freiwillig den Weg räumen. Aber da er sich nicht mitteilen kann, halten ihn die anderen für rücksichtslos.

So wie hier geht es auf den Straßen unseres ganzen Lebens zu. Weil seelische Verwundungen geheim bleiben, bleibt auch das Mitgefühl aus. Aber das kleine Wunder mit meinem Gips hat mir gezeigt: Die Welt rundum ist freundlicher, als ich dachte.

Die Lehre aus alldem! Wir sollten lernen, die verschlüsselten Botschaften zu erspüren. Die Einsamkeit in der Menge. Die Traurigkeit im Lächeln. Die Hilflosigkeit in einer zur Schau gestellten Sieghaftigkeit. Wir alle, die wir auf der Reise durch dieses Leben sind, haben verschiedene Wege und Ziele. Überfordern wir uns ohne Not nicht gegenseitig. Der Dichter Antoine de St. Exupéry schrieb es auf: »Wenn ich einen Hinkenden zu Tisch lade, bitte ich ihn, sich zu setzen, und verlange nicht von ihm, daß er tanze.«

Ein Vater wird plötzlich nachdenklich

Vielleicht liest Du diesen Brief gar nicht, mein Sohn, den ich Dir heute schreibe. Es wäre auch nicht schlimm, denn der Brief ist ohnehin auf die Zukunft gerichtet, und er enthält ein Geständnis und vielerlei Sorgen und ist für einen Zwölfjährigen eigentlich nicht die richtige Lektüre.

Ich habe darüber nachgedacht, daß ich immer häufiger nachts, wenn Du schon eingeschlafen bist, an Dein Bett trete und von Gedanken angesprungen werde, die ich früher nicht kannte. Diese Gedanken kreisen um Deine Zukunft, aber sie entstehen, weil die Gegenwart mit Energiekrise, mit Ölschock, Terror, Hunger und Kriegen die dunklen Chiffren liefert, die so schwer zu enträtseln sind.

Im Grunde sind es Sorgen – aber nicht Sorgen von der landläufigen Art, die es sozusagen immer schon gab: Nein, es sind neue, elementare Sorgen, wie die Welt ausschauen wird, die einmal Dir gehören soll. Nun würde ich davon nicht sprechen mögen, wenn nicht eine Meldung aus dem Land der unbegrenzten – und auch sehr begrenzten – Möglichkeiten gekommen wäre, die besagt: Noch niemals zuvor haben so viele amerikanische Eltern bei einer Meinungsumfrage offenbart, daß sie die Zukunft ihrer Kinder nicht mehr rosig sehen, daß sie sogar glauben, selbst ein besseres Leben gehabt zu haben, als ihre Kinder je haben werden. Das sieht nach einer Folge des Ölschocks aus, ist aber für die Amerikaner, für Väter und Mütter, in Wahrheit ein Seelenschock. Tiefer kann die Verwundung schwerlich gehen, da doch das natürliche Gefühl darin besteht, den Kindern zu wünschen, daß sie es einmal (noch) besser haben werden, als man es selbst gehabt hat.

Und noch eine zweite Meldung läßt sich mit dieser aus New York verknüpfen, und diese stammt aus unserem Lande. Sie besagt, daß im Bundestag demnächst darüber gesprochen werden soll, warum nur noch gut eine halbe Million Babys pro Jahr hierzulande das Licht der Welt erblicken, während es doch vor zehn Jahren noch weit über eine Million waren. Zeigt sich in diesem rapiden Geburtenrückgang nur die Tatsache, daß »die Pille« funktioniert – oder signalisiert sich hier nicht das große Unbehagen, das verschwundene Zutrauen in die Zukunft?

Ist also die Kinderverweigerung gar nicht die exzessive Form der Kinderfeindlichkeit, für die wir sie immer hielten? Haben wir es möglicherweise eher mit einer seltsamen Art von Kinderfreundlichkeit zu tun – sozusagen eine moderne Spielart nach dem Motto: Die Kinder, die man nicht zeugt, können auch nicht schlecht behandelt werden? Ist nicht nur ein Energiemangel an Tankstellen und Heizöfen mit im Spiel, sondern ein Lebens-Energiemangel?

All das sind Fragen, die durch meinen Kopf gehen, wenn ich an Deinem Bett stehe. Natürlich denke ich auch, ob wir etwas falsch gemacht haben. Vielleicht sind wir Hier-und-heute-Menschen geworden im Niemandsland zwischen Traditionen, die wir abgestreift haben, und einer Zukunft, die uns Angst und Beklemmung bereitet, weil sie nicht nur ungewiß, sondern auch dunkel vor uns liegt.

Ja, ich stehe an Deinem Bett und bin nachdenklicher als je zuvor.

Was hat Ihr Leben für einen Sinn?

Ein Bestseller in Frankreich verkündete es: Wir Menschen sind nur ein »Zufall«, mehr noch: ein »Betriebsunfall der Natur«. Wir Menschen sind die »Treffer« in der gigantischen Lotterie des Lebens. Wir Menschen leben am Rande des Alls, das unberührt bleibt von den Leiden und Hoffnungen, die uns täglich berühren, die uns oft auch in Verzweiflung treiben.

Und da es ein Wissenschaftler ist, der dies behauptet – es ist der Biologe und Nobelpreisträger Jacques Monod –, wird das Buch »natürlich« zu einem Erfolg. Wurde es nicht auch höchste Zeit, daß uns – zwischen Materialismus und Gottglauben – mal eine »neue Wahrheit« offeriert wird, da es doch überall immer Neues gibt?

Die Frage nach dem Sinn unseres Lebens – wem stellt sie sich nicht? Ich stelle sie mir oft, stelle sie auch anderen. Die zwei verblüffendsten Antworten, die ich hörte: Der eine, ein Professor auch er, meinte melancholisch, er sei vielleicht nur auf der Welt, um dafür zu sorgen, daß der Ausgleich zwischen Sauerstoff (den er einatmet) und Kohlensäure (die er ausatmet und die die Pflanzen brauchen) auch wirklich funktioniert. Und der andere, ein Manager, ein Vielbeschäftigter, ein Lebenskünstler, antwortete: »Der Sinn meines Lebens? – Daß ich lebe!« So kompliziert – so einfach ist das. Von der Liebe habe ich nichts gehört. Einige sagen, der Sinn ihres Lebens habe sich in ihren Kindern erfüllt, die anderen nennen die Arbeit. Manche haben Angst, überhaupt nachzudenken: Sie fürchten, die Geister, die sie rufen, dann nicht mehr loszuwerden.

Aber die Fragen kommen, irgendwann: wenn wir einen Menschen, den wir lieben, verloren haben; wenn wir glauben, gescheitert zu sein; wenn wir krank sind, einsam und allein; wenn die Hetzjagd des Tages der Ruhe der Nacht weicht, dann kommen die Fragen. Dann tauchen sie auf, »wie der Mensch in der gleichgültigen Unermeßlichkeit des Universums nur durch einen Zufall aufgetaucht ist« – so der Professor Monod: die Fragen nach dem Sinn unseres Lebens.

Der Bucherfolg des Professors beweist nicht, daß er recht hat. Der Erfolg beweist nur, daß diese Frage »in der Luft« liegt. Welche Antwort haben Sie gefunden?

Das neue Jahr – ein Geschenk des Himmels

Nun liegt es vor uns – und es sieht so endlos aus: das neue Jahr. Ist es ein Teppich, weich und einladend? Ist es eine Straße voller Warndreiecke? Ist es ein dunkler Wald, in den wir wie Kinder pfeifend hineinlaufen? Ist es ein Meer, stürmisch, bedrohend?

Wir wissen nicht, wie dieses Jahr beschaffen ist, dem wir uns nun zögernd nähern. Wir können auch die Gefühle nur schwer beschreiben, die uns am Neujahrsmorgen bewegen. Ein bißchen Aberglauben war in dieser Nacht da, mit Bleigießen und Schornsteinfeger – aber auch der Glaube war da, der kein Aber kennt.

Wir sind erregt, weil Neues beginnt; wir sind gelassen, weil Neues auch besser sein kann. Wir schwanken zwischen Konfetti und Kirche – und unbestimmte Ängste liegen vor diesem Jahr, das nun wie ein Fremder daherkommt.

Ich lese die Neujahrskarten. Viel Vorgedrucktes ist darunter, gestanzte Wünsche, ein Computer hätte sie schreiben können – vielleicht leben wir wirklich in einer »seelischen Eiszeit«, wie jetzt ein Kirchenfürst zu Weihnachten sagte, vielleicht fallen uns die persönlichen Worte immer schwerer – mechanisierte Gefühle in einer technisierten Welt, alles scheint seinen Preis zu haben.

Und dann entdeckte ich einen Silvestergruß aus dem Süden; ich möchte davon erzählen, er stimmte mich nachdenklich.

»Wir freuen uns unbändig, wieder ein neues Jahr vor uns zu haben, was Schöneres kann es nicht geben, ein Geschenk des Himmels.« Das waren die Worte, geschrieben hatte sie ein Freund, der vor ein paar Jahren Komfortwohnung mit Zweitauto und Zwei-Fenster-Büro eintauschte gegen sein neues »kleineres Leben«.

Nun ist das eine Perspektive, auf die man erst kommen muß. Das Leben »als solches« schon als ein Geschenk zu empfinden. Wir, die wir in der Mühle des Tages unablässig unsere Kreise drehen, kennen dieses Gefühl natürlich hin und wieder auch: Wenn wir bei einem Unfall noch einmal davongekommen sind, wenn wir eine Klinik verlassen – dann ist es da, dieses unbändige Glücksgefühl, leben zu dürfen. Aber das sind nur Augenblicke. Sonst stekken wir voller Probleme, sie drohen uns zu ersticken.

In diese Stimmung hinein kommt nun die Formel, die so simpel ist, daß man sie kaum erzählen mag: »Das neue Jahr – ein Geschenk des Himmels.« Auch wenn Erfahrung lehrt, daß gute Vorsätze wenig helfen, weil wir allzu gerne in das alte Flußbett unseres Lebens steigen, so sollten wir diesem Rat doch einmal folgen und das Jahr entgegennehmen wie ein Geschenk.

Behandeln wir es auch so, gleich jetzt. Packen wir es behutsam aus. Machen wir einen Neujahrsspaziergang, genauso einen, wie wir ihn von alten Bildern und Stichen her kennen, gönnen wir uns Empfindsamkeit.

Auch wenn wir nicht so sensibel sind wie der Dichter Tolstoi, der buchstäblich die körperliche Empfindung hatte, »daß die Schönheiten der Natur durch die Augen in seine Seele flossen« – auch wenn wir etwas robuster gebaut sind: Daß wir an diesem Neujahrsmorgen einen Zauberschlüssel in der Hand halten, daß wir den hin und her wenden und staunen können, und daß uns niemand verwehrt, dankbar zu sein – das spüren wir auch.

Ich liebe meine Frau

Da ist sie also, die Frage nach dem Glück meiner Ehe, die Frage, ob es Zufall, Schicksal oder nur Kunstfertigkeit ist, eine Ehe richtig zu steuern, über viele Jahre. Diese Frage zielt in die verschwiegenen Winkel des Glücks, sie beantworten heißt: das Wesentliche preisgeben.

Das Geheimnis einer Ehe, die ich als glücklich bezeichnen darf, weil erstens ich selbst es so empfinde und weil zweitens meine Frau mir bestätigt, daß sie genauso fühlt, setzt sich aus mehreren kleinen Geheimnissen zusammen. Ich will versuchen, sie aufzuzählen.

Das erste Geheimnis: Das Glück einer Ehe hängt von dem richtigen Zeitgefühl ab, von der Kunst, mit der Zeit umzugehen.

Die Ehe zielt ins Endlose. Der Gedanke, daß wir sie wie einen elektrischen Apparat eines Tages abschalten können, ist uns nie gekommen. Selbst bei Konflikten – sie kommen vor, sind wie Gewitter, haben nichts zu bedeuten, verändern keinen Sommer, nehmen dem Himmel doch nicht sein Blau – war dieser Gedanke niemals dabei: Man könnte ja auch miteinander Schluß machen. Und wenn sich dieser Gedanke einzuschleichen versuchte – in einem Augenblick der Ermattung, der Verzweiflung –, wir haben ihn nie aufkommen lassen.

Die Zeit spielt aber nicht nur bei der Abwehr von Gefahren eine Rolle, die Zeit ist viel wichtiger beim Gewinn der Ehe. Jeder Tag ist ein Stein im Mosaik. Da sind auch bei uns Tage mit Leerlauf, blasse Tage, Tage im Büro, an denen man glücklos ist, Tage im Haushalt, da die Frau zu ersticken droht, trübe Tage mit den Kindern, an denen man sich fragt, wozu man dies alles auf sich genommen hat – es sind die farblosen Steine, sie gehören dazu, sorgen dafür, daß die roten und gelben und blauen und grünen und lila Steine um so kräftiger leuchten. Wer über fünfzig Jahre alt ist, weiß: Nicht jeder Tag läßt sich in leuchtende Farbe verwandeln. Aber er weiß auch: Jeder Tag ist eine neue Chance.

Meine Frau weiß, daß ich ihr an jedem Morgen eine Rose an ihr Bett stellen möchte, damit ihr erster Blick auf ein Zeichen meiner Liebe trifft. Daß diese Rose nicht dort steht – oder doch zu selten dort steht –, erkennt sie an, als Opfer dessen, was sie selbst so haßt wie ich: die Routine des Alltags, dieses Gefühl, vom Alltag aufgefressen zu werden.

Aber das Leben besteht – je älter man wird, um so deutlicher spürt man es – vor allem aus den Möglichkeiten, weniger aus dem, was tatsächlich geschieht. Ich habe gefunden, daß – bei Frauen noch mehr als bei Männern – das Leben aus Träumen gemacht ist. Würde ich aus den Träumen meiner Frau verschwinden, es wäre der Anfang vom Ende. Es ist nicht wichtig, daß der Ehemann täglich seiner Frau eine rote Rose schenkt, wichtig ist, daß die Frau immer damit rechnen kann, daß es geschieht (und hin und wieder sollte es, um die Phantasie nicht zu überfordern, auch geschehen). Das Operettenlied »Es kommt auf die Sekunde an bei einer schönen Frau« gilt immer noch – auch bei der eigenen Frau.

Das zweite Geheimnis: Das Glück einer Ehe hängt von der Verkleinerung ab, von der Kunst, alles zu begrenzen. Was heißt das?

Wenn man ein Fotonegativ endlos vergrößern will, wird das Bild unscharf; will man einen Luftballon zu weit dehnen, platzt er; möchte man die Ehe in den Himmel stemmen, besteht die Gefahr, daß sie auf der Erde zerbricht. Als ich mit meiner Frau zum erstenmal in Rom war, fünf herrliche Tage lang, als wir dann für den Rest der Ferien zum Baden nach Anzio bei Rom fuhren – da waren wir, den Wagen vor dem Hotel, öfter in Versuchung, »eben noch mal schnell« nach Neapel zu fahren, in die vielbesungene Bucht von Sorrent, nach Capri vielleicht – ein Tagesausflug wäre das Ganze gewesen, so leicht zu machen. Aber wir haben diesen Ausflug nicht gemacht. Wir haben Neapel und Capri damals nicht gesehen, und wir wissen, daß dies nicht falsch war.

Die Sehnsucht ist im Leben, besonders in dem heutigen der Übersättigung, soviel wert wie die Erfüllung. Warum aber sind wir damals eigentlich nicht gefahren? Weil wir auf Rom, diese überwältigende Stadt, nicht noch ein zweites Erlebnis draufsetzen wollten, weil wir die Tage in dem kleinen Anzio, der Stadt Neros, der Stadt der herrlichen Fischrestaurants, nicht verkürzen mochten, denn dort konnten wir zu uns finden, zu unseren Gesprächen und – unserem Schweigen.

Ich will mit diesem Beispiel nicht sagen, daß eine Ehe gefährdet ist, wenn man zwei Orte in drei Wochen besucht – ich will nur sagen: Wir haben herausgefunden, daß Begrenzung in die Weite führt, daß es sinnlos ist, alles Erreichbare nur deshalb erreichen zu wollen, weil es erreichbar ist. Wenn ich ein Auto habe und kein zweites brauche, ist es sinnlos, daß ich mir ein zweites Auto kaufe, nur weil es mit einem großen Rabatt zu haben ist.

Eheleute müssen sich darüber einig sein, was sie nicht brauchen. Das ist wichtiger als die Verständigung darüber, was sie brauchen. Wenn ich mich umschaue, sehe ich viel zu viele Ehemänner, die darüber sprechen, was sie demnächst einmal tun wollen: Es mag eine Anschaffung, ein Möbelkauf, eine Reise, ein Ausflug, ein abendliches Essen zu zweit sein. Wenn Männer wüßten, daß die Zukunft immer schon begonnen hat, wenn sie begreifen würden, daß jeder Tag, der für eine Frau ohne Zärtlichkeit versinkt, die Frau dem Alter doppelt schnell in die Arme treibt!

Die Zärtlichkeit aber liegt immer in den kleinen Dingen, in den heimlichen Gesten, in dem bewußten Sichhinwenden zur geliebten Frau. Das braucht Zeit und Ruhe und Kraft und wieder Zeit.

Das dritte Geheimnis: Das Glück einer Ehe hängt vom Loslassenkönnen ab, von der Kunst, dem Partner »sein Leben« zu gönnen.

Die Frau, die ich liebe, ist eines Tages in mein Leben getreten. Es ist dabei herrlich eingerichtet, daß man an dem Morgen eines solchen Tages noch nicht weiß, wie sehr sich plötzlich alles verändern wird, das ganze Leben, jeder Tag und jede Stunde wird von nun an anders verlaufen – wie viele Fehler, wieviel Törichtes würde man nicht tun, wüßte man um die Wichtigkeit, die in dieser ersten Begegnung liegt!

Ich glaube, daß es darauf ankommt, sich ein Stück von diesem ersten Zueinanderfinden zu bewahren, die Entblätterung der Seele zu verzögern, sich hinzugeben, ohne sich aufzugeben. Das darf keine Masche, kein Trick, keine kalkulierte Absicht sein, aber man muß hin und wieder einen Schritt zurücktreten, um den anderen wieder in seiner ganzen Gestalt zu sehen – und neu zu sehen. Praktisch heißt das: Ich fahre mal ein paar Stunden, seltener auch Tage, allein fort, oder meine Frau – wir nehmen die Trennung bewußt auf uns, wir spüren, mit jedem Tag, der allein verrinnt, was wir uns bedeuten, und wir sagen uns das, wenn wir wieder zusammen sind. Sie fällt uns schwerer, diese Trennung auf Zeit, je älter wir werden, ein gutes Zeichen, wie ich meine.

Damit bin ich beim letzten und wohl wichtigsten Geheimnis: Wir nehmen, von Tag zu Tag mehr, den Tag als Geschenk entgegen. Der Morgen ist eine bunte Kugel, die wir bestaunen; mit dem Abend verlöschen die ungenützten Chancen. Die Bilder des Lebens wechseln immer schneller, wir wissen beide: Unendliches haben wir noch zu besprechen, die ganze Frage nach dem Sinn all unseres Tuns, die Frage nach Gott, die Frage, ob wir unseren Kindern genug sein können – alles, alles wartet noch.

Eine gute Ehe? Eine gute Ehe ist das Gespräch ohne Anfang und ohne Ende. Eine gute Ehe ist das Gefühl, daß das Leben vorher nicht von dieser Welt war, daß eigentlich alles erst begann, als der geliebte Mensch kam. Eine gute Ehe ist für einen Mann die große Chance, die ganze Welt zu umarmen – in seiner Frau.

II
DIE ZEIT, IN DER WIR LEBEN

Ich höre Bayern III, die Service-Welle des Bayerischen Rundfunks für Autofahrer. Ich höre Nachrichten von der Front, genauer: von der Ferienfront. Die Schlacht ist noch im vollen Gange. Wer den Krieg gewinnt, weiß allein der liebe Gott.

Ich höre, daß die Unfallstelle bei Holzkirchen wieder geräumt ist. Da hat es Tote gegeben, vor zwei Stunden, aber nun ist alles wieder geräumt – so wie beim Schneeschaufeln. Nur daß jetzt Sommer ist und die Touristenlawine rollt und rollt. Ich höre von Polizeigroßeinsatz, von Rettungshubschraubern, von Blutspendern, von Beobachtungen aus der Luft. Ist das die Sprache des Friedens?

Ich nehme via Radio teil an jedem Stau und jedem Schreck, an jedem Tod an jeder Ecke. Immer wieder wird die freche Donna Summer unterbrochen für eine Sondermeldung des Schreckens.

Und plötzlich wird mir klar, das alles hast du in ähnlicher Sprache doch schon einmal gehört. Klingt es nicht etwa wie ein Wehrmachtsbericht? Heute die geräumte Unfallstelle – damals die begradigte Frontlinie. Heute die Massenkarambolage, damals die Kesselschlacht. Natürlich ist heute alles harmloser, kleiner, aber – wen es trifft – tot ist tot.

Und ich denke weiter: Dies ist ja kein vom Himmel geschicktes Unglück, kein Taifun, kein Erdbeben. Dies ist kein Schicksal, das man demütig annehmen muß. Nein, es ist der Mensch selbst, der sich hier auf seine Weise produziert und Chaos schafft. Und es ist nicht einmal der arbeitende Mensch, der sich im Konkurrenzkampf behaupten muß. Nein, es ist der Mensch in seinem schönsten Zustand: dem des Urlaubers.

Also: Kein Chef! Kein Terminkalender! Keine Intrigen! Dafür Freiheit und Freizeit, dieser herrliche Zustand, in dem sich unsere besten Seiten entfalten könnten.

Was aber geschieht? Wir geben in den Ferien unsere Bankrott-Erklärung ab. Wir vermögen vielleicht noch die Arbeit zu organisieren. Aber mit der Freiheit tun wir uns schwer. Weil alle alles wollen, und das möglichst zur gleichen Zeit, bekommt jeder weniger, als er erhoffte. Was werden aber auch für haarsträubende Fehler gemacht!

Was beispielsweise geht in einem Autofahrer vor, der trotz aller Warnungen an einen sechsstündigen Stau (!) an die jugoslawische Grenze heranfährt und sich in einen Blechbandwurm einreiht, gerade so, als handele es sich um einen Gottesbefehl?

Nun könnte man noch über die Schrecken des Weges hinwegsehen, wenn es nur am Ziel stimmen würde. Aber auch dort ist der Riese, der Tourismus heißt, verwundbarer geworden: Waldbrände, Streiks, Bombenexplosion . . . Zur neuen Lebensqualität gesellte sich die neue Ferienqualität.

Soeben meldet Bayern III wieder Zähflüssigkeit. Diesmal in Richtung Norden. Da muß ich an einen Jungen aus Norwegen denken, den ein Freund von mir kürzlich eingeladen hat. Das Kind sollte unsere Art zu leben kennenlernen.

Aber schon nach wenigen Tagen, vorzeitig, wollte das Kind in die Fjord-Einsamkeit zurück. Der kleine Mensch verstand nicht, was er hier sah: unsere gigantische Hetzjagd nach der Ruhe. Heißt es nicht, daß Narren und Kinder die Wahrheit sagen?

Wenn wir alle miteinander freundlich wären ...

Die Philosophen haben uns erzählt, unser Leben sei eine Bühne, die wir betreten, um ein bißchen zu schauen, ein bißchen zu agieren – bevor wir dann wieder verschwinden.

Ein paar Jahrzehnte sind wir dabei, wir können uns nicht aussuchen, wer da neben uns alles mitspielt, und in jedem Fall gilt: Gespielt wird hier und heute.

Nur, das Spiel macht zur Zeit immer weniger Spaß! Die Menschen wirken »gestreßt«, neumodisch gesagt. Viele sind unfreundlich, sie »granteln«. Denn da ist die große Brutalität, die uns täglich mit Schlagzeilen anspringt und an unseren Nerven zerrt – Terrorismus, blutige Demonstrationen, Rowdytum –, politisch maskiert.

Und dann ist da die »kleine Brutalität« – für den Alltag, für jedermann, und wir sind alle von ihr direkt betroffen –, und da sind wir leider sozusagen Täter und Opfer zugleich.

Genauer besehen, sind es natürlich nur Nadelstiche. Autos, die auf Fahrradwegen parken. Radfahrer, die Fußgänger beinahe umfahren. Motorradfahrer, die Höllenlärm schon auf Erden produzieren. Chefs, die Mitarbeiter demütigen. Verkäuferinnen, die Kunden unnötig warten lassen. Die Liste ist endlos: Wie sehr (und wie unnötig!) machen wir einander das Leben schwer!

Ein unheimlicher Virus hat uns befallen, mit Herzlosigkeit ist er nur schwer umschrieben. Walter Scheel sprach als Bundespräsident sogar einmal davon, daß es in unserem Land »ein paar Grad kälter geworden sei« – er meinte nicht das Wetter. Er meinte unsere seelische Verfassung!

Was aber nützt uns aller Wohlstand, was hilft die glitzernde Kulisse, wenn das Spiel des Lebens nicht mehr ganz so viel Spaß macht wie noch vor zehn, zwanzig Jahren?

Was wir dringend brauchen, zumindest, ist ein bißchen mehr Herzlichkeit – und Freundlichkeit. Denn das ist doch die traurige Wahrheit: Es gibt zu viele Menschen, für die die Hilfe eines Fremden im Notfall, der Witz eines Taxifahrers, das aufmunternde Wort eines Kollegen auf dem Korridor das einzige ist, was für sie am Ende eines langen Tages im Kontobuch des Lebens übrigbleibt! Wenig genug ...

Darf man einmal träumen? Darf man sich für einen Augenblick vorstellen, wie ein deutscher Alltag aussähe, wenn wir alle nur noch freundlich miteinander umgingen? Ja, wie würden wir dann plötzlich alle dastehen: verwandelt, verzaubert, beglückt!

Und das Stück, das wir auf der Bühne des Lebens spielen, wäre gar nicht wiederzuerkennen.

Der Mensch in der komfortablen Isolation

Nun ist die unerbittliche Frage nach dem Leben im Hochhaus plötzlich wieder da – kaum daß ein vergessener Toter in einem Wohnsilo bei Köln entdeckt worden ist. Das Fernsehen rückte an, die Bewohner wurden befragt, die Aussagen waren erschütternd. Der Haß auf das Leben in einem solchen Haus klang ganz unverhohlen – und ein Schamgefühl war zu erkennen, daß inmitten der vielen Wohnungen eine solche Tragödie unbemerkt bleiben konnte.

Die Klagen hatten alle eine düstere Melodie: Hier lebt jeder für sich, hier ist man total einsam, hier ist das Leben künstlich, hier gibt es kein Mitgefühl füreinander – kurzum: der Mensch in einer komfortablen Isolation.

Eine Frau, verhärmt und von Einsamkeit gezeichnet, klagte einem Reporter, sie würde nicht einmal den Nachbarn auf ihrem Flur kennen, ihn nie sehen, seinen Namen nicht wissen.

Nun bestätigen diese Antworten nur das Ergebnis wissenschaftlicher Untersuchungen. Der Befund ist dramatisch: Hochhäuser, so sagen Ärzte, lassen den Bewegungsdrang der Kinder verkümmern, Hochhäuser machen Kranke noch kränker. Die langen Korridore in den ungeliebten Riesen provozieren Alpträume, Angst, Einsamkeit.

Ich glaube, es ist für die Bewohner von Hochhäusern sehr schwer, ein gutes Lebensgefühl zu haben, wenn sie pausenlos Anklagen dieser Art lesen müssen. Und vieles ist ja auch wissenschaftlich gar nicht meßbar! »Ich fühle mich hier als Nummer«, klagt eine Angestellte, »und der

Gedanke, daß vielleicht dreißig Leute über und unter mir just in dem Augenblick, da ich mir die Hände wasche, dasselbe tun, ist schrecklich.«

Die Wohnung nicht als Ausdruck der Persönlichkeit – die Wohnung nur als Apparat, als Wohnmaschine.

Und doch fragt man sich: Sind wirklich nur Beton und Glas schuld an der Misere? Ist es nicht geradezu widersinnig, daß die Menschen sich ausgerechnet dort so fern sind, wo sie doch so nahe beieinander wohnen wie nirgends sonst? So schwierig kann es doch nicht sein, nebenan zu klingeln, einen Besuch zu machen – wenn man nur will.

Ich habe den Verdacht, daß sich in den Hochhäusern etwas ganz anderes spiegelt: die Kühle, um nicht zu sagen: die unerbittliche Teilnahmslosigkeit des Menschen unserer Zeit. Mit anderen Worten: Wir haben es mit einer seelischen Krankheit zu tun.

Diese seelische Krankheit grassiert nun schon seit Jahren. Sie entstand mit dem »neuen Lebensgefühl«, das uns vor allem politische Heilsverkünder in den letzten Jahren eingegeben haben. Angeblich als Medizin – aber diese Medizin ist in Wahrheit Gift! Es ist die falsch verstandene Freiheit! Es ist nicht die »Freiheit für etwas«, die fragt, wozu sie von Nutzen ist – es ist vielmehr die »Freiheit von etwas«, also Loslösung aus Bindungen, Verpflichtungen.

Heute schreibt man nicht nur das Wort »Ich« groß, man schreibt jeden einzelnen Buchstaben dieses Wortes in Versalien. Und so kommt es dann, wie es kommen muß: Das ICH irrt durch die endlosen klimatisierten Korridore der Wohnsilos und stößt überall auf verschlossene Türen. Und an jeder dieser Türen könnte man sich ein Schild vorstellen, auf dem steht: Hier verwirklicht sich auch gerade wieder jemand selbst . . .

Attentate – jetzt auch live

Nun gab es sie wieder, diese Bilder von Menschen, die sich am Boden krümmen, von Ambulanzen, von Schreienden und Betenden, von dem amerikanischen Präsidenten, den Leibwächter in den Wagen drücken, damit er aus dem Schußfeld kommt.

Während wir in Europa die Nachricht vom Attentat hörten, ehe die Filme kamen, wurden die Menschen in Amerika von der grauenhaften Bildsequenz unvorbereitet überfallen: live, wie es etwas makaber in der Nähe des Todes heißt – und auch noch mit einem technischen Trick in ihrer Wirkung verstärkt: Attentate gibt es jetzt auch in Zeitlupe! Da jeder öffentliche Schritt des mächtigsten Mannes der westlichen Welt per Kamera festgehalten wird, bleibt dem modernen Menschen, dem Medienmenschen, die unbarmherzige Zeugenschaft des Wahnsinns in allen Einzelheiten nicht erspart.

Und die Frage drängt sich auf: Geht das alles eigentlich so spurlos an uns vorüber, wie wir meinen, denken, glauben, hoffen?

Es gibt ja nicht nur diese Attentatsbilder, die ein Filmregisseur nicht besser hätte hinkriegen können – es gibt ja, Tag für Tag und rund um die Uhr, diese Zeugnisse von Kriegen, von Entführungen, von Hausbesetzungen. Und wir spüren immer aufs neue: Die Erde ist krank, unsere Welt lebt im Fieber.

Gut, da ist die Natur! Wer auf einem Berg steht, ist inmitten der Einsamkeit Gott näher. Wer am Meer entlangläuft, mag das Leid vergessen, das der Mensch dem Menschen zufügt. Wer in eine Kathedrale trifft, mag Trost finden. Wer mit seinen Kindern spielt, mag in ihrer Freude ein Stück Zukunft sehen.

Aber wenn dann wieder Alltag ist – »Normalität« –, fürchten wir, von der Flut der Gewalt doch irgendwann selbst eingeholt zu werden. Wenn die Zukunft der Welt davon abhängt, ob eine Kugel 25 Millimeter zu hoch oder zu tief trifft, dann ahnen wir plötzlich die Zerbrechlichkeit unserer Existenz.

Das Gefühl, daß das Leben immer wieder triumphiert, ist in Millionen Menschen – in diesem Pendelschlag kommen wir nicht zur Ruhe, fragen nach dem Leben und dem Sterben, stellen die Frage nach dem Sinn heute drängender, ehrlicher als zuvor.

Leben in dieser Zeit: Die Flüsse, die bei unseren Großeltern noch kristallklar von den Bergen kamen, sind trübe geworden. Die Lüfte, in denen früher der Frühling sein blaues Band flattern ließ, sind verschmutzt. Aber was wir bei dem ganzen Reden um Umweltverschmutzung oft vergessen, ist eine andere Art von Verschmutzung, die ich die »Innenverschmutzung« nennen möchte: der dauernde Versuch der Vergiftung unserer Seelen mit Ideologie; das Niederreißen aller Werte, die sich bewährt haben; die Endlos-Diskussionen über Tugenden, die nicht mehr »zeitgemäß« zu sein scheinen. Und das Zurückweichen vor der Gewalt.

Wenn die Tochter des amerikanischen Präsidenten nach den Schüssen mit Tränen in den Augen die Welt per Fernsehen beschwört, sie möge doch nun endlich gegen jede Form von Gewalt Front machen, dann wissen wir, daß sie recht hat – aber nützt es was?

Und so werden wir Menschenkinder weiterleben: im Spannungsfeld zwischen dem Terror – zu dem ich schon ein quergeparktes Auto auf einem Bürgersteig rechne, das die Fußgänger zum Ausweichen auf die Straße und damit in die Gefahr zwingt – und dem Spaziergang, hoffentlich bei Sonne, hoffentlich mit einem Menschen an der Seite, den wir lieben.

Und da ja die Gedanken bekanntlich frei sind, können wir uns wenigstens ausmalen, wie unser Leben sein könnte und manchmal ja auch wirklich ist: schön und frei und sinnvoll und großartig.

Wohin man auch kommt, mit wem man auch spricht, in welche Gesichter man auch immer schauen mag: Viel Fröhlichkeit, Glückseligkeit gar – oder auch nur Zufriedenheit ist leider nur selten zu entdecken. Es ist, als ob wir eine Begabung verloren haben, die wir vor zehn, zwanzig Jahren besser beherrschten: uns ganz einfach des Lebens zu freuen.

Die neuen Befunde sind dramatisch. Schon die Jugend leidet unter Zukunftsangst. Jeder vierte Student gehört eigentlich auf die Couch eines Psychiaters. Einige Verlorene fliehen nach Indien – vielleicht kommen die Gurus bald zu uns, wenn sie erst einmal das große Geschäft bei den Zivilisationsmüden wittern. Dann werden sie im nächsten Kaufhaus stehen: Seelenheil im Supermarkt.

Es gibt Bücher über Meditation und Selbstversenkung so viel wie nie zuvor. Die Kurse sind ausgebucht. Versprochen wird eine »neue Sensibilität«, was immer das sein mag. Die große Entdeckungsreise hat nur ein Ziel: ICH. Und da bei dieser Reise kein Veranstalter die Haftung übernehmen kann, werden manche enttäuscht sein, wenn sie schließlich nur bei sich selbst ankommen.

Allüberall die typischen Erscheinungen der neuen Aggressivität, die keine anderen Götter kennt als nur das eigene Ich: geschiedene Ehen, Kinderlosigkeit. In keinem anderen westlichen Land gibt man sich so radikal: Innerhalb von zehn Jahren haben wir die Zahl der Geburten halbiert. Auch ein Babylächeln vermag viele Frauen nicht mehr zu faszinieren, wenn sie erst einmal auf den großen Selbstverwirklichungstrip gegangen sind.

Die größte Angst aber gilt der Krankheit. Dann würde man auf andere angewiesen sein, und so groß ist unser Zutrauen nicht mehr zu den Menschen, daß wir uns da allzuviel erhoffen. Schon sind es fünfzig Prozent der Bevölkerung, die beim Wort Krankenhaus nur an eines denken: an Angst. Es herrscht Kälte und Anonymität, obwohl es doch mehr Ärzte und mehr Schwestern als noch vor Jahren gibt. Das böse Wort vom »seelenlosen Krankenhaus« geistert herum.

Aber in Wahrheit ist nicht das Krankenhaus seelenlos – und die Schule und das Büro und die Fabrik sind es auch nicht, sondern die Frage ist, ob nicht wir Menschen seelenloser geworden sind. »Früher war alles viel herzlicher.« Wie oft hörte ich diesen Satz, als ich jetzt ein Dutzend Menschen bei einem Privattest nach ihrem Glücksgefühl befragte.

Und über allem liegt wie ein grauer Himmel die Frage nach dem Sinn unseres Lebens. Wir fragen öfter und vor allem hartnäckiger als früher. Wir sind wieder Suchende geworden, nachdem wir früher glaubten, viele Antworten schon gefunden zu haben: Indem wir einfach das Leben mit Arbeit und Aufbau ausfüllten. Das reicht plötzlich nicht mehr.

Aber vielleicht läuft die Geschichte andersrum, wie ein berühmter Psychiater vermutet. Daß nicht wir nach dem Sinn des Lebens fragen sollten, sondern daß das Leben uns fragt und herausfordert – und wir die Antwort geben müssen. »Der Sinn des Lebens ist das Leben selbst«, damit sei doch alles gesagt. Hat er recht? Was meinen Sie?

Nun läuft der Film rückwärts, die Verheißungen klingen anders als noch vor Jahren. Versprach man damals Rummel und Kontakte, den großen Freizeit-Spaß, zeigte man den Strand, vollgepackt mit braungebrannten Menschen, so lauten die Signale der Werbung heute: Ruhe, Einsamkeit, Bauernhof, urwüchsiges Ferienleben, Spaziergang am Nordseestrand im Regenmantel, kein anderer Mensch ringsum, nur Meer und Möwen und Muscheln in meiner Hand. Und auch die Jet-Ziele in der Ferne werden leise angepriesen: Ein junges Paar unter dem Sonnenhimmel des Südens, und das Versprechen der Ferienmanager klingt wie aus dem Bilderbuch der Romantik: »Zu sich selbst finden in Griechenland.«

Zu sich selbst finden – wir stutzen, wir fragen uns, ob diese Botschaft »ankommt«, aber wir dürfen sicher sein: Die Sache ist vorher in Meinungsumfragen geprüft. Der Mensch, der so viel in den letzten Jahren entdeckte, macht sich nun auf, sich selber zu entdecken – die größte Überraschung hat er sich noch aufgespart. Obwohl wir, wie keine Generation zuvor, so viel Erlebnisse in unser Leben hineingepackt haben oder hinnehmen mußten, ist das unheimliche Gefühl in uns verborgen, daß wir möglicherweise doch am Leben vorbeileben, daß es da noch etwas Unentdecktes gibt und daß das Wichtigste nicht von außen an uns herantritt.

Und wie immer in solchen Zeiten des Suchens, der Hilflosigkeit, nahen sogleich die »Retter« – Maharishi Mahesh Yogi beispielsweise, »großer Geist und Seher«, indischer Philosoph, der uns verspricht, mit einigen Minuten »Verinnerlichung« eine tiefere Entspannung zu finden, als es mehrere Stunden westlichen Zivilisationsschlafes je schaffen können. In fünfzig deutschen Städten horchen schon zumeist junge Menschen auf die Prediger eines »neuen Bewußtseins«. Glückseligkeit – zu kaufen für eine Kursusgebühr rund um dreihundert Markstücke. Früchte, Blumen und ein weißes Taschentuch – Symbole für »Leben, Samen des Lebens und Reinheit des Geistes«, sind mitzubringen. Vier Millionen Europäer sollen den Rückzug in ihr Innenleben angetreten haben, kopfstehend, im Schneidersitz beim Hatha-, Raja- oder Kundalini-Yoga. In neun amerikanischen Universitäten steht Transzendentale Meditation (TM) schon auf den Lehrplänen. Und die Bücher für seelische Heimarbeiter sind Bestseller – Yogakurse stehen auch hierzulande ganz oben in den Bücherlisten.

Nun sind dieses alles Anzeichen einer Glaubenskrise ohne Beispiel. In einer Zeit, die so viel von der politischen Mitte redet, ist der Mensch selbst aus seiner eigenen Mitte herausgegangen – oder herausgelockt worden. Die Wegweiser sind grell, die Texte dreist. In Hamburg beispielsweise wurde ein Kino eröffnet, das Filme zeigt, härter als der läppische »Schulmädchenreport« – dieses kleine Einmaleins wird nun abgelöst durch das große Sexmalsex. Und in Inseraten jubelt man: Hier werden Filme gezeigt, die gestern (!) noch nicht möglich waren, denn von allen Reformen, die uns Bonn in die Wahlwiege legte, ist wenigstens die eine, die Porno-Reform, richtig schön ausgewachsen.

Und um »im Milieu« zu bleiben: Ein paar Straßen weiter schreit das Plakat: »Wer bist du?«, und der Werbetext verkündet: »Die Antwort wird dich erschrecken«, denn dieser Film sei noch brutaler als der »Exorzist«, und der

Verleih übernimmt »keine Verantwortung für die Gesundheit labiler Besucher«. Die Theaterleitung wird vermutlich ein paar Raumpflegerinnen mehr bereitstellen, sollte einigen Zuschauern schlecht werden – es wäre kein Wunder, darauf ist der neue Satansfilm ja angelegt!

Das grausame Spiel geht nach dem Motto: Wir werden ein Stück deiner Seele zerstören, aber bitte beschwere dich nicht, wir haben es dir ja zuvor lauthals gesagt. Welch ein weiter Weg von dem finsteren Bahnhofskino bis zu dem verträumten Paar unter dem hohen Sonnenhimmel, das zu sich selbst finden will! Und irgendwo auf diesem langen Weg sind auch wir – und suchen weiter.

Siege für die Seele

Wir sitzen und sitzen und sitzen, wir starren auf den Fernseher Richtung Süden, und plötzlich überfällt uns dieses Gefühl, das sich immer einstellt, wenn »einer von uns« an die Grenzen menschlichen Könnens vorstößt – mag dies auf dem Mond, mag dies am Steilhang bei Olympischen Spielen sein. Es ist dieses hochexplosive Gemisch von Bewunderung, Staunen, eigener Ohnmacht, Selbstbescheidung, mit dem unsere eigene Seele in Bewegung gerät – wir glauben selbst für Augenblicke auf Wolken der Begeisterung zu gehen. Rosi Mittermaier holte sich zweimal Gold, einmal Silber – aber uns brachte sie ein paar Gedanken.

Der erste Gedanke: daß es sich vielleicht doch lohnen könnte, den Weg »nach oben« zu suchen, und sei es auch nur beim Abfahrtslauf. In einer Zeit, die über Leistungsdruck jammert, in der das Wort Streß zum Jahrhundertwort geworden ist, in der uns Heilsverkünder das ausdrückliche Nicht-Engagement predigen – in einer solchen Zeit jagte sie mühsam von Sieg zu Sieg. Denn das darf man doch vermuten: daß jene Frau, die gewonnen hat, noch glücklicher ist als wir Zuschauer.

Der zweite Gedanke: Inmitten aller windschlüpfrigen Technik, aller knallharten Geschäftigkeit ist es eben doch nicht wahr, daß ein Mädchen sich selbst aufgeben und gar maskulin zu werden droht, um zur Weltelite vorzudringen. Wenn alle Mädchen heute so weiblich, so fröhlich, so herrlich liebenswürdig aussehen wie sie! Vielleicht muß man auf einer Winklmoosalm zu Hause sein, um die Gefährdung zu überstehen – gleichviel: Man sieht – es geht!

Der dritte Gedanke: Unermüdlich suchen wir Menschen nach neuen Göttern. Wir nehmen sie her, wo wir sie kriegen können: auf der Bobbahn, auf dem Eis, am Skihang. Wer gestern noch nichts wußte von Slalom und Axamer Lizum, von Kondition und Hundertstelsekunde, wen das alles überhaupt nicht interessierte, wurde gleichwohl urplötzlich mitgerissen, wollte auch neben dem zweiten noch das dritte Gold sehen; der »weiße Rausch« erfaßte die Menschen sogar noch im nebligen Hamburg, tausend Kilometer nördlich. Denn in Wahrheit geht es gar nicht nur um den Sport und um Rosi Mittermaier, es geht um uns selbst.

Wir wollen mit unheimlicher Unersättlichkeit wenigstens von Zeit zu Zeit das Erlebnis eines Siegesrausches, und sei es auch nur die Kopie, nacherlebt, wenigstens per Fernsehen und Zeitung aus »zweiter Hand«, nichts Eigenes also – wir sind nur Spiegel, aber unsere Seelen werden doch berührt. Wie ist das möglich – und warum ist das bei Rosi Mittermaier so gelungen?

Vielleicht hat es damit zu tun, daß dieser Dreifach-Sieg so mühsam erkämpft wurde. Daß Vater und Mutter an der Strecke standen, bangend, skeptisch, jubelnd, erschüttert – diese Bilder bleiben unvergessen: Wer wünscht sich nicht, so umgeben zu sein von elterlicher Liebe?

Und dann das Wichtigste: Der moderne Mensch, der Rolltreppenmensch, der sich selbst immer weniger abverlangt, der wehleidig geworden ist, der Natur entwöhnt, in Ballungszentren zu Hause, steht plötzlich vor einem Naturwunder, das aus der Natur Kraft holt. Und plötzlich ist da ein Stück Sehnsucht nach freiem Leben, Pulverschnee, Sonne – und vielleicht auch nach einem eigenen kleinen Rekord, wenn es schon der große nicht sein kann.

Wieviel Angst gibt es an einem Tag?

Jeder Tag, der uns schon nach wenigen Stunden verläßt, ist zugleich ein Tag, den wir nie wieder erleben können. Macht uns der Gedanke daran eigentlich angst? Wieviel Angst gibt es überhaupt an einem solchen Tag?

Vielleicht finden wir beim Aufräumen zufällig alte Fotos, die uns inmitten irgendeiner fröhlichen Runde zeigen, wir halten inne, zählen plötzlich nach, wie viele von denen schon nicht mehr leben, die dort abgebildet sind – und Angst ist da, eine unbestimmbare, aber gleichwohl wahrnehmbare Angst.

Vielleicht haben wir morgens eine Predigt gehört, im Gottesdienst, im Rundfunk, und wir fragen uns, wie unser eigener Glaube an Gott eigentlich beschaffen ist, ob er stark genug ist, also nicht nur ein Oberflächenglaube – und wir haben Angst um diesen unseren Glauben empfunden.

Vielleicht gab es den Anruf eines Freundes, der schwer krank geworden ist, und die Zerbrechlichkeit unseres irdischen Lebens wird uns bewußt.

Dies nun sind Ängste, die privater Natur sind. Ebenso wichtig aber sind die »öffentlichen Ängste«, die beispielsweise, wenn wir vor dem Fernseher Platz nehmen, in Nachrichtensendungen und Reportagen auf uns niederfahren. Wenn wir sozusagen die Gesamtängste dieser Welt auf dem Bildschirm miterleben.

Was geschieht eigentlich in unserer Seele, wenn wir die Bedrohten und Betrogenen, die Schikanierten und die Sterbenden sehen? Geht wirklich alles spurlos an uns vorüber?

Da wird ein Flugzeug entführt – wir hätten doch in der Maschine sitzen können. Da ist ein Attentat in einer Bank – wir hätten am Schalter stehen können. Da gibt es eine Demonstration mit Verletzten – wir hätten zufällig hineingeraten können.

Aus den entferntesten Teilen der Erde dringen die Botschaften des Schreckens zu uns. Das ist der Preis für die totale Information: daß wir Ängste anhäufen wie keine Generation zuvor – keine Frage, daß unsere Fähigkeit, mitzuleiden, Schaden nimmt.

Wenn die Welt, in die uns der Herrgott gestellt hat, so trostlos beschaffen wäre, wie sie abends um 19 Uhr bei »heute« oder um 20 Uhr bei der »Tagesschau« aussieht, dann müßte man Tag für Tag verzweifeln.

Diese ausgewählten trostlosen Bilder verstärken das apokalyptische Gefühl, sie machen die Sinnfindung des Lebens schwerer. Aber der Verdacht ist begründet, daß das Fernsehen in weiten Teilen kein Spiegel, daß es vielmehr ein Zerrspiegel ist.

Denn es dreht sich nicht nur um die aktuelle Berichterstattung aus der realen Welt, wie sie nun mal leider ist. Auch bei Fernsehfilmen und -spielen gibt es, wie eine Untersuchung aus Amerika zeigt, eine erschreckende Entwicklung: 64 Prozent aller Hauptdarsteller bei Fernsehfilmen haben mit Gewalt zu tun – als Täter oder Opfer. Im amerikanischen Alltag dagegen kommen beispielsweise auf hundert Einwohner nur 0,32 Prozent Gewalttätigkeiten. Welch eine Kluft zwischen Schein und Wirklichkeit! 64 Prozent zu 0,32 Prozent!

Die Folge: Vielseher sind ängstlicher – und auch aggressiver – als Wenigseher. Man sieht: Es ist eine Kunst, mit dem Fernsehen klug umzugehen.

Absprung ins Leben

Die Geschichte kommt aus dem Bilderbuch des Lebens. Man weiß nicht, wie die Überschrift des Kapitels lauten könnte. »Der Chef ist müde.« – »Jetzt läuft der Hase andersrum.« – »Die Krankheit unserer Zeit.« – Vielleicht paßt alles, wir werden sehen.

Da gibt es einen Unternehmer, der Schlagzeilen machte, weil er seinen sechzig Mitarbeitern die Firma schenkte. Er selber wollte, fünfundvierzig Jahre alt geworden, endlich einmal Ferien machen. Er hatte Nachholbedarf: Nur drei Wochen in zehn Jahren, das geht in die Knochen. Zumal er bis zu fünfzehn Stunden täglich gearbeitet hat. Er war der Chef, gewiß. Die Firma (und er) machte Gewinn, in Ordnung. Aber in dem Wettlauf zwischen Chefsein und Lebensgefühl siegte plötzlich das Lebensgefühl.

Was geht in der Seele eines Mannes vor, der seine fünfunddreißig Maschinen, seine Werkshallen, seine »Macht« verschenkt? Was geht überhaupt bei jenen Männern vor, die nur die berühmte Flasche Bier holen wollen und dann nicht wiederkommen, die den harten Schnitt Scheidung wagen, die Abschied von den Kindern nehmen – was treibt all diese Männer so umeinander?

Es ist, sagen wir so ohne Umschweife, eine seltsame Angst, die mit keiner anderen vergleichbar ist, schon gar nicht mit irgendeiner Furcht vor Krankheit, Hinfälligkeit, Resignation. Es ist dieses lähmende Gefühl, daß gegen die Zeit, die nun immer kostbarer wird, so vieles anbrandet, was sie zu überspülen droht; viel Nichtsnutziges darunter, Zeitraubendes, vieles, was anderen Menschen möglicherweise hilft, nicht aber der eigenen Seele.

Da hat ein Mann eine Fabrik hingesetzt – aber für Rilke oder Mozart reichte die Kraft nicht mehr aus. Da hat ein Mann den Zweitwagen finanziert, die letzte Hypothek bezahlt, aber für seinen Kindertraum, die Afrika-Safari, langt nur das Geld, nie die Zeit. Auch wer Schopenhauer nicht gelesen hat, bekommt so um die Fünfzig ein Gefühl dafür, was der Philosoph meint, als er schrieb: »Die Heiterkeit und der Lebensmut unserer Jugend beruht zum Teil darauf, daß wir, bergauf gehend, den Tod nicht sehen, weil er am Fuße der anderen Seite des Berges liegt. Vom Standpunkt der Jugend aus gesehen, ist das Leben eine unendlich lange Zukunft, vom Standpunkt des Alters aus eine sehr kurze Vergangenheit.«

Und so geschieht es, daß ein Mann plötzlich entdeckt: Nun gehen die Uhren schneller, nun zählt nur noch Wesentliches und Wichtiges, und dies sind möglicherweise gar nicht die Maschinen, die Akten, die Konferenzen, die Beschlüsse – und er ändert, ein letztes Aufbäumen vor der Routine, seinen Kurs. Und alle Welt sagt:

Was ist denn in den Mann gefahren, der die Firma verschenkt, die alten Kreise verläßt, die Verwandten nicht mehr für wichtig hält? Und alle Welt müßte wissen: Hier ist ein Stück grenzenloser Einsamkeit des Menschen sichtbar geworden. Und sei es nur, daß der Mann, der angeblich müde geworden ist, nun plötzlich eine Entdeckung gemacht hat: daß an ihn eigentlich niemand denkt, daß alle rundum nur erwarten, der Chef wird es schon richten. Kein Wunder in dieser Zeit, in der Egoismus und Neid – ein teuflisches Paar! – ideologisch hoffähig geworden sind.

Warum gibt es heute so wenig Tränen der Freude?

Da stand sie auf der Bühne, die Premiere des »Menschenfeindes« war vorüber, der Beifall prasselte minutenlang – sie verneigte sich, sie dankte, sie hatte eine ganz große Rolle gespielt. Nun wich die Anspannung, die harten Proben waren vergessen, nur dieser Beifall war da –, und da schossen ihr plötzlich Freudentränen in die Augen.

Am nächsten Tag jubelte die Presse über die junge Schauspielerin Johanna Liebeneiner, über Rudolf Noeltes Molière-Inszenierung, über dieses »Meisterwerk der theatralischen Kunst«.

Als ich das Hamburger Schauspielhaus verließ, mußte ich nicht nur an meine Begegnung mit dem Menschenfeind Alceste denken – gespielt von Will Quadflieg –, der mit seinem Ehrlichkeitsfanatismus nicht begreifen will, daß der Mensch mangelhaft ist, unvollkommen, daß ein Zusammenleben nur möglich ist mit Toleranz und Vergeben.

Ich mußte vor allem an die Freudentränen denken. In unserer Welt voller Tränen sind sie so rar geworden! Warum sieht man Freudentränen heute so selten? Weil all die Dinge, die sie erst möglich machen, systematisch zerstört werden. Wer ist denn noch bereit, sich an eine Sache zu verschwenden? Wer gibt noch etwas von sich her, ohne nicht vorher um Mark und Pfennig hart zu verhandeln? Da gab es ja nicht nur die trostlosen Geschichten von den Lehrlingen, die schon bei der Einstellung nach der Altersversorgung fragen. Da zählt ja nicht nur der Stundenzeiger, wenn es um Arbeit geht – oft zählt schon der Minuten-, ja, der Sekundenzeiger! Da ist man dabei, selbst über jene Berufe, die wirklich etwas mit Berufung zu tun haben, den Grauschleier der Gleichmacherei zu legen: Bei den Ärzten beispielsweise, die viele Funktionäre am liebsten zu Funktionären »umfunktionieren« würden – die schlimmen Sachen haben heute ihre eigene schlimme Sache. Das alles geschieht durch ermüdende Diskussionen um »Selbstverwirklichung«, Emanzipation, Sozialisation.

Und dann ist da – inmitten dieser trostlosen Landschaft – plötzlich ein so leuchtender Abend: Einige begeisterte Menschen stehen auf der Bühne, sie haben wochenlang hart gearbeitet, nicht nach der Uhr geschaut, jeden Schritt, jede Geste geprobt, sie haben zusammen mit einem genialen Regisseur ein Kunstwerk in einen neuen Rang erhoben – und im Parkett sitzen ein paar hundert Menschen und sind ganz einfach angerührt.

Und das Wunderbare geschieht: Die Menschen danken. Ja, wirklich: Sie danken! Das gibt es noch: nicht nur durch den Kauf der Eintrittskarte, sondern auch durch Beifall, viel Beifall! Sollte ich das Gefühl beschreiben, das sich in diesen Sekunden einstellt, ich müßte das altmodische Wort »beglückend« nennen. Und dieses Gefühl wirkt über den Tag hinaus.

Wenn Frau Liebeneiner ihre Rolle einfach nur »heruntergespielt« hätte, so wie wir in unserem Alltag auch Wichtiges manchmal nur abfertigen, ohne Begeisterung, ohne Engagement »über Gebühr« – sie hätte sicher (noch!) ihre Gage bekommen. Aber die Sache mit den Freudentränen, diese herrliche Sache, wäre nicht passiert! Und auch wir Zuschauer wären gegangen mit dem lähmenden Gefühl, das heute leider so häufig anzutreffen ist: »Nun ja, was soll's.«

Zwei Henrys, zwei Welten und das Glück unseres Lebens

Natürlich haben wir immer wieder das Gefühl, in unser Leben nicht genug hineinzupacken, das Spiel nicht auszureizen, das Glück des Lebens dahinlaufen zu lassen: Natürlich gibt es diese Augenblicke des Zweifels, daß uns die Stunden wegbrechen wie Sand an einer Steilküste, und allzu selten gibt es dann einen Trost.

Wir sahen: Henry Kissinger in Sachen Afrika handeln, verhandelnd. Wir sahen ihn, zwei Tagesschauen weiter, in London, in Paris, in Hamburg. Die Kamera ist nicht so schnell wie der Meister selber. Und während wir uns durch den zähen Feierabendverkehr nach Hause drängten, war er, der Magier im Umgang mit der Zeit, schon auf dem Wege nach Washington.

Und wir fragten uns unwillkürlich: Ist das ein Leben? Genauer: Wäre so ein Leben, hätte man es uns zugedacht, ein erstrebenswertes Leben? Wahrscheinlich würden wir nein sagen, aber mit einem kleinen eingebauten, etwas versteckten Ja. Denn irgendwie meldet sich ja dieses Gefühl: Was kann man nicht alles in so kurzer Zeit sehen, hören, erleben! Denn immer wieder werden sie uns vorgeführt, die Mächtigen, die vor allem eins sind: allgegenwärtig. Sie pressen in ihren Tag hinein, was nur hineingeht. Schon gab es den Tod auf der Überholspur, Streß kennt keine Gnade. Und doch: Sie sind ja alle freiwillig dabei. Sie haben das Leben pur, unverdünnt. Ob das ein köstlicher Stoff ist, den die Ruhelosen da zu sich nehmen: der Beifall, die Macht, der Griff nach der Macht, das Gefühl, sein eigenes Gesicht in allen Zeitungen zu sehen? Ich weiß es nicht.

Während ich diese Fragen hin und her wende, spielt mir der Zufall ein paar Sätze in die Hand, die von einem Mann geschrieben worden sind, der ebenfalls ein Ruheloser war: von Henry Miller. Mit seinen Büchern »Wendekreis des Krebses« und »Sexus« erlangte er Weltruhm. Der 85jährige, nunmehr abgeklärt, hat Trostreiches für uns bereit, die wir nicht so schnell wie Henry, der Politiker, nicht so berühmt wie Henry, der Dichter, sind. Er gibt zwar zu, auch nicht zu wissen, was dies eigentlich für eine Welt ist, welche Kräfte dieses Universum vorantreiben, aber er plädiert dennoch – oder gerade deshalb – für eine entspannte Betrachtung: Wir sollten endlich die Tatsachen erkennen, daß der Sinn des Lebens erst deutlich wird, »wenn wir die Planlosigkeit der Schöpfung entdekken«. Und so empfiehlt er, »die Dinge in Ruhe zu lassen. Es gehört für einen schöpferischen Menschen zum Schwersten, sich jeder Bemühung zu enthalten, die Welt nach seinem eigenen Geschmack umzukrempeln.«

Nun liegen zwischen Kissinger, dem Eiligen, und Miller, dem Weisen, ganze drei Jahrzehnte Leben.

Aber was besagt das alles für uns, die wir sehen, wie die einen von Begegnung zu Begegnung, von Entscheidung zu Entscheidung jagen, während wir in derselben Zeit so harmlose Dinge bewegen wie ein Auto durch den quälenden Feierabendverkehr? Vielleicht dies: daß wir uns die Götter, denen wir nacheifern, aussuchen können. Hier lassen sich die Möglichkeiten beide mit Henry umschreiben!

Die Sonntags-Neurose: Testen Sie diesen Tag!

Wenn wir von Schlagzeilen aufgeschreckt wurden, die sogar den Sonntag mit Krankheiten in Verbindung bringen, wenn das Wort von der »Sonntags-Neurose« jetzt plötzlich wie eine drohende Wand dasteht, dann könnten wir einfach sagen: Das ist eben auch wieder so ein Modewort.

Aber natürlich wollen wir uns dem Phänomen, um das es hier geht, nicht so leichtsinnig nähern. Es muß wohl etwas dran sein, wenn Ärzte beobachten, daß Niedergeschlagenheit, Unlustgefühle und Müdigkeit zunehmend diesen Tag verdunkeln. Wenn sie beobachten, daß der Montag, und damit der Beginn der Arbeitswoche, viel zu vielen Menschen – die Rede ist von zwanzig Millionen Deutschen! – wie ein böses Ungeheuer erscheint, so Dr. Paul Lüth in einem Ärzteblatt. Seine Diagnose: Die Gefühlskurve fällt sonntags steil ab! In der Familie, in den Ehen gibt es häufiger Streit, Scheidungen und Selbstmorde werden eingeleitet.

Wir müssen uns also fragen, ob wir noch mit uns selbst etwas anzufangen wissen, wenn wir die Achterbahn des Alltags verlassen, gleichsam in einer Waldschneise landen, nur noch mit uns selbst und unseren Gedanken. Wenn wir uns plötzlich fragen, wann eigentlich unser wahres Leben stattfindet: in unserer Rolle – als Chef, als Angestellter, als Verkäuferin, als Facharbeiter, als Schüler, als Hausfrau, sozusagen auf der Bühne des Lebens mit Beifall und Pfiffen rundum; oder hinterher: in der Kulisse, wo es stiller ist und wo wir den Schlag unseres Herzens besser hören können.

Was aber sagt uns unser Herz? Vielleicht erzählt es uns

nicht irgend etwas, sondern es befragt uns – nach dem Sinn unserer Existenz? Wir sind dauernd unterwegs zwischen Geburt und Tod, eine immer schnellere Reise, wie uns scheint, wenn wir älter werden. Und die Pausen dazwischen sind die Sonntage, und die sollten nicht dem Wichtigen, sondern dem Wesentlichen vorbehalten sein.

WICHTIG ist im Sinne der Philosophen, was wir tun müssen: Geld verdienen, arbeiten, Verpflichtungen nachkommen. WESENTLICH aber ist etwas anderes: das Gespräch mit dem Menschen, den wir lieben – der Frau, dem Mann, den Kindern, den Freunden. »Alles wirkliche Leben ist Begegnung«, sagt Martin Buber, der weise jüdische Theologe, und er meint, daß das Wesen des Menschen nur in der Gemeinschaft mit anderen zum Leuchten kommt. Vielleicht sollten wir uns am Sonntag klarmachen, was wir in der Hetze der Tage vergessen: Daß wir mit der Zeit viel sparsamer umgehen müssen, daß Zeit kostbar ist, daß die Zeit nur etwas Gegenwärtiges ist – ungenutzt streicht sie vorbei, nichts ist nachvollziehbar, die verlorene Stunde ist wirklich verloren. Alles hat »seine Zeit«, und es ist die Gegenwart – also heute! –, die die Liebe fordert.

Sollten wir am Sonntag eine leise oder auch eine laute Traurigkeit in uns spüren, für die es weder Namen noch Adresse gibt, die Ärzte aber mit Sonntags-Neurose umschreiben und die uns mit Macht oder auch in geheimnisvoller Unbestimmtheit überfällt – sollten wir also am Sonntag an dieser Welt zu leiden beginnen, dann ist das ein Signal, auf das wir hören müssen!

Zugespitzt läßt sich fast behaupten: Sage mir, wie du dich am Sonntagabend fühlst, und ich sage dir, wie es um dich in Wahrheit bestellt ist. Mögen Sie diesen Sonntagstest fröhlich bestehen!

Und dann kam der Augenblick, da an die aus dem Iran heimgekehrten amerikanischen Geiseln die verblüffende Frage gestellt wurde, ob sie sich vielleicht als »Helden« fühlen, weil sie 444 Tage in Haft waren. Was würde hier die Antwort sein können? Ehe man noch darüber nachdenken konnte, sagte einer dieser Männer bei einer Pressekonferenz in New York den Satz aller Sätze: Nein, sie seien keine Helden – und wenn es in diesem Drama überhaupt Helden gäbe, dann seien es die Angehörigen, die diese qualvolle Zeit des Wartens von über einem Jahr, das Martyrium der Ungewißheit ertragen mußten.

In dieser Antwort, die spontan mit Beifall bedacht wurde, schwingt etwas von verloren geglaubter Liebe mit. Da bricht etwas hervor, was uns alle berührt; ich meine damit die Liebe, die an den anderen (!) denkt. Es ist dies eine seltene, eine kostbare Liebe. Denn wohin wir auch blicken, ob in Filme, Theaterstücke, in die Literatur, ob in die Gesichter der Menschen – wir entdecken heute wenig DU, aber sehr viel ICH.

Die Zauberformel, die wir erfanden, klingt – von der Sprache her – so trostlos, wie die Sache selbst natürlich auf die Dauer auch ist: Selbstverwirklichung! Sie ist einer jener Psycho-Tricks, mit denen uns die gesellschaftspolitischen Taschenspieler das Glück versprechen. Es ist hier exakt wie mit der vielbeschworenen »Lebensqualität«, die immer weniger wurde. Diese Kostbarkeiten verflüchtigen sich, sobald man sie festhalten will.

Ich kenne Männer, die allein gelassen wurden, weil ihre Frauen plötzlich eine wahre »Selbstverwirklichungswut«

überfiel. Und ich kenne Frauen, die gar nicht soviel Kosmetik kaufen können, um die Spur der Gier zu überdecken – je länger sie das Spiel spielen, das sie so aufregend »anmacht« (für das neue Leben reichte die Sprache von gestern sowieso nicht mehr aus!).

Wer will heute noch etwas von der Weisheit vom heiligen Berg Athos hören, die da lautet: »Wenn wir lieben – selbstlos lieben–, sind wir nur einen Schaufelwurf vom Paradies entfernt?« Das Trauerspiel unserer Zeit ist: daß wir von solchen Weisheiten kaum etwas halten, daß wir selbstloses Lieben viel zu wenig antreffen, daß wir uns in die falschen Paradiese locken ließen. Eine Ich-Generation, die nun über die Gefühlsleere staunt, die sie selbst in sich trägt.

Überall Klagen, überall Wehmut, überall Schwierigkeiten: Im Verhältnis Mann/Frau, Eltern/Kinder, Lehrer/Schüler, Lehrer/Eltern, Arbeiter/Chef – nirgends stimmt es so ganz. Heiterkeit und Freundlichkeit sind wie einzelne Sonnenstrahlen aus einem Wolkenhimmel. »Die Männer sind heute so direkt«, klagte eine Frau, die die Supermarktmentalität in der Liebe beklagt. Liebe als Schnellgericht.

Mit anderen Worten: Es ist eine gefährliche Unverbindlichkeit in unser Leben gekommen. Und nur dort, wo plötzlich das Schicksal wie ein Faustschlag dazwischenfährt, werden Menschen wach, erkennen sie Wesentliches, treten sie hinter ihrem eigenen Leiden zurück, entdecken sie Schmerzen, die die anderen um der Liebe willen ertragen mußten – und sagen es dann auch. Und die Zeitungen in aller Welt berichten davon, mit riesigen Lettern.

Ja, uns wurde die Lektion zum Nachdenken erteilt, ob wir uns auch morgen daran erinnern?

Zeigen Sie doch mehr Gefühl!

Da gibt es die Geschichte eines verkrachten Boxers, der nach dem Scheitern seiner Ehe dem kleinen Sohn zuliebe wieder in den Ring steigt, den Kampf durchsteht, gewinnt – und dann an den Folgen des Schlagabtausches stirbt. Eine Tränendrüsengeschichte also, erzählt in einem Film (»Der Champ«), den schon fast dreißig Millionen Menschen in aller Welt gesehen haben.

Jetzt gibt uns der Regisseur des Films den Schlüssel zum Verständnis dieses gigantischen Erfolges in die Hand. »Wir Menschen«, so sagt Franco Zeffirelli (»Das Leben von Jesus Christus«, »Romeo und Julia«), »leiden unter der übergroßen Sehnsucht nach einem gefühlvollen Leben. Wir haben in den letzten Jahren eine grausame Gehirnwäsche durchgemacht, wir stehen vor zerstörten Idealen. Nun wünschen wir uns endlich ein gefühlvolles Privatleben.«

Die Armut der Gefühle, der »Wärmetod«, wie ihn Konrad Lorenz einmal umschrieb, ist wahrhaftig das geheime, uneingestandene Leiden unserer Zeit. Der Mut zum Gefühl, zum großen Gefühl gar, ist weitgehend verlorengegangen.

Die Liebe? Sie ist durch die Pille berechenbar gemacht worden. Das Kinderkriegen sozusagen als Mathematikaufgabe. Der Brief, die Korrespondenz ist dem Selbstwähldienst der Deutschen Bundespost zum Opfer gefallen. Der Mut zum Bekenntnis schwarz auf weiß ist kleiner geworden. Ein junger Manager wagte es kürzlich, auf einem Seminar vor noch jüngeren Mitarbeitern zu sagen, man müsse eigentlich sogar seine Firma lieben, wenn man in ihr erfolgreich arbeiten wolle – er wurde maliziös ausgelächelt. Moderner ist es, die Dinge »cool« anzugehen, ob es auch glücklicher macht, weiß niemand zu sagen.

Wenn wir das große Gefühl – also Liebe, also Leidenschaft für einen Menschen, für eine Sache – sozusagen im Depot behalten und nur mit dem Kleingeld der Unverbindlichkeit bezahlen, dann dürfen wir uns nicht wundern, wenn dabei nichts Wertvolles zustande kommt. »Wir müssen uns bald mal sehen« – ist gar nichts. »Wir sehen uns morgen« – ist alles.

Ich gehe gerne durch die Straßen und schaue in die Gesichter der Menschen, vor allem der jungen Leute. Sie wirken auf eine seltsame Art kühl, ja kalt. Und wenn sie gar ihr selbstgewähltes Parteiabzeichen tragen, die Atomkraft-nein-danke-Plakette, dann kommt oft noch eine andere Sache zum Vorschein: der Hochmut, den alle Fanatiker in sich tragen. So als wollten sie sagen: Ihr, die ihr arm seid im Geist, ihr kennt das Schreckliche nicht, um das wir alleine Bescheid wissen.

Ja, der Mann vom Film hat schon recht: Wir haben wieder große Sehnsucht nach einem gefühlvollen Leben. Wir müssen nur wissen, daß zu Gefühlen auch Mut gehört. Bekennermut! Laut zu sagen: Ich liebe dich, ich brauche dich, ich bin für dich da, das ist schwer. Da unterschreibt man einen Wechsel auf die Zukunft. Aber das ist schön.

Die kleine Münze der Sympathie ist nur das Wechselgeld für die alltägliche Straßenbahn des Lebens, vielleicht für die Achterbahn.

Aber in den siebten Himmel kommt man damit nicht. Versuchen Sie es mal, ich fordere Sie direkt dazu auf: Zeigen Sie schon heute mehr Gefühl. Und Sie werden sehen: Gefühle kommen zurück.

Und unsere Ehen?

Das war die Stunde des Fernsehens! Das waren die Augenblicke, da man die Bilder hätte anhalten mögen, diese Bilderbuchbilder aus London, diese unwirklichen Zeugnisse einer strahlenden Wirklichkeit. Denn es war ja kein Märchen, auch wenn es so aussah und auch so genannt wurde: Prinzessin Dis und Prinz Charles' Märchenhochheit, Hochzeit des Jahres, des Jahrzehnts gar.

Ach ja, das Fernsehen! So oft gescholten, so umstritten. Und dann gelingt es ihm, mit einer einzigen Direktschaltung nach London, mehr Menschen vor den kleinen Zauberkasten zu bringen, als es alle Politiker, Fußballhelden und Mondmänner je vermochten: über 750 Millionen!

Und es gab, auch wenn es keiner je messen und beweisen kann, eine unsichtbare Verwandlung in den Herzen von Millionen Menschen! Wenigstens für einige Augenblicke, als der Erzbischof von Canterbury über die Ehe sprach, werden sie sich gefragt haben, wie es denn in ihrer Ehe ausschaut, wieviel Zärtlichkeit im Alltag gerettet werden konnte, wie es denn mit ihrer eigenen Fähigkeit bestellt ist, Liebe zu empfangen, vor allem aber Liebe zu geben. Denn am Hochzeitstag, so sagte der Kirchenmann, wird uns spätestens klar, daß Gott uns nicht als Marionetten will, daß jede Ehe der Anfang eines »wirklichen Abenteuers« ist, daß jeder im anderen zu erwecken vermag, was es sonst nie geben würde – wann wurden in unseren Tagen bessere Gedanken über die Ehe je gesprochen?

Die Ehe heute – sie hat leider Fürsprache nötig! In unserer Zeit grenzenlosen Selbstverwirklichungswahns war die Hochzeit in der St.-Pauls-Kathedrale ungewollt auch eine Art Propagandaschau für jenes Glück, das ohne Liebe (zum anderen – nicht zu sich selbst) nicht zu haben ist.

Ein paarmal wurden Prinz Charles und seine Braut in den Texten der Zeremonie daran erinnert, daß die Liebe währen möge bis ans Ende des Lebens – für viele Hier-und-heute-Menschen inzwischen eine schier unzumutbare Vorstellung. Aber wissen wir nicht zumindest insgeheim, daß der Glanz, der über dieser Hochzeit lag wie über jeder anderen, eben auch mit diesem einmaligen himmelstürmenden Gefühl zu tun hat?

Es war eine Live-Übertragung, und damit ist alles gesagt. Denn nach all dem Zynismus, mit dem heute leider so oft über Liebe und Ehe gesprochen wird, waren diese Bilder »eigentlich« nicht von dieser Welt. Und das Wunder unserer Tage ist, daß diese Königskinderbilder in den Archiven nicht unter Schau, Theater, Kino oder Märchen-Inszenierung abgelegt werden.

Was wären wir ohne unsere Frauen?

Wer beruflich viel mit Männern zu tun hat, weiß allemal, daß sie so eitel sind, wie man es den Frauen nachsagt. Da sind die Hickhackordnung, die Rangelei um die Position, das Statusdenken, der Karrieretraum.

Natürlich glauben sie, diese beruflichen Aufsteiger, daß sie fabelhaft sind. Einzelkämpfer. Ellenbogen. Nabelschnur allen Geschehens: sie selber mit ihrem Können.

Als Gerald Ford als neuer Präsident der Vereinigten Staaten vereidigt wurde, hielt er eine Rede – und hatte den Freimut, genau diese Worte der Festversammlung zuzurufen. »Ich bin keinem Mann zu Dank verpflichtet, nur einer Frau – meiner lieben Ehefrau –, wenn ich jetzt dieses schwierige Amt antrete.« Ein Satz nur – aber welch ein Satz!

Diese Dankadresse erinnert an andere bedeutende Männer, die um die Frau an ihrer Seite gut Bescheid wußten. Otto von Bismarck sprach wenige Wochen vor dem Tod seiner Frau Johanna: »Wenn sie einmal abberufen wird, möchte ich auch nicht mehr hierbleiben. Man nennt mich immer fälschlich den ›Einsiedler im Sachsenwald‹. Aber ich bin ein Zweisiedler. Alles, was ich geworden bin, verdanke ich meiner Frau.«

Und Winston Churchill, der Krieger und Sieger, nannte seine erfolgreiche Werbung um Clementine »den glänzendsten Sieg meines Lebens«. Churchill wurde reichlich belohnt: »Ich habe mein Leben damit zugebracht, Winstons Leben auszupolstern.« Der Dank kam öffentlich, als Churchill einmal ausrief: »Ich heiratete – und lebte von da an glücklich bis auf den heutigen Tag.«

Von dem großen Dichter Heinrich Heine wissen wir, daß er seine Frau »Gattin und Göttin« nannte. »Sie ist«, schrieb der kranke Heine, »vielleicht die einzige Ursache, warum ich dieses hundsföttische Leben noch mit Geduld ertrage.«

Wir alltäglichen Männer sollten bei solchen Worten verschämt innehalten. Nachdenken. Die Frau an die Hand nehmen. Ihr – ihr zumindest! – unseren Dank sagen. Und wenn es irgendwo geht, auch einmal ganz laut verkünden: Ich bin nichts ohne sie.

Nicht, weil es so nett klingt, sondern weil es oft die Wahrheit ist. In dieser kühlen Welt, in der niemand mehr seine Gefühle zu zeigen wagt, weil es nicht »modern« ist – hart sein ist modern, nicht wahr? –, kommt ein Präsident daher und zeigt zum Mut noch etwas viel Kostbareres: die Demut.

Verstecken Sie nicht Ihre Gefühle!

Der Schock kam bei irgendeiner dieser Partys, die in den vorweihnachtlichen Tagen mit Betriebsfesten und Adventsfeiern ein Kaleidoskop der flüchtigen Begegnungen bilden. Ich erinnere mich, wie eine junge Frau, von vielen Gästen umringt, die Hände in die Luft hob und – auf den Papst losging! Was denn von seinem mehrtägigen Besuch in unserem Land nun wirklich »hängengeblieben sei«? fragte sie, um dann selbst die Antwort zu geben: »Außer ein paar Fernsehbildern doch nun wirklich nichts.« Ein Papst – nur für die Mattscheibe? Es traute sich niemand in der Runde, ihr zu widersprechen; dabei hatten sie alle den Pilger aus Rom gesehen, hatten sich wenigstens für die Dauer der Übertragung zutiefst anrühren lassen, besonders von jenen Szenen, da sich der Papst den vom Schicksal Geschlagenen tröstend zuwandte.

Wenn ich nun daran denke, daß die Zeitungen gerade wiederholt von alten Menschen berichtet haben, die seit Monaten – in einem Fall im Hamburg sogar seit vier Jahren! – tot und unbemerkt in ihren Wohnungen lagen, dann ahnen auch wir Wohlstandskinder, daß es vielleicht noch auf unserem Gehaltskonto, aber sicher nicht in den Herzen stimmt. Man wünscht sich, daß der Mann aus Rom durch unsere Hochhäuser geht, in denen die Eiseskälte der Anonymität eingezogen zu sein scheint.

Mich hat dieses kleine Party-Erlebnis zu der Frage geführt: Wo sind wir modernen Menschen heute überhaupt noch seelisch zu packen? Wann erheben sich unsere Gefühle? Wann erleben wir beglückend, daß wir mehr sind als nur Kollegen, Käufer oder Konsumenten?

Das Gegenteil ist vielmehr richtig: Wir sind Meister in der sekundenschnellen Begegnung geworden, Künstler im Umgang mit Kurzgefühlen – sogar die Weihnachtsstimmung hält heute nicht einmal mehr für die Brenndauer einer Kerze.

Allüberall wird die armseligmachende Nüchternheit unseres Alltags laut beklagt – und die Zyniker sind immer schnell dabei: Der Papst hat nichts »bewirkt«, die Geschenke sind für Konsumtrottel, die Weihnachtslegende steht im Buchregal, die Festtagsgrüße gibt es vorgedruckt, die Prediger in den Kirchen treffen immer seltener bei ihrer Gemeinde ins Herz, auch das ist schon lange so, »ja, es gibt Theologen, die dem lieben Gott ein Ende machen«, spöttelte so nicht schon vor mehr als hundert Jahren Heinrich Heine?

Was also bleibt uns zu wünschen? Daß wir uns endlich wieder zu unseren Gefühlen bekennen, daß wir sie dann auch offen zeigen, ja, daß wir das kleine bißchen Mut haben, es ganz laut zu sagen, was wir gut finden, zum Beispiel auch, daß der Papst durch unser Land zog und uns nachdenklich gestimmt und unsere Herzen bewegt hat . . .

In Wahrheit wählen wir immer und überall

Und dann kommt plötzlich der Augenblick, da alles Reden zu Ende geht, alles Laute und Verführerische, alles Debattieren und Reflektieren, und es wird nur noch gehandelt, wie heute – diesmal mit dem Stimmzettel. Aber das gibt es natürlich auch sonst immer wieder in unserem Leben, daß wir irgendwann erkennen: Nun muß den Worten endlich die Tat folgen.

Es sind sicher die schwersten, aber vielleicht auch die schönsten Augenblicke, in denen wir all die Gedanken, die uns so lange beschäftigten, zur Seite stellen – und handeln! Der Kuß, mit dem wir die Ehe besiegeln. Der Brief, mit dem wir einen neuen Arbeitsplatz bestätigen. Der Telefonanruf, der uns mit einem Freund versöhnt.

Und allemal gab es zuvor das Nachdenken, das ja, genau besehen, eigentlich mehr ein »Vordenken« ist: Was wird geschehen, wenn ich mich nun entscheide? Das sind die bangen, die oft bedrückenden Tage, Stunden, in denen wir denken, alles noch in die eine oder andere Richtung bewegen zu können. Aber dann reift unser Entschluß, dann stellt sich Leichtigkeit ein, dann gibt es plötzlich ein Gefühl unglaublicher Befreiung – es fallen die Würfel, wir wählen.

Wir wählen ja nicht nur heute in unserem Stammbezirk, in irgendeinem Wahllokal – wir wählen in Wahrheit ja immer und überall. Beim Arbeitsplatz. Bei der Ferienreise. Bei den Gästen, die wir in unser Haus bitten. Bei unseren Bekannten, zu denen wir fahren. (Nur bei Verwandten ist es anders: Verwandte kann man sich nicht aussuchen, das macht manches schwierig.) Wir leben in einem dauernden

Entscheidungs-Streß. Die Speisekarte unseres Lebens ist so reichhaltig, der Möglichkeiten gibt es so viele – Ferien beispielsweise in Afrika oder Norwegen, auf Mallorca oder in der Lüneburger Heide. Und weil wir trotz der Fülle uns immer nur für eines entscheiden können, geraten wir unter einen oft unerkannten, gleichwohl aber wirksamen psychologischen Druck: Haben wir wirklich richtig gewählt, hätten wir uns nicht doch anders entscheiden sollen, was wäre, wenn . . . ?

Denn nun kommt noch etwas ins Spiel, an das wir zumeist nicht denken, das wir sogar eher verdrängen möchten: die sich verflüchtigende Zeit. Wir könnten ja so vieles bewegen, erleben, genießen – würden wir uns nicht im Getto der Zeit befinden. In jungen Jahren mag es ja noch angehen, da ist Zeit verschwenderisch zu haben, »bis vierzig trägt uns das Leben«, sagt ein Dichter, »ab vierzig tragen wir es«. Dann müssen wir präziser wählen.

Und dann? Dann steuern wir auf jenen Zustand zu, den Chateaubriand, der schwermütige Franzose, so umschrieben hat: »Die Zeit hat meine Hände in die ihren genommen, es gibt nichts mehr zu pflücken in diesen verblühten Tagen.« Aber bis dahin ist der Weg weit und lang. Bis dahin haben wir allemal immer wieder an einer Wegkreuzung neu zu entscheiden, wohin wir wollen. Und solange wir nicht die Qual der Wahl fühlen, sondern die Freude an den ungeheuren Möglichkeiten, solange macht es Freude, aus der Kulisse der eigenen Gedanken auf den Jahrmarkt des Lebens hinauszutreten und fleißig mitzumischen.

Die Weihnachts-Aussteiger

Er verstünde diese Welt nicht mehr, sagte der Taxifahrer zu mir. Er sagte es am 1. Dezember, und er sagte es mit dem ganzen Erstaunen des Mannes, der Tag für Tag seine Pflicht tut – und dem das Treiben rund um sein Auto immer geisterhafter erscheint. Er verstünde nicht, daß er jetzt bereits pausenlos zum Flughafen fahren müsse, um »Weihnachtsurlauber« fortzubringen, Menschen, die die große Flucht schon vier Wochen vor dem Heiligen Abend antreten. »Es sind nicht etwa Rentner, die auf Mallorca überwintern, nein, es sind Menschen wie du und ich, auffallend viele junge Leute, die einfach nur Sonne buchen, Karibik und so.«

So wie hier in seinem Taxi stoßen sie nun allüberall aufeinander: die einen, die Weihnachten feiern »in der Tradition«, mit Baum und Bescherung, Kerzen und Kirche, Glocken und Gebet. Und dann die anderen, die sich »Weihnachts-Aussteiger« nennen, die den »Rummel« nicht mehr mitmachen wollen, keine Feiern also, keine Grüße, keine Geschenke. Die einfach sagen, daß sie mit dem Geburtstag vor fast zweitausend Jahren nichts zu tun haben. Bethlehem ist für sie auch nur eine Station auf dem Weg zur Sonne, in diesem Falle nach Eilat, dort kann man rund ums Jahr baden.

Das Weihnachtsfest hat eine dramatische Dimension bekommen, seit wir durch die Allgegenwart des Schreckens um die Verwundbarkeit unseres Lebens zu jeder Stunde, spätestens aber zu jeder »Tagesschau« Bescheid wissen: Ja, Weihnachten ist so gefährdet wie die Welt, in der wir es feiern – oder zu feiern versuchen.

Wir müßten uns der Heiligen Nacht behutsam nähern, aber gelingt uns das? Welcher Dichter könnte heute noch ehrlicherweise sagen: »Es weihnachtet sehr«? Dafür ist alles viel zu laut, zu hastig, zu erschöpft auch. Wir drehen uns um uns selber – daß sich Schachcomputer zu einem Geschenkrenner entwickeln, werden wir später als weiteren Beweis für unseren Weg in eine beängstigende Isolation erkennen.

Wir hören von Kriegsgefahren und sind durchaus selbst gemeint. Wir denken an die Propheten der Apokalypse und versuchen um so mehr, in jeden Tag, in jeden Urlaub und eben in jedes Fest besonders viel hineinzupakken. Kinder des Wohlstandes, der Armseligkeit näher als der Armut – und am 1. Dezember schon unterwegs ...

Aber wenn wir nicht in vorweihnachtlichen Tagen das irrsinnig schnelle Schwungrad wenigstens einmal kurz anhalten, wenn wir jetzt nicht Zeugnisse unserer Liebe zueinander geben, wenn wir vor allem jetzt nicht erkennen, wer uns in unserem Leben in Wahrheit führt, wenn das alles jetzt nicht geschieht – dann nie! Dann aber wären auch diese festlichen Tage verschenkt und vertan.

Willkommen auf dieser Welt, laß Dich bewundern, wir wollen noch einmal staunen, Du bekommst Seltenheitswert, Kinderkriegen ist nicht mehr »in«, besonders nicht hierzulande. Denn in der Bundesrepublik schrumpfte die Rate der Neugeborenen wie in keinem anderen Land! Hier will man Säuglingsgeschrei nicht mehr hören, Komfort bis in die Ohrenspitzen. Kinder sind überflüssig, gefährden nur den Aufstieg, das Zweitauto, den dritten Spülautomaten, den Ferientrip mit dem eingebauten Abenteuer, bedrohen die große Frische und Freiheit, stören bei dem Gedränge, das immer anzutreffen ist auf dem Weg nach oben, dort, wo soviel Schönes wartet: der Erfolg, die neue Möbelgarnitur, das Superbenzin, der knatternde Rasenmäher und das Durchschlafen nachts, weil da kein Baby wund in den Windeln schreit.

Ein Wunder also, daß Du da bist, ein Irrtum vielleicht, wer weiß das so genau? – Dein Vater war zuerst erschrokken, als er von Deiner Ankunft hörte, denn er hatte sofort all die Schwierigkeiten vor Augen: mit Kindergarten, Schule, Autorität, Jusos und Judos, Universitäten, Bärten, Generationskonflikten. Aber nun, da nichts mehr zu ändern ist, wird es sein wie eh und je: Die Eltern treten abends in das Kinderzimmer, und sie werden staunend an dem Bett stehen, in dem ihr Kind mit seinen Träumen liegt. Sie werden das erste Lächeln fotografieren, die ersten Schritte filmen, seinen ersten Sturz als Schmerz in ihrem eigenen Herzen spüren, sie werden bangen, wenn das Kind, irgendwo im Stadtpark, plötzlich einmal verschwunden ist, sie werden noch nie so verzweifelt auf einen Arzt gewartet haben wie in dem Augenblick, da die Fiebersäule über 41 Grad geschossen ist, natürlich an einem Wochenende, spätabends, weil Kinderfieber immer spätabends am Wochenende kommt.

Und später: Die Eltern werden schwer eine Wohnung finden, sie werden Ärger mit Nachbarn, Lehrern, Behörden bekommen, die Mark wird noch weniger wert sein, Reisen müssen ausfallen. Es wird all die Sorgen geben, die man befürchtet hatte – und doch: Es gibt da eine ganz kleine Sache, von der heutzutage nicht mehr gesprochen wird, aber wer sie besitzt, hütet sie, will sie nie missen, versteht keinen, der so hochmütig und abschätzig über Kinder spricht, genießt nur, ganz leise, eingewinkelt in seiner Familie, unbeobachtet von den Aufgeklärten, Abgeklärten, Allesbesserwissenden: die Liebe zu den Kindern und mit den Kindern.

Und er weiß: Er hat sich ein Stück Himmelsblau auf seine kleine graue Erde geholt.

Sprechen wir nicht von seinem Namen, aber von seinem Schicksal, weil es uns so viel zu sagen hat.

Es heißt, die Angst habe ihn seit Jahren nicht verlassen. Genauer, die Angst zu versagen, seiner Rolle nicht mehr gewachsen zu sein. Und so starb er, der Schauspieler, der vor langer Zeit im Fernsehen einen Höhenrausch erlebte, an Herzversagen, nur 52 Jahre ist er alt geworden. Der Mann mit den grauen Schläfen und dem Gesicht, das seine Verwundbarkeit verriet, hatte sich total überfordert.

Nun ist die Angst, von der wir hier hören, weit verbreitet, hat mit Film und Theater allein nichts zu tun. Denn auch der Mensch, der kein Schauspieler ist, fühlt, daß er täglich seine Rolle spielt und spielen muß: in dem großen Stück mit dem aufregenden Titel: »Unser kleines Leben«. Da gibt es wie auf der Bühne Beifall und Pfiffe – und da gibt es eine grauenhafte Teilnahmslosigkeit. Die zunehmende Unfähigkeit, zu fühlen, »eine den Kern der Person durchdringende Kälte«, wie sie der Münchner Psychiater Professor Albert Görres in uns erkannt haben will, macht beides immer schwerer: zu lieben und geliebt zu werden, Anerkennung und Sinnerfüllung zu finden.

Es stellt sich sofort die Frage nach den Gründen für diese rapide zunehmende Vereinsamung inmitten der Massengesellschaft. Verhaltensforscher erkennen dem Tier schon mehr Glücksgefühl zu als dem Menschen, weil es, ohne Gedächtnis, in dem Augenblick lebt, gleichsam in einer »dauerlosen Gegenwart«. Der Mensch aber kennt Furcht, hat in die Zukunft gerichtete Sorgen. Trotzdem müssen wir täglich auf der Bühne dieses Welttheaters unsere Rolle spielen. Und nicht immer sind es gute Stichworte, die uns das Schicksal zuruft. Und nicht immer meinen es die Ratgeber mit ihren neumodischen Ideologien wirklich gut mit uns. So wußte Professor Görres aus Amerika zu berichten, daß beispielsweise »die sexuelle Befreiung des Menschen«, die Jagd nach dem totalen Glück, ihre Spuren längst gezeigt hat: Scharenweise sind Studenten mit einem Problem therapiebedürftig geworden – diesmal wegen »verdrängter Keuschheit«. Die Krankheiten tragen heute andere Namen und Masken, doch sie bleiben schmerzhaft und bedrückend.

Die Gefühle, die der Fernsehstar eines Abends mit in sein fremdes Hotelzimmer nahm, können wir also nachempfinden, weil auch wir, wenn auch in anderer Weise, täglich unseren Auftritt haben. Wir kennen auch das Gefühl, das ihn nach seinem Fernsehtriumph sechs Jahre lang plagte: vergessen zu sein, in der Kulisse zu stehen.

Und wenn wir genau hinschauen, können wir die unbestimmte Angst überall entdecken: In den Augen des Nachbarn, den wir gleich treffen werden, wird sie sein, und bei dem Freund und bei dem Angestellten im Nachbarzimmer und bei der eigenen Frau und bei jedermann auf der Bühne unseres Lebens. Aber dann kommt doch von irgendwo Beifall. Wir lächeln wieder. Geben uns einen Ruck. Die bösen Gedanken verfliegen – wir haben unseren nächsten Auftritt. Auch wenn es ernst ist, das Spiel geht weiter.

III
ALLTÄGLICHES UND FESTLICHES

Willkommen, mein kleiner Sohn

Meine Frau sagte am frühen Morgen, daß es soweit sei. Sie nahm den kleinen schwarzen Koffer, der seit Tagen gepackt im Flur herumstand. Auf der Treppe hakte ich meine Frau unter, was ich seit Ewigkeiten nicht getan hatte. Ich fragte mich plötzlich insgeheim, ob ich sie auch gesund wiedersehen würde. Ich hatte plötzlich Angst, ich könnte meine Frau verlieren – das ist zwar alles ganz natürlich mit dem Kinderkriegen, und beim ersten Kind, dem Mädchen, ging's ja auch gut, aber wo gibt es einen Garantieschein darauf?

Aber dann verlor sich der Gedanke, weil es, während wir losfuhren, soviel Banales zu reden gab: Ob das Licht ausgedreht sei, ob ich unsere Tochter mittags aus der Schule holen würde ... ob ich ... haben wir ... müssen wir nicht ...

Herrgott, worüber reden wir Menschen eigentlich, wenn sich so Wunderbares begibt wie die bevorstehende Geburt eines Kindes! Wir Menschen finden selten die richtigen Worte, wir Männer schon gar nicht. Das, was die Frauen hören sollten – das sagen wir nicht. Wir sprechen von Rechnungen, Terminen, Alltäglichkeiten.

Nun werde ich auf den Anruf warten. Und dann gibt es die Glückwünsche, und der Sohn wird gefeiert werden ... Der Sohn? Moment mal: Der Sohn? Ja, ich wünsche mir, daß es ein Sohn wird. Eine Tochter habe ich schon, die hat mein ganzes Herz, und doch: Ich werde Platz in diesem Herzen schaffen – für den Sohn. Warum eigentlich wünsche ich mir einen Sohn? Warum wünschen wir Männer uns so sehr Söhne?

Ich habe schon oft und auch in den folgenden Stunden wieder, während meine Frau in der Klinik war, darüber nachgedacht.

Vielleicht deshalb, weil für den Mann ein Sohn eine »überschaubare Größe« ist. Er war selbst einmal ein Junge. Er weiß beispielsweise, was Pubertät für einen Jungen bedeutet. Ein junges Mädchen hingegen ist für den Mann ein geheimnisvolles Wesen. Oft sind ihm die Reaktionen seiner heranwachsenden Tochter sogar unheimlich. Ganz anders bei einem Sohn: Hier kennt er sich aus.

Für den Mann ist der Sohn der Kamerad, mit dem er toben und zum Fußballplatz gehen, mit dem er selbst wieder jung sein kann. Der Mann muß sich dabei nicht umstellen. Er bleibt, zusammen mit seinem Sohn, in seiner »männlichen Welt«. Er kann ihm imponieren. Im günstigsten Fall: Er kann ihm Vorbild sein.

Und später? Der Sohn wird ihm nicht eines Tages einen männlichen Konkurrenten bescheren, wie es die Tochter tut, wenn sie den Mann ihrer Wahl ins Haus bringt und sagt: »Darf ich dir deinen Schwiegersohn vorstellen?« Dann heißt es für den Vater der Braut, sich mit dem Jüngeren zu arrangieren. Das ist nicht immer leicht.

Für den Mann ist der Sohn Vollstrecker unerfüllter Träume. Männer möchten ihre eigenen Grenzen übersteigen. Als Napoleon nach sechsundzwanzig Minuten, die die Zangengeburt dauerte, von seinem Kammerdiener Constant die qualvoll erwartete Nachricht hörte: »Die Kaiserin hat entbunden, Sire!«, stürzte er ins Geburtszimmer, umarmte erst seine Frau, wartete dann sieben endlose Minuten, ehe das Kind den ersten Schrei tat, nahm dann den Thronerben auf seine Arme und küßte ihn auf die Stirn. Dabei, so berichtete Constant später, »leuchtete

Napoleons Gesicht vor Freude«. Er ging an das Bett seines Sohnes und drückte ihn an sein Herz. Zu Duroc, seinem Vertrauten und Freund, sagte Napoleon: »Ich beneide meinen Sohn. Der Ruhm erwartet ihn, während ich ihm erst nachlaufen mußte . . . Um die Welt zu ergreifen, braucht er nur seine Arme auszustrecken.«

Die Welt zu ergreifen – das ist die Sache der Söhne. Ihr Leben ist Aktivität, Abenteuer, Zukunft. Und da alles menschliche Tun seinen Sinn erst in der Vollendung findet, ist der Sohn die große Hoffnung des Mannes auf das Morgen.

Der Anruf aus der Klinik kam mittags. Schwester Annemarie war am Apparat. »Herzlichen Glückwunsch. Ich darf Ihnen sagen, daß Sie soeben der Vater eines gesunden Sohnes geworden sind. Ihre Frau ist wohlauf.«

Ich schaue mich im Büro um. Zwei Rechnungen auf dem Schreibtisch. Eine Einladung für morgen abend. Draußen scheint die Sonne. Die Sekretärin bringt mir Zigaretten. Soll ich es schon sagen?

Jetzt müßte doch etwas Ungeheures geschehen! Der Himmel müßte sich teilen, es müßte Blumen regnen, alle Menschen draußen auf der Straße müßten stehenbleiben, den Erdenbürger eine Sekunde lang begrüßen – aber es geschieht nichts.

Ein Sohn. Ein Junge. Ein kleiner Mann! Ich werde jetzt rausgehen und es allen erzählen.

So ein Virus kann ganz heilsam sein

So ein Virus meldet sich nicht an, hält nichts von Manieren, ist plötzlich da, aus Hongkong oder von Wer-weiß-woher. Du spürst ihn in den Gliedern, willst es erst nicht glauben, nimmst einen Schluck, denn Alkohol soll dem Virus den Weg verbauen. Aber er hat sich seinen Brükkenkopf schon erobert – meistens im Kopf, denn dort geht's nun mit den Schmerzen los. Man führt noch ein paar Telefonate, ordnet seinen Schreibtisch, fühlt schon in dem Augenblick, da man geht, daß man vielleicht doch nicht in ein paar Stunden zurückkehren wird. Im Auto Schüttelfrost, zu Hause Fieber, Bett, den Arzt bitte ...

Aus der Bahn geworfen für ein paar Tage denkt man über vieles nach. Über seine eigene Wichtigkeit, und dabei kommt man nur zugleich auf die eigene Unwichtigkeit – ein zuweilen besonders heilsamer Vorgang. Über die Fehler, die man gemacht hat. Vielleicht war der Virus schon im Körper heimlicher Hausgenosse, als man griesgrämig war, als man einen Kollegen unkollegial beschimpfte, als man den Morgengruß seiner Frau nicht erwiderte.

Keine Entschuldigung, das alles – aber immerhin: So ein kleines, unter dem Elektronenmikroskop nur 0,00002 Millimeter großes Nichts kann sehr viel sein. Man ist irgendwie angeschlagen, unausgeschlafen – und damit auch irgendwie ungerecht. Und sicher unbequem und undankbar.

Ist aber das Fieber im Abklingen, hat man, was man sonst nie zu haben glaubte: Zeit zum Nachdenken und Vordenken und Überdenken. Der Mensch wird durch so einen kleinen Virus vom normalen Wege seiner Jagd durch den Alltag abgelenkt, er erkennt, daß die Gewichte sich sehr wohl auf der Waage des Lebens verschieben lassen. Die Welt ist im Krankenzimmer leiser, man kann besser in sich hineinhorchen.

Natürlich gibt es auch laute Augenblicke, in denen man die Richtung erkennt, blitzartig, und da man neue wichtige Entschlüsse faßt, beispielsweise auf der Autobahn, wenn man an einem schweren Unfall vorbeigefahren ist.

Ob draußen, ob drinnen: Die Augenblicke oder die Stunden, in denen wir den Kurs unseres Lebens korrigieren, sind die wichtigsten. Wenn auch der Körper plötzlich krank war – die Seele ist vielleicht wieder gesund geworden.

Der Sommeranzug – vom vorigen Jahr

Da hing er also doch noch, ganz hinten links im Kleiderschrank. Er hat die endlosen grauen Wintertage überlebt, er hat von Weihnachten nichts gesehen, nichts vom Fasching, nichts von vielen kleinen Festen – dafür war er zu hell, zu leicht. Er hat vielmehr voller Ungeduld auf seine Stunde gewartet, etwas zerknittert sah er schon aus. Doch nun ist das Signal gekommen, er wird mit einem kühnen, entschlossenen Griff nach vorne geholt, die unglaubliche Sonne dieser Tage macht es möglich: Die Sternstunde des leichten Sommeranzuges ist da!

Ich halte ihn, auf den Balkon gehend, prüfend in gleißendes Licht. Er sieht eigentlich noch ganz passabel aus. Meine Frau hatte zwar im vergangenen Herbst gesagt, im nächsten Sommer sei wohl ein neuer Anzug fällig, er wirke doch schon ein bißchen altersschwach, aber ich fand jetzt: Er sah wirklich doch noch ganz passabel aus. Ob sich Anzüge im Verlaufe eines Winters erholen können? Er war viel heller, als ich mich erinnerte, er war auch leichter, als er mir damals in der spanischen Hitze erschien, wo ich ihn zuletzt getragen hatte. Und er war vor allem eines: Er war da! Anzüge, die schon da sind, finde ich toll.

Ich zog ihn an und wurde sofort für eine unwandelbare Treue zu diesem alten Stück mit verlorenen Erinnerungen belohnt. Als ich in die Tasche griff, fand ich die Eintrittskarte für einen Nightclub – ein Hauch des letzten Ferientages war plötzlich da, der Wellenschlag des Meeres, die Boote im Hafen, die Sangria-Nacht, die Luft, in der sich alle Sorgen auflösten – ich glaubte sogar, die Musik von einst wieder zu hören.

Natürlich konnte ich gar nicht abwarten, in den hellen Sommeranzug aus dem Kleiderschrank, hinten links, hineinzukommen. Fabelhaft, er paßte, wie er damals paßte! Ich hatte, als ich vor den Spiegel trat, schon fast das Gefühl, im Urlaub zu sein. Kleider machen nicht Leute, Kleider machen Gefühle.

In diesem Gefühl – einer Mischung von Dankbarkeit und Wiederentdeckungsfreude – ging ich ins Nebenzimmer. Ich trat meiner Frau erwartungsvoll in dem guten alten Sommeranzug entgegen. Sie meinte, mehr beiläufig, sie konnte von den Bildern meiner Phantasie ja nichts ahnen: »Ach ja, wir müssen noch in die Stadt, wir wollen dir ja einen neuen Sommeranzug kaufen.«

Ich glaube, wenn Anzüge weinen könnten, hätte ich eine dicke Träne im Knopfloch ...

Joggen ums Leben

So viel Schnee kann gar nicht fallen, so tief kann kein Thermometer sinken, daß sie nicht doch noch auf den einsamsten Waldwegen wie Gespenster plötzlich auftauchen und einen erschrecken: die Läufer, die man Jogger nennt.

Sie kennen keine Gnade, weder mit der Umwelt noch mit sich selber. Wie aus heiterem Himmel hören wir ein Prusten, ein Pfeifen, ein Schnaufen, und dann wissen wir auch schon, daß wieder einer um sein Leben oder um sein Glück – oder um Ich-weiß-nicht-was läuft.

Oft wird man beinahe umgerannt, denn die Herrschaften, die es so verdammt eilig haben, können die Hindernisse in Form von harmlosen Spaziergängern wohl nicht immer sicher orten.

Wenn Jogger uns von hinten überholen, sehen wir ihre angespannten verzerrten Gesichter nicht, sehen wir nur einen Schatten wie ein Ufo. Es könnte ein lebender Beweis für Dänikens These von den Außerirdischen sein.

Ganz anders ist es, wenn Jogger von vorne kommen, wenn wir in ihr Antlitz für den Bruchteil des Vorbeihuschens hineinschauen. Dann fragen wir uns bei diesem oder jenem doch, ob die Angelegenheit wirklich so gesund ist, wie die Apostel der Bewegung verkünden.

Denn was sehen wir? Wir sehen oft totale Überforderung, hervorstehende Stirnadern, einen leicht irren Blick. Hohläugig jagen sie den imaginären Zielen zu, die nur sie selber kennen. Und als medizinischer Laie denkt man: Sollte dieser Jogger nicht lieber ruhen, genüßlich auf einem Sofa ausgestreckt, ein Violinkonzert per Hausstereo im Hintergrund, dazu vor allem die Muße, die so selten geworden ist? Muß er wirklich herumflitzen, daß Gott erbarm?

Denn es scheint in die Sache, die sich so vernünftig angelassen hat, jetzt etwas hineingekommen zu sein, das man nur noch mit Fanatismus bezeichnen kann. Jogging bis zum Umfallen. Jogging bei Wind und Wetter. Jogging um seiner selbst willen!

Nun kann man nicht sagen, hier sei typisch deutscher Perfektionismus alleine im Spiel, auch die Amerikaner sind ja nach der Droge ganz verrückt und schonen sich selbst in den Autoabgasschwaden inmitten der Wolkenkratzer nicht.

Experten behaupten gar, daß Jogging um so phantastischer sei, je länger, je intensiver man laufen würde. So weit die Füße tragen – es muß so etwas wie eine neue Süchtigkeit geben. Und damit sind wir dort angelangt, wo letztlich alles seinen Ursprung hat: in unseren Seelen. Und da sieht es unheimlich aus. Denn dort ist die große Angst versteckt, daß wir Zivilisationskinder so vieles falsch machen, daß wir von der köstlichen Bequemlichkeit zu viel genascht haben. Also beginnen wir zu laufen, und zwar mit einem schlechten Gewissen als Rückenwind.

Und dann ist es bei dieser so schönen Sache wie bei vielen anderen Bereichen unseres Lebens: Bis zur Ideologie ist es nicht mehr weit. Wir laufen, weil wir nicht mehr in uns gehen können. Schon erreicht viele die Warnung der Ärzte vor Übertreibungen und ihren Folgen nicht mehr. Sie sind schon auf und davon.

Jogging ist also ein Zeitphänomen! Wenn Sokrates, der Weise, seinen Schülern zurief: Sprich, damit ich dich sehe! – dann kann man in Abwandlung heute sagen: Laufe, damit du wieder zu dir findest . . . !

Liebeserklärung an meine alte Bude

Gleich wird es soweit sein, gleich werde ich an den Strand gehen, den ich einen langen Winter nicht betreten habe, werde am Meer entlanglaufen, werde die ersten Strandkörbe sehen, werde die kleine Holzbude wiederfinden, in der ich im vergangenen Sommer meine Zeitung, Getränke, Zigaretten, Eis, Würstchen, Spielzeug gekauft habe. Ich werde der freundlichen Frau ein Hallo entgegenrufen, denn ich werde mich freuen, sie wiederzusehen. Ja, gleich beginnt für mich die Saison!

Schon habe ich den Wagen in einer Seitenstraße geparkt, schon gehe ich, mit Bademantel und Badetasche, strandwärts, irgendwie gehe ich schneller als sonst, die Verheißung eines schönen Sommers liegt schon in der Luft, auch wenn ich noch einen Pullover tragen muß – da bleibe ich plötzlich stehen! Habe ich mich geirrt? Bin ich an einer falschen Stelle gelandet?

Die kleine Holzbude ist nicht mehr da! Sie ist wie weggezaubert. An ihrer Stelle steht ein Getränkeausschank aus Stein und Beton. Neonlicht auf dem Dach. Viele Plakate ringsum. Werbung. Spiegelglatte Scheiben. Ich trete näher an diesen Steinquader heran. Innen sehe ich: Kühlschränke, Supergrill, Plexiglas, Kaffeemaschinen, technische Ungeheuer mit einem sicher ungeheuren Ausstoß.

Ich halte inne, überlege, ob ich weitergehen soll. Ist dies noch der Strand meiner Erinnerung? Ich schließe für einen Augenblick meine Augen. Ich sehe die alte, verwaschene, fast verfallene Holzbude vor mir, die hier früher stand. Ich sehe die alten Holzstühle, auf denen ich saß, um einen Imbiß einzunehmen, sehe die lange Schlange der

Kinder vor dem winzigen Schalter, hinter dem die freundliche alte Frau geduldig das Wechselgeld für Gummibären und Pfefferminz herausgab.

Mein Gott, wie ausdauernd haben wir hier gewartet! Wie genau konnten wir den Grad unserer fortschreitenden Erholung an der Geduld messen, wenn wir in der Schlange standen. Wie viele Gespräche gab es damals mit Kindern, mit Vätern – und wenn man Glück hatte, war sogar ein Flirt dabei.

Und nun? Nun gibt es gleich vier Schalter: Zwei zur Straßenseite, zwei zur Strandseite, nun wird alles ganz schnell gehen, alles ist durchrationalisiert, Eis hier, Zeitungen dort, Würstchen dort, Schleckerkram hier. Kaum noch warten! Die Würstchen immer heiß, aus solchen silbernen Kästen können nur heiße Würstchen kommen. Und die Zeitungen und Zeitschriften fein säuberlich in Regalen. Marketing, wo ist dein Sieg?

Ich schaue in den noblen Laden und suche die kleine freundliche Frau vom vergangenen Sommer. Sie ist nicht da. Zwei Mädchen sind da und ein Mann. Vermutlich Angestellte. Ich frage schüchtern und höre etwas von Verpachtung. Und dann die schnelle Frage: Was darf's denn sein?

Ich möchte sagen: Ich suche das kleine verwinkelte ungeordnet-geordnete Glück vom letzten Sommer, suche die geduldige Frau mit den Wechselpfennigen. Ich suche nicht die Automaten für die Getränke, die neben der Bude stehen. Ich suche nicht die eleganten Stahlstühle, die jetzt an den Imbißtischen stehen – ich suche die schiefen Holzstühle, die immer so schön wackelten.

Natürlich sag' ich es nicht. Ich weiß ja – ich brauche nur kurz nachzudenken, daß die alte Erfrischungsbude nicht so weiter existieren konnte, daß sie unrentabel war. Und ich werde natürlich meinen kleinen Strandbedarf hier kaufen, den ganzen Sommer lang.

Aber ein Stück Jugendzauber ist dahin, das weiß ich auch.

Der Mai bringt die kostbaren Tage

Nun sind ein paar Sommer-Träume doch mal erlaubt! Irgendwo, bald schon, am Meer liegen. Den heißen Sand durch die Finger laufen lassen. Eine Muschel aufheben, dem Kind geben. Die Welt der schönen Bilder sehen. Einen Berg besteigen und sein eigenes Herz endlich einmal wieder deutlich klopfen hören. Mit einem Bauern sprechen, der dabei schräg in den Himmel schaut, der für ihn Alltag ist. In weiter Ferne sein, ein paar Flugstunden weit, um in Wahrheit sich selber nahezukommen und herauszufinden, was für ein Mensch man wirklich ist, abseits der Rolle, die man jahrein, jahraus spielt, im Büro, beim Chef, zu Hause.

Wie Kinder, die einen Luftballon aufblasen, so dehnt sich plötzlich die Weltenkugel. Die Ferienprospekte sind die bunten Vorboten des Glücks, wir schauen schon mal nach dem Koffer, arbeiten noch in Büro und Fabrik – unsere Gedanken aber sind schon unterwegs.

Der Mai hält, mehr als jeder andere Monat, eine Lehre für uns bereit: daß unser Glücksgefühl dann am allergrößten ist, wenn das Glück selber noch nicht angekommen ist.

Der Mai ist ein Versprechen: Der Sommer liegt schon in der Luft, der Alltag scheint leichter, manchmal sind die Tage schon fast schwerelos – was werden wir bald alles erleben: Gartenfeste, Picknick, lange Abende auf dem Balkon, Bowle, sonnenbraune Haut.

Mai heißt vor allem dies: auf dem Wege zu sein, dem Ziel schon nahe, voller Pläne mit Kindern und Freunden. Mai heißt: Wir können unsere Schritte lenken, wohin wir wollen, Malente oder Mallorca, so vieles ist nun ganz nah. Die Älteren empfinden dies als Geschenk, sie kennen die Not der Beschränkungen; die Jüngeren halten es mehr mit einer beneidenswerten Selbstverständlichkeit. Hoffentlich müssen sie nicht erfahren, was wir gelernt haben: daß der Mai, nur als Monat genommen, als Jahreszeit, schon allein eine herrliche Sache ist.

Dies sind die Tage, die wir festhalten möchten, aber die Uhren laufen schneller, wenn es so schön ist.

Der Mai, nach einem Dichterwort »Mozart des Kalenders«, will erhört sein, er hat es verdient, er hat sich herausgeputzt, enttäuschen wir ihn nicht. Auch wenn wir wissen, daß der blaue Himmel kein Spiegelbild dieser kranken Erde ist.

Ich wünsche Ihnen einen guten Weg.

Was treibt uns zu der Party?

Es ist nicht wahr, daß wir Partys, Geselligkeiten, Bälle, Feste, Weihnachtsfeiern »eigentlich« nicht mögen. Daß wir nur aus Pflichtgefühl hingehen. Daß wir am Eingang schon nach dem Ausgang suchen. Daß wir bei der Begrüßung des Gastgebers schon die Entschuldigung für den frühen Aufbruch mit den Blumen abladen. Daß wir »dies Gedränge« zutiefst hassen. Daß wir vom »Smalltalk« nichts halten und ihn eigentlich auch nicht beherrschen, weil wir doch, Deutsche, die wir sind, schwerfälliger als Franzosen und tiefgründiger als Engländer erscheinen. Daß wir das alles nicht mögen, das kann mir keiner erzählen. Denn wohin man schaut in all den sonnenlosen Wintertagen, strahlt eine künstliche Sonne kerzenhell: die Partysonne!

Zugegeben: Wir sind blaß wie Pergamentpapier. Wir haben es mit dem Kreislauf. Der Dezemberstreß frißt sich in die Nächte wie Rost in unsere Autos. Wir träumen schon wieder von der Nordseefrische, der Mittelmeerbräune. Wir stehen vor dem Spiegel und denken: Warum müssen wir unsere müden Gesichter gerade jetzt spazierenführen? Aber ein Rundblick zeigt: Wir alle halten die Stellung an der Bar, auch wenn jeder die Uhrzeit an unseren müden Augen ablesen kann. Denn wir wollen doch, nicht wahr, das Leben genießen. Und leben heißt eben auch: in den Gesichtern der anderen zu erspähen, wie anderes Leben so läuft.

Es muß ein Urtrieb in uns sein: dieses Erforschen, was die anderen machen und denken. Das Geheimnis, warum Partys nicht aus der Mode kommen werden: Sie ermöglichen, daß wir Schicksale erkennen, ohne dafür den Eintrittspreis zu bezahlen – die verbindliche Anteilnahme. Denn immer, wenn es problematisch wird, wenn uns jemand mit einer Nachricht zu sehr belastet, können wir ihm sagen: »Wir sehen uns später . . .«

Nun erkennen wir schon: Partys sind kein Mittel gegen Einsamkeit, nur eines gegen Alleinsein. Hier muß man aufpassen, hier darf es keine Verwechslung geben. In einem Stück des Dramatikers Eugène Ionesco gibt es ein altes Ehepaar, das sich abmüht, seine Vergangenheit noch einmal zu beschwören. Die alten Leute geben einen Empfang, zu dem niemand kommt, sie begrüßen Gäste, die nicht zu sehen sind, die Bühne füllt sich mit leeren Stühlen. Die Erinnerung täuschte, die glanzvollen Feste hat es nie gegeben. »Und wenn die Eheleute schließlich aus dem Fenster springen«, so deutete die Schriftstellerin Simone de Beauvoir das Stück, »dann deshalb, weil ihr Leben, in dem es jeden Sinn verliert, ihnen enthüllt, daß es nie einen Sinn gehabt hat.«

Stellen wir also Stühle hin und Gläser bereit, solange die Leute kommen. Kommen wir selber. Tauchen wir unter in Fröhlichkeit, Musik und »Smalltalk«. Nehmen wir die Gesprächsfetzen als Morsezeichen anderer Schicksale, und machen wir uns im geheimen unseren ganzen Vers darauf. Denn es gibt etwas, das noch schöner ist als jede Party: Das Fazit nach einer Party – wer mit wem, warum, weshalb, wieso . . .

Nun gibt es wieder diese langen Winterabende, das Aufeinanderzugehen, die Gespräche ... Ein Tag, der mit einem guten Gespräch endet, kann nicht verloren sein.

Ein gutes Gespräch, da erfahren wir etwas von den Maßstäben, die andere an ihr Leben anlegen. Der eine praktiziert schon die Kunst der Enthaltung – »Ich fahre jetzt einen ganz kleinen Wagen« –, der nächste ist noch vorwärtsstürmend, auf der Suche nach Glanz und Luxus – »Wir wollen uns jetzt endlich die Bahamas leisten«. Gespräche lassen uns schneller herausfinden, wie denn »die anderen« das merkwürdige Ding handhaben, das sich Leben nennt, von dem Hebbel sagte: »Das Leben ist nicht etwas; es ist immer nur die Gelegenheit zu etwas.«

Was ist das Geheimnis eines guten Gesprächs? Es ist, zum ersten, die Vertraulichkeit. Genauer: Das Zutrauen, ohne Bekennermut geht es nicht! Wer nicht ein Stück Maske fallenläßt, mit der er sich durch dieses Leben bewegt – zum Selbstschutz, zur Tarnung –, der zahlt mit falscher Münze. Etwas vom Menschen muß sichtbar werden – oder das Gespräch hinterläßt keine Spur.

Ein gutes Gespräch hat nichts mit einer privaten Talk-Show zu tun. Die Anwesenheit vieler Menschen verändert die Szene: Diskutieren, plaudern, blödeln – das ist eine Sache. Jeder kann sein eigener Kulenkampff sein. Und dann gibt es etwas ganz anderes: das gute Gespräch.

So seltsam es klingt: Bei guten Gesprächen – in heutiger Zeit – muß man nur sehr wenig selbst sprechen. Die groteske Wahrheit ist: Zuhören genügt! »Er ist ein fabelhafter Gesprächspartner«, sagte ein Freund von einem anderen;

ich war dabei: Der andere hatte während eines langen Abends nur zugehört, hatte selbst kaum einen Satz gesagt. Denn das ist die traurige Wahrheit inmitten unserer Welt der schnellen Kontakte: Das Einfühlungsvermögen, das sich im Zuhören zeigt, ist verkümmert. »Nun wollen wir endlich mal von Ihnen reden«, sagte der Künstler, der Egozentriker, »wie fanden Sie mich denn in meiner letzten Rolle?« Alle Wege führen zu einem selbst.

Gute Gespräche schließlich vertragen nicht die Doppelgleisigkeit der Gedanken, vor der die Ärzte so sehr warnen: daß man etwas sagt und insgeheim schon etwas anderes denkt. Das kostet Nerven, bedroht das Herz. Die Politiker beherrschen diese Kunst, sie sind auch am ehesten ihre Opfer.

Ich wünsche Ihnen heute ein gutes Gespräch. Wir bringen unsere Jahre zu wie ein Geschwätz, wir kennen dieses Wort, das uns manchmal so nachdenklich stimmt. Wenn es hieße: Das Leben geht dahin wie ein Gespräch – so wäre nichts da, was wir zu bedauern hätten.

Beim Feiern wird es in uns ganz leise sein

Schon als Kind habe ich mir immer gewünscht, einmal mit den Großen dieser Welt sprechen zu dürfen.

Ich hätte Luther auf der Wartburg besuchen mögen, vielleicht in dem Augenblick, als er das Tintenfaß an die Wand geworfen hatte.

Wie gerne wäre ich mit Goethe durch Weimar gegangen.

Und Mozart! Als er, mit fünf Jahren, sein erstes öffentliches Konzert in München gegeben hatte, wieviel hätte ich hergegeben, um dabeizusein.

Und Napoleon: ein Interview mit ihm an dem Tag – da er geschlagen aus Rußland zurückkam!

Und Beethoven, als er an seinen Sinfonien schrieb – die er später selbst kaum noch hören konnte.

Aber die Träume der Kindheit erfüllen sich nicht – und nicht einmal ein Videoband der Großen ist zu haben, höchstens ein paar Stiche, Bilder, Zeitgenössisches.

Und nun, fast vermessen, ein Sprung über zwei Jahrtausende: der Gedanke an Jesus! Ich denke nicht einmal, daß ich ihn im Garten von Gethsemane hören darf – wiewohl ich, als ich kürzlich dort stand, durchaus das übermächtige Gefühl hatte: Jede Sekunde könnte er hier erscheinen!

So biblisch sah alles aus, so wenig störte der Lärm der nahen Straße, so sehr war man in der Zeit verloren. Nein, ich frage mich etwas anderes: Wenn Jesus auf die Erde käme und uns Menschenkinder und unser oft so wahnsinniges Treiben sehen könnte – was würde er wohl zu allem heute sagen? Wie krank ist die Erde inzwischen geworden, wieviel Leid hat sie erschüttert, wie sinnlos erscheint so vieles!

Wenn wir an der Schwelle des neuen Jahres stehen, werden wir vermutlich laut feiern, mit Tanz und Feuerwerk, aber in uns wird es ganz leise sein. Denn wir haben in uns etwas, was wir so ausgeprägt schon lange nicht mehr kannten. Angst!

Angst um die Gesundheit: Die größte Furcht der Deutschen ist es, in fremde Hände zu müssen, ins Krankenhaus, ins Heim; das Vertrauen in Nächstenliebe ist nicht sehr groß. Angst um Energie: Weihnachtskerzen sind nur romantisch, wenn man in der Sekunde, da sie verlöschen, das elektrische Licht anstellen kann. Angst um den Frieden: Schon jeder fünfte Deutsche glaubt, daß es in den nächsten Jahren zum Krieg kommen wird.

Wir haben Angst – und wir haben eine ungestillte Sehnsucht. Die Sehnsucht nach etwas mehr Glanz in unserem Alltag.

Es ist, näher betrachtet, der Glanz, der sich jetzt in den Augen der Menschen rundum spiegelt: Wir denken mehr aneinander, wir schenken und schreiben, wir sind so, wie wir immer sein sollten – bis zum Neujahrsmorgen, in Bayern vielleicht gar bis zum Dreikönigstag ...

Nur zwei Worte dazu, aus der Bergpredigt, der vielzitierten, aber auch vielgelesenen? »Selig sind die Barmherzigen, denn sie werden Barmherzigkeit erlangen. Selig sind die, die Frieden stiften, denn sie werden Gottes Kinder heißen.«

Jesus, Goethe, Beethoven – wir können mit ihnen nicht sprechen, können sie nicht befragen; aber was sie über den Menschen und seine Welt gesagt und gesungen haben, klingt weiter.

Kreuzfahrt statt Kreuz

Wie liebe ich es, am Heiligen Abend – bevor die Dämmerung sich in Dunkelheit verwandelt – noch einmal durch die Straßen meiner Nachbarschaft zu laufen.

Ich weiß nicht, warum ich diese Augenblicke suche, die vor der Bescherung liegen. Vielleicht ist es Vorfreude, vielleicht auch nur Ablenkung von der Spannung, gleichviel, es macht Spaß, die ersten angezündeten Kerzen zu sehen. Die ganze Gegend rundum ist plötzlich wie von Zauberhand verwandelt.

Wenn ich darüber nachdenke, dann ist es wohl der »kleine Friede«, den ich in dieser Stunde so deutlich sehen und spüren kann wie an keinem anderen Tag.

Dabei geschieht nicht viel: Da beugt sich ein Mann herzlich zu seiner Frau, da öffnet ein Kind ein Paket, da wird eine alte Frau von den Enkeln ins Zimmer geholt, da ist ein festlich gedeckter Tisch. Draußen rufen ein paar Menschen einander Wünsche zu, so viel Heiterkeit gab es lange nicht. Die Autos scheinen ohne Motoren zu fahren, so leise ist es geworden. Nur Musik ist in der Luft – Glokken, Orgel und Geigen, Bach und Mozart; wenn das Christkind an der nächsten Ecke unter der Laterne warten würde, es wäre in dieser Stimmung kein Wunder.

Aber wir wissen natürlich: Es ist nur der kleine Friede, der Friede für ein, zwei Tage, der Friede, den wir aus dem Kriege kennen, wenn Geschütze schweigen und Bomben nicht fallen, weil es Heiligabend ist.

Bis wir dann – vielleicht nur durch den Zufall, daß wir einen Fernseh- oder Rundfunkapparat geschenkt bekommen haben und an den Knöpfen herumspielen – plötzlich ein paar Nachrichten von draußen hören! Dann erfahren wir sofort wieder, wo wir in Wahrheit sind: mitten auf dieser geschundenen Erde, die voll ist von Tod und Trauer und Terror.

Aber es ist ja nicht nur so, daß uns dieser große Friede fehlt! Auch der kleine Friede gerät von Jahr zu Jahr immer mehr in Bedrängnis: Weihnachten sei ein Fest der Habgier, eine Sache für Konsumtrottel, Weihnachten stehe auf dem Abstellgleis, die Züge fahren längst in eine andere Richtung.

Und da gibt es die »Weihnachtsflüchtlinge«! Das sind Menschen, die allen Verpflichtungen, die mit Nächstenliebe verbunden sind, radikal abschwören. Selbstverwirklichung heißt das Modewort. Man bucht die schicke Kreuzfahrt – das Kreuz ist längst vergessen, unter dem einst gebetet worden ist.

Aber haben wir – absichtlich oder unabsichtlich – Weihnachten umbringen können? Wir können das nicht wahrhaben. Es hat Kriege und Revolutionen, Hunger, Elend und Diktatur, ja es hat sogar die Wogen des glitzernden Konsums überstanden.

Und wohin führt der Weg? »Friede ist im Lächeln eines Kindes«, sagte vor einigen Jahren der Friedensnobelpreisträger Menachim Begin. Er sagte es in Jerusalem, zwischen Bethlehem und Nazareth gelegen, im biblischen Land, dort, wo vor zweitausend Jahren die Wiege stand, an die wir heute erinnert werden.

Denken wir, die wir als Erwachsene schon ein längeres Stück des Weges zurückgelegt haben, an dieses Kind – und an alle Kinder dieser Welt. Bringen wir in ihre Gesichter das Lächeln! Geben wir ihnen den kleinen Frieden – und wünschen wir ihnen den großen Frieden.

Meine Tochter – die Frau in Deiner Hand

An diesem Tag, da Du meine Tochter zur Frau nimmst, da so viele Wünsche gesagt und gedacht werden – und vor allem wirklich gewünscht werden –, an diesem Tag möchte ich nicht von meiner Tochter sprechen, obwohl ich es als Vater eigentlich müßte. Trotzdem: An diesem Tag möchte ich von Dir sprechen und von der Frau in Deiner Hand, und von dem Entschluß eines Mannes, sich zu seiner Frau zu bekennen.

Das ist, zugegeben, ein großer Entschluß. Und da man ihn normalerweise und hoffentlich nur einmal trifft, muß man ihn richtig sehen. Er bedeutet: Ich übernehme Verantwortung. Um diese Verantwortung kann man sich eine Weile herumdrücken, man kann sie hinausschieben, man kann tausend Ausflüchte ersinnen – die Welt von heute macht es uns Männern ja leicht. Wenn ein Mädchen heute nein sagt, ist es für den, der sich das Glück scheibchenweise holt, nicht weiter tragisch: An der nächsten Ecke wartet schon eine andere. Etwas Fasching, etwas Ferienflirt, etwas Büro – irgendwo läuft immer etwas, die Welt ist kugelrund, und ein Mann in dieser Welt, die immer noch für Männer gemacht zu sein scheint, kommt immer zurecht. Warum also, da doch alles so patent auf den schnellen Konsum eingerichtet ist, auch in der Liebe – ja, auch dort! –, warum also sich für eine Hauptmahlzeit entscheiden, da es so viele Leckereien gibt? Warum soll ein Mann nicht immerzu neu wägen – warum eigentlich soll er wagen? Weil sich die Welt sonst ins Leere dreht und weil am Ende dieser vertändelten Tage sich doch die Wand der Einsamkeit erhebt.

Sicher, die schnellen Mädchen sind eine höchst vergnügliche und, wenn es die richtigen sind, eine auf den ersten Blick auch sehr beneidenswerte Angelegenheit. Ja, der Triumph des Augenblicks kann köstlich sein.

Aber von dem Glanz der Dauer ist nichts dabei, obwohl doch auch die schnellen Mädchen diesen Glanz der Dauer erhoffen und mit jeder neuen Begegnung diesen Glanz suchen. Ich beneide keinen Junggesellen. Ein Mann, der glaubt, dem Geheimnis der Frau näherzukommen, indem er viele Frauen hat, gleicht einem General, der einen Krieg an vielen Fronten führt: Er kann meist nur verlieren.

Von dieser Gefahr bist Du nicht mehr bedroht: Die Frau in Deiner Hand bringt Dich einigen Wahrheiten näher. Die Welt, in der wir leben, besteht aus einer einzigen großen Jagd nach Glück, nach Erfolg, nach Karriere, nach Freundschaft, nach Liebe, nach Genuß, nach mehr Geld, dies immer wieder – nach all den tausend Dingen, die wir so deutlich nicht nennen, sondern um die wir gerne einen Mantel legen, der alles verhüllt.

Und nun hast Du eine Frau in Deiner Verantwortung. Du kommst abends nach Hause, am Schluß einer solchen Jagd, um die Beute des Tages auszupacken. Was gut ist und was schlecht, was wertvoll und was wertlos – hier nun zeigt sich, ob es Gewicht hat oder zu leicht ist. Die Frau sagt Dir, was sie von allem hält.

Frauen können nur schwer den Tag des Mannes verändern, aber der Abend, der in die Nacht führt, bekommt unmerklich ein anderes Gesicht: Eine Frau, die schon verheiratet ist, kann Dinge sagen, die eine Frau, die noch heiraten möchte, klugerweise für sich behält.

Woran erkennt ein Mann, ob das Mädchen das richtige

ist? Hier sagt der Spanier Ortega y Gasset, der über diese Fragen lange nachgedacht hat, das Richtige: »Die echte Wahl besteht nicht darin, daß man unter vielen Wesen, die man lieben könnte, eines vorzieht; die echte Wahl besteht darin, daß man gar nicht mehr fähig ist, außer einem ganz bestimmten Wesen ein anderes zu lieben.«

Vielleicht denkst Du jetzt: »Aber das weiß ich doch alles, das braucht er mir doch nicht zu sagen, ich liebe sie doch, sonst würde ich sie nicht heiraten ...« Höre mir trotzdem noch einen Augenblick zu. Die Liebe hat viele Geheimnisse, eines ist so erstaunlich simpel, so töricht banal, daß ich es kaum zu nennen wage, aber vielleicht kennst Du es nicht: Es besteht in der Ritterlichkeit gegenüber der Frau.

Die Liebe kann noch so großartig sein, die Liebe kann noch so tief oder so weit oder so endgültig sein – der Teufel steckt im Detail. Wenn ich meiner Frau sage, daß ich sie liebe, aber vergesse, ihr Feuer für die Zigarette zu reichen, weil ich schon so lange mit ihr verheiratet bin (und sie ja schließlich weiß, wie man ein Streichholz entzündet) – dann ist die Liebe in Frage gestellt. Ich weiß: Ritterlichkeit kann eine brüchige Liebe nicht kitten – aber fehlende Ritterlichkeit kann die beste Liebe brüchig machen.

Noch etwas anderes mußt Du bedenken: Sich zu einer Frau zu bekennen, sie in die Hand zu nehmen, heißt, in der Frau den Menschen zu lieben. Also auch seine Schwächen, seine Müdigkeit, sein Älterwerden, sein Altwerden. Zu den Falten, die vom Lachen kommen, werden sich Falten gesellen, die vom Weinen kommen: Auch diese Falten wollen geliebt sein.

Die Frau in Deiner Hand – halte sie ganz fest, auch wenn es Dir manchmal leichter erscheint, sie fallenzulassen. Verwöhne sie. Liebe sie. Sage ihr Gutes. Gebe ihr Zeit. Lasse sie nie fühlen, daß sie abhängig ist von Dir, demütige sie nicht in den kleinen Dingen des Alltags. Vergiß nach dem Kuß am Abend nicht den zärtlichen Kuß am Morgen, vor dem Weggehen. Ein schneller Händedruck. Ein Zeichen des Einverständnisses. Ein Wort des Dankes. Und so weise ist alles eingerichtet: Indem man all dieses für den geliebten Menschen getan hat, beschenkt man sich zugleich selbst. Wenn nun die Freunde kommen, die Seitenspringer, die Mädchenjäger, die Freien – Du brauchst nicht neidisch zu sein. Liebe ohne Verantwortung ist wie ein Frühlingstag, der fröhlich daherkommt, unbekümmert, mit einem Lächeln auf den Lippen, was kostet diese bunte Welt . . .

Liebe in der Verantwortung ist anders: Sie ist wie ein langer warmer Sommertag, der Morgen so hell wie der Abend, das Licht ungebrochen, ein Tag, in dem man sich wiegen möchte und den man in die Nacht entläßt mit dem Gefühl: Wenn nun das Wetter umschlägt und der Herbst kommt, es ist auch recht, denn es war herrlich. Man hat den Tag gehabt und gelebt und genossen und ausgekostet.

Dies wollte ich Dir sagen. Du weißt jetzt alles, was ich weiß.

IV
UNSER LEBEN – EINE REISE . . .

Die Sekunden vor der Abreise

Die Kinder sind schon im Auto, auch die Frau ist nun schon nach unten gegangen, ich bin ganz allein in der Wohnung, für nur wenige Augenblicke, dann werde ich die Tür abschließen, dann wird für zwei, drei Wochen niemand in diesen Räumen sein.

Und plötzlich überfällt mich ein seltsames Gefühl. Es ist kein Abschiedsschmerz. Es ist auch keinerlei Gedanke daran, daß vielleicht Fremde in die Wohnung kommen, sie ausräumen könnten. Es ist überhaupt nichts Materielles, obwohl auch dies zu bedenken wäre. Es ist etwas ganz anderes: Es ist – am Fuß der Seele, wenn ich das so sagen darf – die ganz einfache Frage, ob man diese Wohnung wieder so glücklich betreten wird, wie man sie jetzt verläßt. Denn dazwischen liegt ja die Reise, liegt das bißchen Abenteuer, das man heute Urlaub nennt, liegen Flüge, Autokurven, liegen Unwägbarkeiten, Krankheiten in der Fremde etwa – wer verspricht uns denn, daß immer alles glattgeht?

Ich denke daran, wie uns heute abend, spät, zumute sein wird, wenn wir nach langer Reise in einem unbekannten Ort in einem fremden Hotel in einem anonymen Zimmer gelandet sein werden. Diese Augenblicke der Ankunft sind doch gar nicht so leicht. Man selbst ist blaß – in dem meist zu grell erleuchteten Speisesaal sitzen die anderen, die Ausgeruhten, die Braunen, sie blicken zwischen ihrem Gelächter kurz auf, wenn man selbst erschöpft seinen Tisch sucht, ehe sie uns dahinziehen lassen, zu einem Ober, der überfordert scheint wie man selbst.

Und für diesen kargen Empfang diese weite Reise!?

Aber noch bin ich ja in unserer Wohnung, noch gehe ich durch mein Zimmer, prüfe, ob alle Fenster geschlossen sind, ob die elektrischen Geräte ausgeschaltet wurden. Wie lieblos sie jetzt ausschaut, diese total aufgeräumte Wohnung! Woran mag das liegen? Nur an den Blumen, die nun fehlen, die dem Nachbarn zur Pflege gegeben wurden? Oder hat es damit zu tun, daß alle Dinge, die sonst herumliegen, nun in Schubfächern versteckt sind, daß alles kühle Ordnung hat – und daß Ordnung, in solcher Perfektion, der Wohnung den Zauber nimmt?

Ich weiß es nicht, ich spüre es nur: Dies könnte auch schon die Wohnung eines anderen sein. Sogar in dem Kinderzimmer sitzen die Puppen und Teddybären aufgereiht auf einem Bord, alles Leben scheint verschwunden, das in diesen Puppen bis gestern war, ich schwöre es.

Plötzlich erschrecke ich: Das Telefon klingelt. Eigentlich bin ich ja schon nicht mehr hier, ich sollte den Hörer nicht mehr abnehmen, vielleicht kommt eine unangenehme Botschaft, die sogar die Reise gefährdet, eine Sache, die alle Pläne durcheinanderwirbelt, besser also: nicht abnehmen. Wie in einem Kriminalfilm schrillt der Apparat, ungezogen laut, ich gehe auf den Flur, zögere, gehe ins Zimmer zurück – plötzlich hört der schrille Ton auf. Hätte ich mich doch melden müssen?

Ich weiß nun, wo ich bin: in einem großen Niemandsland. Auf der einen Seite: der Alltag, das Telefon, die Verabredung, die Termine, die Freunde, die Tageszeitung, der Weg um den Block, die Hausmeisterin, die in wenigen Minuten meinen Schlüssel bekommen wird. Und auf der anderen Seite: das Farbfoto eines fremden Hauses in einer fremden Welt, entnommen dem Ferienprospekt, Doppelzimmer zur Seeseite, Halbpension. Alles Dinge, die man nicht kennt, die gut sein können und auch nicht gut, Abenteuer in der Westentasche, das Kleingeld der Spannung, was dieses Leben zu bieten hat, wenn man auf Reisen geht.

Die Wohnung, die ich nun schnell verlasse, ist in trauriges Halbdunkel getaucht, die Rollos sind heruntergelassen. Wenn mir nun einer sagen würde, dies sei alles nicht mehr mein, ich würde es ihm glauben.

Als ich kurze Zeit später zu meiner Frau ins Auto steige, fragt sie, leicht ungeduldig, was ich denn noch so lange in der Wohnung gemacht, ob etwas nicht gestimmt habe. Ich sagte nur fast beiläufig: »Es war nichts Besonderes, wirklich, es war nichts Besonderes.« Und dann fahren wir los.

Gesucht wird Herr XY aus ...

Nun sind wir schon ein paar Stunden unterwegs – südwärts. Aus dem Autoradio kommen Meldungen wie von der Front: Rettungshubschrauber, Unfälle, Umleitungen, Grenzkontrollen, kaum ein Schlager wird zu Ende gespielt, weil immer neue Durchsagen nötig sind – alles für die Heerscharen, die sich irgendwo in den Alpen begegnen: die Blassen aus dem Norden, die Braunen aus dem Süden.

Und dann gibt es plötzlich auch noch dies: den Reiseruf! Die Musik wird abgelöst durch eine Stimme, die nichts Gutes verheißt: »Gesucht wird Herr XY aus Düsseldorf, unterwegs mit einem blauen Volkswagen, amtliches Kennzeichen ... Herr XY wird gebeten, sofort zu Hause anzurufen«.

Gott sei Dank, man war also nicht selbst gemeint, ein anderer wird gesucht, ein Herr XY, den man nicht kennt und der in einem Auto unterwegs ist, das man nirgendwo sieht, aber wir wissen: Er ist in den Süden unterwegs wie wir, und dann kommt plötzlich ein Reiseruf. Jeder Reiseruf zeigt uns die Zerbrechlichkeit des Glücks.

Auch wenn wir selbst nicht betroffen sind, so spüren wir doch bei diesen Durchsagen, und es sind so viele in diesen Tagen: Es gibt heute nicht nur die »Urlaubsfront«, durch die wir alle hindurchmüssen, mit Unfällen und Wartezeiten über viele Stunden – auch an der »Heimatfront« brauchen wir Ruhe, wenn alles mit dem Urlaub glattgehen soll.

Unwillkürlich fragen wir uns, während wir mit über hundert Stundenkilometern gen Süden rasen, was dem

Herrn XY aus Düsseldorf wohl zugestoßen sein mag: Ist sein Kind verunglückt? Muß er sich um seine Eltern sorgen? Ist sein Haus abgebrannt? Reiseruf – das verheißt Schreckliches.

Reiserufe sind erfunden für eine »Unterwegs-Gesellschaft«, die sich mit Hilfe der Technik ausklinken möchte – und die doch immer wieder, ebenfalls mit Hilfe der Technik, eingeholt wird. Auf kurzen und ganz kurzen Wellen ...

Und plötzlich fahren wir unmerklich immer schneller, wir denken nicht weiter darüber nach, aber insgeheim spüren wir, wir möchten ganz schnell das Sendegebiet verlassen, wo solche Nachrichten uns theoretisch noch erreichen können. Und dann plötzlich die Freude: Wir hören fremde Stimmen, einen ausländischen Sender. Geschafft! Kein Reiseruf wird uns hier erreichen und die Ferienträume zerreißen, auf die wir Anspruch zu haben glauben ...

Kunst in Venedig – gnade uns Gott!

Für ein paar Stunden in Venedig, zu Besuch bei der Königin der Städte. Das Fest für Augen und Seele findet dort täglich statt. Soviel Harmonie in den Bauten und in den Gesichtern der Gäste aus aller Welt habe ich schon lange nicht mehr gesehen – bis ich dann einen Fehler machte.

Ich besuchte eine Ausstellung moderner Kunst! Und so kam ich für 1500 Lire Eintritt vom Paradies direkt in die Hölle.

Denn was hier, in sechzehn Pavillons, gezeigt wurde, das war auf Vernichtung angelegt. Ich sah in rotbesudelte Fratzen, ich sah gemalte, fotografierte aufgedunsene Gestalten zuhauf, leidend: Ich sah quer aufeinandergelegte Holzstämme – sie selbst schon sollten das Kunstwerk sein; ich sah, unter Glas gerahmt, Kot in Würfelform. Genug. Genug.

Wenn es stimmt, daß sich in der Kunst auch immer – gleichsam vorausfühlend – die Zukunft ankündigt (so wie die Beatles-Musik die unruhigen siebziger Jahre signalisierte), dann gnade uns Gott!

Trostloser noch als die quälend beleidigenden Bilder und Skulpturen war der Gesichtsausdruck bei den Besuchern: Selbst junge progressive Jeans-Menschen hatten den verzweifelten Blick des Nichtverstehens.

Bis dann für mich, zehn Minuten später, der große Kontrast kam: auf dem weltberühmten Markusplatz. Hier stimmte alles wieder. Höhe, Länge, Weite. Der Dogenpalast, die Markuskirche, alles war da wie in der Erinnerung – nur viel schöner. Und in der Luft Musik. Mozart. Strauß. Geigen. Love Story. Und die Menschen, die aus

London, Berlin, Tokio und Memphis kommen, halten plötzlich einander die Hände, bleiben verliebt stehen – hier spätestens würden sie beten, wenn sie es nicht verlernt hätten.

Ein Freund, ein gehetzter Manager, erklärte mir das Geheimnis seiner Liebe zu dieser Lagunenstadt: Wenn er als moderner Mensch auf das Motorboot auch nicht mehr verzichten könne, so möchte er doch die Gondel keinesfalls missen.

Motorboote und Gondeln – liegt dazwischen nicht sozusagen symbolisch unser ganzes Leben? Spätestens hier erkennt man, wie tief die Sehnsucht der herumjagenden Menschen nach Harmonie, Schönheit und Liebe ist. Ob aber die Kunst unserer Zeit, die zumeist darauf aus ist, den Menschen nicht zu erfreuen, sondern zu quälen, wie der berühmte Martin Held es neulich sagte – ob diese Kunst also, diese blutigen Fratzen und quergelegten Baumstämme, unsere Enkel je erreichen wird? Ich weiß es nicht, ich glaube es nicht, ich hoffe es nicht. Ich denke, sie werden auch lieber nach Venedig reisen.

Nicht wahr, das haben wir doch eigentlich nie so recht verstanden, wenn unsere Eltern uns aus den Nachkriegsjahren erzählten, wie armselig es bei ihnen zuging – und wie sehr sie doch trotz aller äußeren Schwierigkeiten mehr Nächstenliebe kannten als heute. »Damals, als wir noch Hunger leiden mußten, waren die Menschen herzlicher.« Wir hörten ihre Geschichten an, aber wir glaubten sie nicht. Wir dachten, die Erinnerung verklärt.

Und nun erleben wir inmitten einer Schneekatastrophe, die Schlagzeilen machte, plötzlich selber Tage, in denen sich das Wunder einer Verwandlung zeigt. In denen die Menschen, die sonst auf den genormten Rennbahnen ihren eigenen kleinen und größeren Erfolgen nachjagen, plötzlich zum Stehen gebracht werden. Und zwar stehen sie vor einer Schneeverwehung! So simpel sind die Dinge manchmal im Leben eingerichtet, daß eine Schneeverwehung schafft, was auf andere Weise, zum Beispiel beim Lesen kluger Bücher, nicht zu erreichen war: nachdenklich zu werden, hilfsbereit zu werden, ja: mitmenschlicher zu werden.

Denn das ist die übereinstimmende Beobachtung aller, die den großen Schnee erlebten: daß wir uns wieder mehr umeinander kümmern. Sogar in einer Stadt wie Hamburg, in der doch Einzeltische bevorzugt sind, gab es plötzlich Tuchfühlung. Blieb irgendwo ein Auto stecken, sofort waren Helfer da. War in überfüllten Verkehrsmitteln kein Platz, so wurde zusammengerückt »wie in Tokio«, und alle sagen: Man war lange nicht so nett zueinander.

Nun wissen wir natürlich, daß der Mensch, dieses unbekannte Wesen, immer für manche Ungereimtheit gut ist. Man sollte annehmen, daß im Komfort, den wir doch haben, die Menschen leichter zueinanderfinden. Aber gerade das ist nicht der Fall. Im normalen Alltag haben wir unser Schachteldenken, führt unser eigenes Leben oft in die Isolation, sehen wir nur unsere eigenen Ziele, und die sind von den Zielen des Nachbarn weit entfernt.

Aber dann kommt plötzlich, wie eine Faust vom Himmel, die Schneekatastrophe. Die Kälte fährt in unsere Glieder. Unser vielfältiges buntes Leben wird auf das Wesentliche zurückgeführt: auf das Überstehen, manchmal sogar auf das Überleben. Und wir erkennen im Nächsten, daß er im Grunde so ist wie wir selbst.

Stoßen wir doch etwas tiefer in das Problem vor, so entdecken wir etwas ganz Verblüffendes: Das Gefühl der Nächstenliebe hat vor allem etwas mit der Abwesenheit von Neid zu tun. Der Neid auf andere, der sonst – manchmal durchaus auch positiv – unser Leben gestaltet, ist nun bedeutungslos. Wir stehen für Stunden, für Tage unter einem Ausnahmegesetz. Eine Notsituation. Ein übergeordnetes Schicksal. Wir sind vor diesem Schicksal alle gleich, der Lehrling, die Hausfrau, der Schüler, der Lehrer, die Verkäuferin, das Mannequin. Zugespitzt kann man sagen: Erst wenn auch der Chef bei Glätte ins Rutschen kommt, stimmt die Richtung.

Irgendwann geht dann diese Ausnahmesituation zu Ende, sind wir alle wieder ganz normal. Und das heißt dann leider: ein bißchen weniger freundlich, hilfsbereit, nett. Dann greifen wir uns weniger oft unter die Arme, dann stellen wir wieder mehr einander die Beine. Schade, daß meistens nur dann, wenn es uns schlecht geht, der Mensch so gut ist. Die Kälte brachte es an den Tag!

Sommerglück in leeren Städten

Nun gehen wir so leicht wie selten durch die Straßen unserer Stadt – und alles gehört uns. Die Parkplätze sind leergefegt wie von Geisterhand. In den Geschäften sind die Menschen von nie erlebter Duldsamkeit, sogar Verkäuferinnen lächeln wieder. Kaum Gedränge, Geschiebe, Eile. In den Cafés, in den Parkanlagen: überall ist Platz und Weite. Und wann immer wir an eine Kreuzung fahren, die Ampel springt rechtzeitig auf Grün, so leer war es schon lange nicht mehr.

Ja, es ist ein Glück, jetzt in den Städten zu sein. Die Ferienzeit hat die Menschen herausgeholt, sie sind an der See, im Gebirge, im Ausland, vielleicht in anderen Städten, aber sie sind nicht hier. Sie haben Zeitungen abbestellt, Rollos geschlossen, sie glauben, sie hätten den ganzen Streß hinter sich gelassen, aber seltsam: Der Streß hat sich verflüchtigt, seit sie davongefahren sind.

Denn nun geht plötzlich alles viel schneller, es gibt weniger Reibungen, Gewarte; wir, die wir daheim geblieben sind, flanieren durch Ladenstraßen wie auf einer Kurpromenade. In den Straßenschluchten hält sich die Hitze noch, wie ein gefangenes Tier. Aber fahren wir abends schnell an den Stadtrand, spüren wir den Wind in den Bäumen, und das goldgelbe Licht, das wir bei der Heimfahrt über den Kirchenkuppeln sehen, ist von unwirklicher Schönheit – das soll ein Ferienort unserer Stadt erst einmal nachmachen!

Wir spüren natürlich noch Autolärm, hören quietschende Taxis, auch den Preßlufthammer um die Ecke, wir sehen Rauchwolken im blauen Himmel, aber alles ist nicht so bedrückend, so beklemmend, und das spiegelt sich in uns wider: Wir haben mehr Zeit füreinander. Weil um uns herum so viele verreist sind, genießen wir ein neues Lebensgefühl: Wer nicht am Tegernsee sein kann, weil er in Duisburg zu tun hat, gewinnt Abstand. Und wir ersteigen einen Gipfel der Erstaunlichkeit: Obwohl viele von uns sogar mehr zu tun haben als sonst, fällt uns vieles leichter, geht vieles besser von der Hand.

Und wenn dann die Postkarten der Urlauber kommen – »Hier ist es himmlisch ruhig« –, dann lächeln wir. Und nur in wenigen Augenblicken, vielleicht beim Anblick eines Prospektes, denken wir, daß der Blick aufs Meer vielleicht doch noch schöner sein könnte als auf die dunklen Fenster rundum in der Nachbarschaft. Aber das stört nicht ernstlich unser Spiel, auch wir beabsichtigen nicht, den Sommer draußen vor der Tür stehenzulassen.

Wenn wir, die Heimgebliebenen, ganz ehrlich sind, dann müssen wir sagen: So könnte es eigentlich bleiben! Ein bißchen hitzefrei. Ein bißchen mehr Lässigkeit – und Schnelligkeit. Der offene Kragen – aber dafür schnellere Entscheidungen und Wege. Denn da gibt es eine Kraft, ein stilles Einverständnis, fast eine Verschwörung: zu arbeiten und zu genießen. Diese Doppelbegabung ist selten, bei uns Deutschen allemal.

Aber wir spüren etwas davon im Sonnensommer. Aber leider wissen wir auch, daß es nicht so bleiben wird in unserer Stadt: Schon bald kehren die gebräunten Menschen zurück, tatendurstig – und all unsere Ruhe wird verfliegen wie ein Traum.

Alles, alles für die Ferien?

Nun nahen sie wieder, die schwankenden, gebräunten Gestalten in den unverschämt bunten Prospekten und Plakaten der Ferienmacher. Im Bikini und unter Sonne, das Gin-Tonic-Glas lässig in der Hand – so verführen sie unsere Träume, greifen schon den Sommer voraus. Die kostbarsten Wochen des Jahres rücken immer näher, also gilt es, zu rennen, zu buchen, dabeizusein, wenn von der Torte des Lebens all die Stücke verteilt werden, in denen angeblich die ganz dicken Rosinen stecken.

Und während ich noch die vielfältigen Inserate studiere, springt mich eine Zeile, eine Schlagzeile, unübersehbar groß an: »War Ihr letzter Urlaub ein Jahr Arbeit wert?« Hoppla, denke ich, lasse die Zeitung erst einmal sinken, schließe die Augen, rufe den Vorjahresurlaub zurück, weiß auch schon, daß es da am Strand zuviel Gedränge gab, daß der Frühstückskellner immer so mißmutig war, daß die Sache mit dem fabelhaften Prospektwetter in Wirklichkeit auch nicht stimmte: Der Süden hält eben nicht immer, was man sich im Norden von ihm verspricht. Es war eigentlich wie sonst auch: In den Ferien steckten – wie im Leben – ein paar Webfehler drin.

Aber auf die Idee – auf diese seltsame Idee –, die Ferien in eine Beziehung zu setzen zu einem langen Jahr Arbeit, auf diese Idee haben mich erst die Werbemenschen des Touristikunternehmens gebracht, das dem Kunden am Ende des Textes verspricht: »Legen Sie sich unter Palmen, und tun Sie etwas, was Sie schon lange nicht mehr getan haben: nichts. Lernen Sie das Leben kennen, von dem Sie träumen.«

Nun würde es sich nicht lohnen, über die Frage, ob der Urlaub wirklich ein Jahr Arbeit wert gewesen ist, länger zu philosophieren, wenn sie nicht zu dem modischen Zug der Zeit so sehr passen würde: Arbeit und Leistung zu verteufeln.

Kein Wort davon, daß Arbeit ein Wert in sich ist! Und daß nicht nur die Arbeitslosen ein Lied davon singen können, sondern jeder, der das Glück hat, am richtigen Platz das Richtige zu tun, unbeirrt von den Dauernörglern, die vom »Leistungsdruck« reden, um das System unserer sozialen Marktwirtschaft, die weltweite Anerkennung findet, kaputtzumachen. Wer die Schlaraffenland-Idylle besingt, unterschlägt, wieviel Trostlosigkeit, Armut und Sinnlosigkeit sich einstellt, würde man die Arbeit aus unserem Leben herausnehmen – und aus unserem Alltag. Und wir haben ja die Sonntage (und die Samstage) und die immer längeren Ferien!

Nur: Der Urlaub müßte erst noch erfunden werden – und er wird natürlich von niemandem angeboten! –, der ein langes Jahr Mühsal und gewiß auch manche ungeliebte Arbeit aufwiegen könnte! Das heißt wirklich, Birnen und Äpfel vergleichen. Ich wünsche Ihnen, daß Sie beides haben: Freude an der Arbeit – und Spaß am Urlaub!

Kein Tag lässt sich wiederholen

Geht es Ihnen auch so, daß Sie ein Stück Ihres Lebens auf einen bestimmten Tag ausrichten? Auf den nächsten Ersten, auf Ihren Geburtstag, auf den ersten Ferientag – und daß Sie von diesem Tag die Veränderung erwarten, die Ihnen noch nicht möglich erscheint, weil Sie heute noch zu angespannt sind – oder zu abgespannt?

Wenn ich erst mal achtzehn bin, dann wird alles anders – wie oft habe ich bei jungen Leuten diese Verheißung gehört. Und dann kommt dieser Tag – und es wird soviel nicht passieren, vor allem nichts Wesentliches, weil das Wesentliche sich nicht an den Kalender hält. Das Schicksal hat seinen eigenen Fahrplan.

Was ich in vielen Gesprächen herausgefunden habe, ist dies: Es entwickelt sich ein seltsam gespanntes Verhältnis des überforderten Menschen zur dahinrasenden Zeit.

Sogar die jungen Leute müssen ein schärferes Tempo vorlegen: Ein Achtzehnjähriger gehört nicht nur in mancher Diskothek schon zum alten Eisen. Die verschwenderische Fülle an Zeit, die früher die Jugend auf dem Konto hatte, ist entwertet wie so vieles. Mit achtzehn kann man schon »out« sein. Heute muß man immer sofort alle Freuden und Vorteile genießen, so anstrengend das auch sein mag.

Spüren wir nicht alle diese Beschleunigung, mit der unser Leben dahineilt? Morgen erreicht die Sonne schon wieder den höchsten Stand des Jahres, die Nächte werden wieder länger. Da klammern wir uns an irgendwelche Tage – Festtage zumeist –, an die wir Hoffnung knüpfen: einmal aussteigen aus dem rasenden Zug der Zivilisation, einmal wieder träumen, zu sich selber finden, Bücher lesen, Briefe schreiben, vielleicht eine Sinfonie hören – warum das nicht?

Meine Tochter, beispielsweise, hat heute Geburtstag. Ein herrlicher Tag – doch auch sie ist schon alt genug, zu wissen, daß sie diesen Tag nie wiederholen kann. In jedem Tag, wichtig oder unwichtig, steckt etwas von diesem Abschiednehmen. Es wird uns Erden-Kindern wirklich nichts geschenkt!

Wir alle kennen diese Augenblicke, wir erleben sie irgendwann, sie kommen unangemeldet, sie sind in keinem Reiseprospekt beschrieben – aber dann sind sie plötzlich da! Jetzt müßte man die Zeiger der Uhr anhalten, dieser Tag dürfte sich nicht neigen, das Lachen nicht verwehen, die Gedanken müßten jetzt das Rätsel unseres eigenen kleinen Lebens lösen.

Wir sitzen in irgendeiner Bucht am Meer, Sand rinnt durch die Finger, keine Menschenseele weit und breit. Wir spüren auf eine wundersame Weise unsere Existenz: Wie wenig brauchen wir doch eigentlich, um wirklich glücklich zu sein!?

Mir ist es so gegangen, vor wenigen Wochen, am Strand von Lindos, nahe Rhodos, die Ruinen des Tempels der Athena Lindia, der Göttin der Weisheit, über mir und ein Meer vor meinen Augen, in dem sich ein offener »himmlischer Himmel« spiegelte, wenn ich das einmal so sagen darf. In Griechenland glaubt man, daß der liebe Gott hier immer direkt herunterschaut.

Sofort kommt das Gefühl: Hier müßte man bleiben! Ich schaue auf Steine, die der Apostel Paulus betreten hat, als er vor zweitausend Jahren hier an Land ging. Wenn er heute wieder hierherkäme, er würde sich kaum wundern, wenn er nur Himmel, Meer und Bäume sähe – so unberührt wirkt alles. Aber was geschähe, wenn er nur ein Stück weiter ginge zu den Stränden und sehen müßte, was wir Menschen mit dieser Erde im allgemeinen und wir Touristen im besonderen angerichtet haben?

Und dann kommt plötzlich das andere Gefühl: Morgen

um diese Zeit werde ich wieder in Deutschland sein. Und genau 24 Stunden nach der griechischen Verzauberung saß ich ernüchtert vor dem Fernseher, und ich sah die gewohnten deprimierenden Bilder: Konferenzen, Streiks, Bomben, Demonstrationen, Hausbesetzungen – Signale einer kranken Welt.

Und ich dachte daran, wie wenig man brauchte, um glücklich zu sein, gestern noch in der stillen Bucht unter dem himmlischen Himmel. Und dann fiel mir ein, daß dieses einfache Märchen ja gar nicht stimmt: Ich dachte an die freundliche Dame im Reisebüro, die täglich acht Stunden Nervenkrieg mit hochgespannten Urlauberwünschen führt, an Stewardessen, die noch zweimal am Tag in vollgepackten Maschinen über Europa gejagt wurden, an Piloten, die präzise arbeiten müssen und keine Sekunde träumen können, an den Leihwagenvermieter, der Überstunden macht, an Taxifahrer, Kellner, Zimmermädchen, Köche, an all die vielen, die im Hintergrund arbeiten, oft rund um die Uhr, damit die Touristenströme, die Kreuzzüge der Zivilisationsmüden, möglichst sicher quer durch die Welt kommen.

Ich habe mal schnell zusammengerechnet, und ich kam allein auf mindestens fünfzig Menschen, die gearbeitet haben, damit ich diese eine überirdisch schöne Stunde an griechischen Gestaden verbringen konnte.

Ihnen allen möchte ich danken: Ich werde nie mehr fragen: Wie wenig brauchen wir eigentlich, um glücklich zu sein? Ich werde sagen: Was ist an Mühen nötig, damit einmal das Wunder eintritt, das ich erlebte, als ich glaubte, Gott schaue direkt auf meine kleine Bucht, dicht neben der Stelle, wo er den Apostel an Land gehen ließ . . .

Ja, was ist alles nötig, damit wir Schönheit sehen . . .

Einmal Rom und zurück

Wir beginnen mit Rom und Goethe, aber wenn Sie weiterlesen, werden Sie merken, daß wir von Ihnen und Ihrer Seele sprechen.

Wir machen nur einen kleinen Umweg im Düsenzeitalter, kein Problem, weitaus geringer, als es der Dichterfürst aus Weimar bei seiner Italienreise antraf, wo er 1786 notierte: »An diesen Ort knüpft sich die ganze Geschichte der Welt an; und ich zählte einen zweiten Geburtstag, eine wahre Wiedergeburt von dem Tage, da ich Rom betrat.«

Nun hat natürlich nicht jeder dieses Erstaunen, dieses hochgestimmte Gefühl bei der ersten Begegnung mit Großem, Erhabenem – natürlich auch nicht diese Unbefangenheit. Von Sigmund Freud, dem Analytiker der Seele, wissen wir, daß er diese Begegnung mit Rom sogar scheute, daß er umkehrte, sobald er sich auf seinen Reisen in den Süden der Ewigen Stadt näherte.

Und auch C. G. Jung, der andere große Psychiater, fühlte sich der Stadt »einfach nicht gewachsen«. Als er im hohen Alter das Versäumnis doch noch nachholen wollte, erlitt er beim Kauf der Fahrkarten (!) eine Ohnmacht. »Danach wurde der Plan einer Romfahrt ein für allemal ad acta gelegt.«

Der Schritt aus dem Raum der Wissenschaft, in dem sich diese Männer zu Hause fühlten, in den religiösen und geschichtlichen Raum, den sie in Rom vorgefunden hätten – dieser Schritt war ihnen zuviel!

Was uns, die Kinder des glückverheißenden Massentourismus, angeht, so haben wir es – scheinbar – leichter. Wir buchen die Zwischenlandung Rom schneller. Wir durcheilen mit Blitzlicht Pantheon und Vatikan, den Reiseführer zu Kirchen und Nachtlokalen in der Tasche – und die D-Mark locker im Griff. Wir haben die – scheinbar beneidenswerte – Lässigkeit des Nichtwissenden. Der Witz, daß ein Herumirrender in den Gemächern des Vatikans endlich auf Menschen trifft und sie fragt: »Wo ist denn hier die Laokoon-Gruppe?«, um die Antwort zu bekommen: »Das können wir auch nicht sagen, wir gehören zur Scharnow-Gruppe!« – dieser Witz ist eigentlich kein Witz.

Wir sind, um deutlicher zu werden, in dem Dauerstreß gefangen, der Frage nach dem Sinn unserer Reisen auszuweichen. Wir wollen die schrankenlose Freiheit, den totalen Genuß, wir praktizieren hemmungslos in den westlichen Ländern einen »Lebensstil der Habsucht«, der nach Meinung des Erzbischofs von Wien, Franz Kardinal König, zur Katastrophe führen muß, »wenn wir nicht weltweit und auch persönlich wieder den Mut haben zur ehrlichen Diskussion über die Frage: Wozu lebe ich?«

Wir müssen wieder fragen »nach dem Ewigen, nach Gut und Böse, nach Schuld und Gewissen. An uns wird es liegen«, so sagt der Kardinal, »ob wir aus innerem Antrieb den Geist der Liebe, der Wahrheit, des Opfers begreifen oder ob erst eine Sintflut von Tränen und Blut notwendig ist, durch die wir den bisherigen Weg als verkehrt erkennen.«

So wie die Zeichen heute stehen, sieht es nach Sintflut aus, wenn uns nicht das Wunder jener Wiedergeburt geschieht, von der Goethe vor knapp zweihundert Jahren berichtete. Rom ist auch nur ein Beispiel dafür, daß es gilt, den Kopf hin und wieder aus dem Alltag zu erheben und nach dem Wohin und Wozu zu fragen.

Warum ich mit meiner Frau so gern allein verreise

Allein verreisen – auch als Mann! –, was ist das in Wahrheit schon? Das heißt doch: in eine fremde Stadt hineinfahren, an Pärchen vorbei, dort halten, wo ein bestelltes Zimmer wartet, ein Bett, ein Handtuch, vielleicht ein Stück Seife – ganz klein, von der Werbung »mit Grüßen der Hoteldirektion« verschenkt –, den Koffer hinstellen, das Fenster aufreißen, damit Luft hereinkommt, dem Boy ein Trinkgeld geben, er verschwindet. Und dann stehst du allein in dem Raum, der dir nur für Stunden gehört.

Vielleicht ist auf dem Nachttisch ein Telefon, dann kannst du telefonieren, irgendeine Adresse hast du mit auf den Weg genommen; irgendeinen Freund, einen Bekannten, einen Verwandten, etwas Geschäftliches gibt es immer – »Ja, ich bin eben gekommen, nein allein, meine Frau ist zu Hause, die Kinder, wann also sehen wir uns? Um sieben, gut . . .«

Und dann ziehst du das Hemd aus, das von der Reise nicht mehr knitterfrei ist, und ein neues Hemd an, du trittst vor den Spiegel: die Augen etwas müde, die Fahrt war lang und dann – gib doch schon zu, was du denkst, und das ist doch nur dies: Wäre sie doch jetzt hier!

Dann nämlich würde deine Frau, während du das Hemd wechselst, ein neues Kleid überziehen, aber in der Sekunde davor würdest du ganz schnell auf sie zutreten und ihr einen Kuß hinter das Ohrläppchen geben, auch am Fenster – und wenn schon! – mein Gott, niemand sieht es hier, in dieser fremden Stadt, in der dich keiner kennt, in der du ein Niemand bist, ein Zugereister, einer auf dem Weg, einer, der seine Nase in dieses fremde Leben hineinsteckt, ein Flüchtiger – ein Reisender eben. Sie würde dich bitten, den Reißverschluß hochzuziehen . . .

Hotelzimmer, die Einzelzimmer sind – und sei es in den feinsten Häusern –, haben immer etwas Ärmliches an sich. Ich meine nicht den Komfort. Ich meine nicht die Matratzen. Ich meine nicht die Seife auf dem Waschtisch. Ich meine nicht den Klingelknopf für die Bedienung.

Ich meine die Gedanken, die man in diesen Einzelzimmern hat: Hier ist alles so auf Zweckmäßigkeit, auf nur einen Menschen, auf die schnelle Übernachtung abgestellt. Es fehlt der Dialog, es fehlt das Echo, es fehlt ein Hauch von Phantasie. Das eine Bett steht in der Ecke, und es verführt dich, darüber nachzudenken, was die Minute in dieser Nacht an Schlaf kostet – denn viel wirst du, das spürst du jetzt schon, hier nicht schlafen. Die Koje eines Bootes, die Pritsche eines Gefängnisses, die Liege in einem Wartezimmer – an das alles denkst du bei diesem Einzelbett in einem Einzelzimmer.

Wissen Sie, ich verreise nur noch mit meiner Frau! Zum ersten, weil ich dann ein Doppelzimmer habe. Ich liebe Doppelzimmer. Ich habe das Schild »Bitte nicht stören« – »Please do not disturb« – »Ne veuillez pas déranger« gern. Und dieses Schild, gleich nach der Ankunft, an die Tür draußen vorzuhängen: Das ist noch mal wie in den Flitterwochen.

Aber wenn es nur die Ankunft wäre! Mit seiner Frau verreisen, das heißt mehr: In der Ferne ihr ganz nahe kommen. Das ist doch das ganz große Geheimnis, das in dem Reisen zu zweit mit drin liegt: wegfahren, um zueinander zu kommen. Was gehört nicht alles dazu? Zum Beispiel dieses: Daß man morgens schon hinuntergeht in den Frühstücksraum – »Bestell mir bitte eine Ei mit« – und dann dort sitzen: zwischen all den grau gekleideten allein reisenden Herren, die Gesichter wie Uhren haben, die Akten mitschleppen, die zu Telefonen gerufen werden von irgendwelchen Pagen – und dann kommt mit der kurzen Verspätung, die Frauen so ziert und die Ehefrauen wieder in Frauen verwandelt, deine eigene Frau.

Und dann besuchen wir den Vatikan? Gehen wir in das Pantheon? Jagen wir raus nach Ostia ans Meer – kaufen wir erst den Bikini, in grün, in gelb, irgendwas Freches, die Kinder sind nicht da? Ja, wir kaufen erst den Bikini, und bitte: etwas kleiner als zu Hause, denn wir sind ja nicht zu Hause, wir sind hier wir; keine Kontrollen, keine Rücksichtnahmen – die eigene Frau ist eine herrliche Geliebte, wenn man sie als Geliebte behandelt.

Reisen? Ich reise nur mit meiner Frau! Nicht, daß wir uns nicht auch einmal unterwegs trennen – sie geht so gern in die Kirchen, stundenlang verschwand sie in Rom hinter dem Portal von S. Maria Maggiore, während ich durch die Straßen zog. Etwas ist ja von dem alten Spiel noch geblieben, das Abenteuer des Lebens zu entdecken, es vor allem in den Augen der fremden Frauen zu entdekken, zu spüren, ob sich Blicke, die einander kreuzen, auch treffen – das schnelle Sammeln von Pluspunkten: Nun gut, die Phantasie wandert mit, wenn du als Mann durch die Straßen wanderst . . . Aber dann? Du triffst deine Frau wieder, nimmst sie bei der Hand, du gehst mit ihr zum Hotel zurück – und du kannst in den Blicken der Menschen, die dir begegnen, ablesen, welch Glück dich gefangen hält.

Zu Hause werden wir blind, sehen wir uns selbst in einem matten Spiegel, erfahren wir wenig – die Frau von ihrem Mann, der Mann von seiner Frau. Auf Reisen werden wir sehend, erfahren wir viel – die Frau von ihrem Mann, der Mann von seiner Frau.

Was hat man sich nicht alles zu erzählen, wenn man zu zweit verreist! Die Läster-Stunde auf den Champs-Élysées, unser Augenzwinkern, als ein amerikanischer Globetrotter – ja, der große Bär, der sicher aus Dallas kam – mit der kleinen französischen Vollbusigen handelseinig wurde. Dieses kokette Ding mit dem kurzen Rock – erinnere dich, es war im Juni, an einem heißen schwülen Abend, und die Nacht, die am Himmel heraufzog, schien für eine Ewigkeit gemacht: so samtweich, schwarz, sternenübersät – dieses kokette Ding also zog mit dem Amerikaner ab, und wenige Sekunden später sagtest du nur: »Komm, laß uns auch gehen . . .« Männer, die allein reisen, bekommen oft so große Augen, weil sie suchen – Männer, die mit ihrer Frau verreisen, suchen nicht: Sie haben schon gefunden. Nun könnte – es sei zugegeben – der Einwand kommen: Ein Mann kann ja allein verreisen, ohne deshalb allein bleiben zu müssen.

Ich muß darum etwas deutlicher werden, wenn ich dieses Plädoyer für die Reise mit der eigenen Frau halte. Ich muß sagen: Liebe, das heißt doch wohl auch dies: den Wunsch zu haben, die Welt durch die Augen des geliebten Menschen zu sehen. Das ganze Leben ist eine Reise – mit immer wechselnden »Hotels«, mit immer wechselnden »Reisebekanntschaften«, mal ist es komfortabel, mal einfacher – aber es ist eine Reise. Diese Reise, diese große Reise durch das Leben braucht – damit sie gut verläuft – die kleinen Reisen zwischendurch, und zwar zu zweit! Glauben Sie mir: Die Frau, die Sie von einer solchen Reise mit nach Hause bringen – diese Frau ist eine andere und glücklichere Frau als zuvor.

Es kann sein, daß die Erinnerung an die kleinen Reisen Ihnen bei der großen Reise hilft. Mir geht es so: Wann immer im Fernsehen ein Bild von irgendeiner Stadt dieser Welt auftaucht, in der ich mit meiner Frau gewesen bin, geben wir uns blitzschnell die Hand. Tausend Erinnerungen stellen sich ein; an den italienischen Kellner, der uns das Frühstück unangemeldet ins Zimmer brachte; an den heißen Vormittag, als wir, pflastermüde geworden, in Paris baden wollten und man mir in der Badeanstalt eine viel zu große Badehose auslieh; an den Fremden im Prado von Madrid, der von dir so fasziniert war, daß er dich ansprach, obwohl ich neben dir stand.

Wird aber im Fernsehen eine Stadt gezeigt, in der ich allein gewesen bin – Helsinki beispielsweise –, kommt die Hand meiner Frau nicht. Die gemeinsame Erinnerung fehlt, ich kann ihr nur erzählen, wie die Straße aussieht, die ich dort allein entlanggelaufen bin, aber das ist ohne Bezug, da hängt kein Stück Herz daran, es scheint mir, als sei ich dort als Fremder gewesen.

In der Fremde sollte man kein Fremder sein! Ich nehme meine Frau mit, denn – so der Dichter Theodor Storm an seine Frau, so ich an meine Frau: – »Wo du mir bist, bin ich zu Haus«.

In jedem Ende ist ein neuer Anfang

Er lag doch noch in so weiter Ferne: dieser letzte Ferientag, dieser Tag im Niemandsland zwischen Nichtstun und Geschäftigkeit – doch nun ist er plötzlich da!

Es begann ganz unmerklich, als meine Frau vor drei Tagen, eher beiläufig, meinte: »Weißt du eigentlich, daß wir schon in hundert Stunden wieder zu Hause sind?«

Dieser Nadelstich, er ging vorüber. Wie sich die Natur vor dem Herbst noch einmal aufbäumt und uns die »fünfte Jahreszeit« beschert, die herrlichen Tage, bevor sich der Sommer in den Herbst verwandelt, so steigern sich auch die letzten Ferienstunden. Alles genießt man nun viel mehr: den Weg zum Strand, das Baden, die fröhliche Runde in der Bar, das Gespräch mit den Freunden für eine Saison.

Und dann kommt unerbittlich der Morgen der Abreise! Während man im Frühstücksraum sitzt, wird bereits das Gepäck abgeholt. Der Kellner wünscht uns eine gute Reise, er hat am Anzug erkannt, daß wir nicht bleiben: Straßenschuhe haben die Sandalen abgelöst.

Bis zur Abfahrt des Taxis sitzen wir am Swimmingpool, nun zu zweit auf einer Liege, wir gehören ja schon nicht mehr ganz dazu, wir haben für diesen Tag ja auch nicht mehr bezahlt. Nebenan hat sich wieder die etwas zu laute Clique aus London niedergelassen: Das »Hallo-morning« springt wie ein Tennisball hin und her, Auftakt für das Perpetuum mobile von Lachen, Lärm. Zwar werden wir noch mit ein paar Scherzen in die Gespräche hineingezogen, aber wir spüren: Es ist doch mehr das Mitleid mit denen, die nun aus diesem Paradies abreisen müssen.

Der Ober, der uns noch einen Campari bringt – er kassiert gleich. Er hat es nie getan – nun muß er es tun, denn er sieht es uns ja an, daß wir die Hotelrechnung schon bezahlt haben, aber gleichviel: Eine Spur schneller, geschäftlicher, kühler als all die Tage zuvor geht es nun doch zu.

Und während um uns herum das ganze Hotel zu vibrieren scheint, in Erwartung eines neuen heißen Ferientages, während die Menschen ihre Gesichter der Sonne zuwenden wie einem Götzen, denke ich: Überall im Leben kommen wir immer wieder in diese Situationen, daß wir plötzlich nicht mehr »dazugehören«. Und ein kleiner Schmerz stellt sich ein.

Bis eine Stunde später die Stewardeß den Flug in Richtung Frankfurt ankündigt, der Silbervogel sich erhebt, wir noch einmal nach unten schauen, wo irgendwo an der grünblauen Küste »unser« Hotel steht, in dem wir eben noch für Augenblicke so melancholisch waren. Spätestens dann fällt uns die alte Weisheit ein, wonach in jedem Ende auch erfreulicherweise ein neuer Anfang steckt. Und damit läßt es sich ganz gut reisen – und leben.

V
BEGEGNUNGEN MIT MENSCHEN: ZU KURZ, ZU SCHNELL

Und plötzlich ist das Zimmer leer

Das gibt es doch: daß man mit Menschen eng zusammenarbeitet, daß man sich auf irgendwelchen Korridoren zu irgendwelchen Zeiten trifft, sich »alles Gute« wünscht, ein schönes Wochenende, daß man in Konferenzen stundenlang nebeneinandersitzt, daß man – spätestens bei der Weihnachtsfeier – auch etwas davon erfährt, was »der andere« denn so privat erlebt und wie er lebt und was ihm in seinem Leben Freude macht – und daß man denkt, man könne immer weiter miteinander reden, denn man ist ja noch nicht mal sechzig, kein Alter, ohne Frage – und dann plötzlich . . .

Dann kommt man eines Morgens ins Büro, und schon der Portier fragt, ob man die schreckliche Nachricht gehört habe, man fragt zurück, was denn nun schon wieder Schlimmes durchs Radio gekommen sei, und dann hört man, daß der Mann aus dem Zimmer ein paar Türen weiter gemeint ist: Herzversagen, Sekundentod.

Und nun geht man an seinem Zimmer vorbei, in das man oft gegangen ist. Da ist eine Scheu, den Stuhl zu sehen, auf dem er saß, den Schreibtisch zu sehen, an dem er arbeitete.

Sofort denkt man an das letzte Gespräch, das man mit ihm führte. War in seiner Stimme Außergewöhnliches? Kraftlosigkeit? Melancholie gar? Nein, es war alles »ganz normal«. Er hatte ein paar Zahlen genannt, sie hatten etwas mit Umsatz, mit Marktentwicklung zu tun. Aber dann am Schluß gab es noch ein paar Gedanken zu diesem Sommer, der nun zu Ende geht. So ist es ja nicht, daß er nicht auch seinen Blick in den Himmel richtete! Was wissen wir denn wirklich von denen, mit denen wir Korridore, Konferenzräume, Fahrstühle tagsüber teilen? Wenn man die Gespräche nur richtig führt, wenn man durch die Aktendeckel und Schnellhefter hindurchsticht, dann entdecken wir: Im Alltagsgeschäft sehen wir nur einen Teil des Menschen, den uns zugewandten.

Nun gehe ich an seinem Zimmer vorbei, das zur Straßenseite liegt, Parterre, plötzlich fehlt der schnelle Gruß, den wir manchmal nur mit einer Handbewegung wechselten, denn es war so eingerichtet, daß die Sonnenblenden halb hoch waren: Man konnte, trat man an die Scheiben heran, ihn gut sehen, aber man konnte auch einfach vorbeigehen, man hatte die Wahl, ihn zu begrüßen – oder nicht.

Und ich bin nun glücklich über jedes Mal, da ich ihn grüßte, aber ich frage mich auch, warum ich oft vorbeihastete, weil ich glaubte, keine Zeit zu haben.

Das vergessene Taschentuch

Irgend jemand, dessen Namen ich nicht verstanden hatte und dessen Stimme gleichwohl vertraut klang, sagte am Telefon, ich würde jetzt mit dem Altersheim verbunden werden. Dann gab es eine kurze Pause, und ich hatte plötzlich Angst. Die Bilder des Menschen, um den es hier nur gehen konnte – eine alte Dame der Verwandtschaft –, schossen an mir vorüber. Ich sah ihr Lächeln, ihre scheue Freundlichkeit, ihre Sanftmut, auch die Fröhlichkeit in früheren Jahren und das Lachen.

Und dann kam die Nachricht: Krankenhaus! Intensive Behandlung, die Ärzte wissen noch nicht mehr zu sagen. Die Adresse? Abteilung A, Zimmer ... Und ohne nachzudenken, gleichsam automatisch, wußte ich, daß sich hier ein Leben neigt.

Und während ich nun etwas sage, Betroffenheit durch Geschäftigkeit zu verdrängen suche, drehen sich meine Gedanken um die Frage, wie es ihr gehen mag, der alten Dame, ob ich sie noch sehen werde, wenn ich sofort losfahre, und – dies vor allem: ob ich eigentlich »alles« getan habe?

Wann war ich zuletzt bei ihr gewesen? War es vor vier Wochen? Da war ich an der Stadt vorbeigekommen und hatte plötzlich den Wagen doch zur Stadteinfahrt gelenkt, ich sollte mal »überraschend« reinschauen, ich habe es getan, gut ist es gewesen, das wußte ich schon damals, als ich den langen Korridor des Altenheims entlangging und das Zimmer suchte.

Und dann wurde die alte Dame herausgebeten, man saß zusammen auf einer Bank, wo die Mitbewohner vorbeigingen und grüßten. Worüber wir sprachen? Über Belangloses. Das Wetter, die Verpflegung im Heim. Ob es im Kino ein paar Straßen weiter vielleicht einen Film geben würde, den sie sich anschauen könnte, es gibt heute so wenig Filme für alte Damen. Ob sie einen Wunsch habe? Ja, daß ich mal wieder so plötzlich vorbeischauen möge, das wäre so ein Wunsch. Mal mit anderen Menschen sprechen, nicht nur mit denen im Heim.

Ich hatte damals die alte Dame mit nach Hause genommen, sie hatte bei uns den Abend verbracht, als sie ging, sagte sie, das Schönste sei gewesen, einmal anderes Brot, anderen Käse, andere Wurst zu sehen als bei sich »zu Hause«. Dies Wort Zuhause war trostreich für mich, denn es schien mir zu sagen: Sie fühlte sich im Heim wohl.

Als ich sie wieder ablieferte, mußte die Tür des Heimes vom Nachtdienst geöffnet werden. »So spät war ich schon lange nicht mehr aus, vielen Dank«, sagte sie und verschwand. Und sie lächelte wieder, wie eben nur alte Damen lächeln können, die uns mit unserem Umhergetriebensein so recht nicht mehr verstehen können.

Sie hatte, ich bemerkte es erst später, ihr Taschentuch in meinem Wagen vergessen – ich werde es ihr das nächste Mal bringen, dachte ich mir, ich werde versuchen, daß die Pause bis dahin nicht wieder so lange sein wird.

Und während ich heimfuhr, hatte ich ein unglaublich gutes Gefühl, etwas getan zu haben, was man so selten tut: Ich hatte jemandem meine Zeit gegeben. Und: Die alte Dame hatte mich gelehrt, wie wichtig das ist. Kurz darauf kam ein neuer Anruf mit der Nachricht, die ich befürchtet hatte ... Wer noch irgendwo hinfahren kann, zu einer alten Dame, der sollte es tun!

Die Szene war so unscheinbar, so nebenher, so im Vorübergehen, daß ich erst später – beim Heimweg – erschrocken war. Ich weiß nicht, ob ich eine solche Bagatelle des Alltags überhaupt berichten darf. Ich will es trotzdem wagen.

Ich hatte in einem jener Lebensmittelgeschäfte, die einzelne Abteilungen unterhalten – für Fleisch, für Obst, für Brot –, ein Paket Knäckebrot verlangt. Die Verkäuferin, etwa vierzig, vielleicht auch um die Fünfzig – wer kann das heute schon so genau sagen? –, hantierte gerade mit Tortenstücken, ein fast akrobatischer Vorgang, während ich ein Regal tiefer nach dem Knäckebrot greifen wollte.

Sie bat mich freundlich, einen Moment zu warten, ich folgte gehorsam, meinte nur: »Wenn jetzt Ihre Torte herunterfällt, haben wir einen Effekt wie im Stummfilm.« – Ein ganz harmloser Satz also, wie ich zugebe, aber sie lachte trotzdem. Und dann rief sie zu mir herüber: »Endlich mal ein Mensch, der hier überhaupt irgend etwas sagt.« Auf meine Frage, was sie damit meinte, antwortete sie nur: »Die meisten Kunden sind so stumm wie Fische.«

Das also war's, was diese Frau in ihren acht, neun, zehn Stunden im Geschäft bedrückt: daß eigentlich niemand etwas sagt, höchstens die Bestellung, wenn es denn schon gar nicht mit einem eigenen Handgriff geht. Ein Roboter würde eigentlich genügen.

Ich stellte mir vor, was diese Frau abends, nach einem langen Tag unter Neonlicht, ihrem Mann erzählt, der vielleicht auch einen langen Tag in einem Büro unter Neonlicht hinter sich gebracht hat: gar nichts! Daß hundert Gesichter an ihr vorbeigezogen sind, schweigende, hastende, suchende Menschen, aber alles ein Geschehen ohne Witz, Lachen und Meinungen – das ist wahrlich keine Sache, die dem Leben Würze gibt!

Der Zufall wollte es, daß ich – heimgekommen mit diesem kleinen Erlebnis trostloser Einsamkeit – ein Interview mit dem Schriftsteller Siegfried Lenz las, der gerade seinen Geburtstag feierte. »Der Autor ist nicht der Alleinzuständige«, philosophierte er, »Literatur geschieht erst, wenn ein anderer teilnimmt; Literatur ist auf den anderen angewiesen.« Diese Weisheit, die eine Wahrheit ist, läßt sich spielend hochrechnen: Im ganzen Leben ist unsereins auf den anderen angewiesen.

Da muß man kein Dichter sein, da genügt es, Verkäuferin in einer Brotabteilung zu sein. Nur im Spiegel einer anderen Seele können wir uns finden. Das mag bei einem langen Gespräch des Vertrauens geschehen – Kostbarkeit! Das kann aber auch im Vorübergehen sein, die Südländer machen es uns vor mit ihrer beneidenswerten Leichtigkeit . . .

Nach dieser kleinen Szene habe ich genauer beobachtet, was wirklich geschieht, wenn hierzulande Menschen aufeinandertreffen – im Geschäft, in der Bahn, bei den Behörden –, und ich muß sagen: Es geht da bei uns schon sehr karg zu. Ein schnelles Scherzwort, ein Kompliment, ein kleiner Brückenschlag – das alles ist selten. Dafür verbissenes Nebeneinander! Wissen wir denn nicht um die alte Weisheit, wonach die Erde eine Bühne ist, auf der nur dies geschieht: »Du kommst, siehst – und gehst?« Warum nicht ein paar Stichworte liefern, damit der Dialog läuft, das Spiel funktioniert? Die Einsamkeit ringsum ist doch viel zu groß!

In den Akten in meinem Büro suchte ich einen alten Vorgang, eine Sache, die noch vor Gericht muß, abgelegt unter einem Stichwort, die Mappe lag in der unteren Reihe, die Korrespondenz war ein paar Jahre alt. Und plötzlich, beim Blättern, beim Suchen, traf ich auf seinen Namen. Es war der Name eines Mitarbeiters, den ich lange nicht mehr in meinem Sinn hatte. Mein Gott, es schieben sich immer neue Namen nach vorne auf der Bühne des Lebens, gerade in einem Büro, gerade bei dienstlichen Vorgängen. Und nun stand ich da, hielt inne – und las seine Unterschrift unter einer Aktennotiz.

Ich hätte die Notiz, deren Inhalt nur ein Gespräch festhielt, einfach in die Mappe zurücklegen können, aber ich vermochte es nicht. Ich las die wenigen spröden, nüchternen Zeilen ... es ist abgemacht, daß ... wir haben uns verpflichtet, der Gegenpartei ... schlage ich vor, noch einmal nachzuprüfen, wenn ... Und dann am Schluß: das Datum zu seiner Unterschrift.

Diese Unterschrift war etwas fahriger im Schriftbild, als ich sie sonst – von diesem Mann – in Erinnerung hatte. Nun dachte ich nach, kombinierte das Datum mit meinen Erinnerungen – keine Frage: Auch ohne Graphologe zu sein, konnte ich heute erkennen: Etwas von Müdigkeit und etwas von einer jähen Schnelligkeit war in diesem Schriftbild auszumachen. Kurze Zeit nach dieser Aktennotiz war dann ja auch die Nachricht seines Todes gekommen – Herzinfarkt!

Nun stand das Bild dieses Mannes, der nur ein paar Abteilungen von mir entfernt, aber im gleichen Hause arbeitete, mit dem mich nichts Direktes verband, eben nur ein paar dienstliche Vorgänge, fast lebendig vor mir. Er war immer sehr herzlich gewesen. So paßte es auch nicht ins Bild, daß bei dieser seiner letzten Mitteilung die Anrede fehlte. Er hatte wirklich nur das Allernötigste festgehalten, so als sei ihm alles schon ein bißchen zuviel geworden. Und diese seine Zeilen sollten den Vorgang in die Zukunft hinein beeinflussen. Nun war diese Zukunft plötzlich Gegenwart, aber er konnte sie nicht mehr erleben – ich hielt nur noch seinen Zettel in der Hand.

Ich erinnere mich noch genau: an den kurzen Schmerz, der wie eine Stichwunde war, vor zwei Jahren, als die Nachricht kam. Aber die Zeit heilt ja die Wunden. Bis dann plötzlich alles wieder aufgerissen wird, durch nichts weiter als durch so ein kleines Stück Papier.

Sentimental? Zu viele Gefühle in einer Firma? Geht das Leben nicht immer weiter? Wird nicht auch ein Brief von mir von heute in irgendeiner Mappe verschwinden und vielleicht einmal wichtig werden, nur weil ein Vorgang wieder auftaucht . . .?

Wie wird das dann aber sein? Irgendein anderer wird dann meine Zeilen lesen und darüber zur Tagesordnung übergehen. Er wird vielleicht sogar ganz anders entscheiden, als ich es heute in irgendeiner Aktennotiz angeraten habe.

Hat wirklich nur recht, wer lebt? Wir fragen uns das – in solchen Augenblicken.

Und wovon reden Sie am Abend?

Wir saßen zusammen: ein Arzt, zwei Anwälte von kühler Faszination; ein Architekt, begleitet von einer langbeinigen Schönheit, ein Gymnastiklehrer, soeben aus Bali zurück; ein Taxifahrer, Berliner; eine üppige Blondine, ein Nostalgie-Happen für jene Männer um fünfzig, die einstmals das Busenwunder Sophia Loren ins Kino lockte; wir alle waren vereint in dieser Sommernacht, die zuerst eine Beute unserer Eitelkeit wurde – und dann unserer Angst.

Denn gesprochen wurde von der schleichenden Inflation, von Geheimtips bei Schweizer Banken, von Grundstücken auf Mallorca. Man müsse weniger arbeiten, wurde gesagt, man sollte das Leben mehr genießen. Und der Mann aus Bali meinte: »Auf Bali sind die Menschen arm, aber glücklich, und ihr seid reich, aber unglücklich – ihr macht doch etwas falsch.«

Und plötzlich waren wir alle ganz still. Und das Gespräch drehte wie der Wind. Und die Soulmusik verstummte. Es brannten nur noch Kerzen. Wir alle rückten enger zusammen. Und wir sprachen von dem Sinn unseres Daseins. Von den Büchern, die vielleicht helfen können. Von der Kathedrale sprach einer, in der er vor ewigen Zeiten einmal gewesen sei, als er noch betete ...

Der Abend, der so laut begonnen hatte, war nun ganz leise. Einer berichtete, daß Psychologen in Wien eine seltsame Beobachtung gemacht hätten: Das Gefühl der Sinnlosigkeit ihres Lebens ist bei den Besuchern des Praters deutlich stärker ausgeprägt als bei der übrigen Bevölkerung, sie leiden mehr als andere unter »existentieller Frustration«. Das Karussell des Lebens kommt ihnen so unverständlich und sinnlos vor, daß sie dafür wenigstens hin und wieder auf das Karussell des Vergnügungsparks umsteigen.

Aber es muß nicht der Prater sein: Überall in unserem Leben stehen die Türen offen zur Zerstreuung, zu schnellem Genuß, zum Ich-und-noch-mal-Ich. Und vor den meisten Türen immer die Polit-Ideologen mit ihren Heilslehren wie Anreißer auf St. Pauli. Und überall Gedränge, überall Enttäuschung.

So irren wir durch das Spiegelkabinett auf der Suche nach etwas Ungeheurem: nach seelischem Luxus. Wir wollen nun auch noch Gemüt, Glauben, Liebe, Zärtlichkeit so luxuriös haben wie all die anderen Dinge. Und dann macht es irgendwann klick, und wir erkennen, daß der Spiegel gesprungen ist. Denn wir wollten zuviel!

Ein Brief mit schwarzem Rand

Nun, da die Nachricht seines Todes gekommen ist, denke ich noch einmal über seine Worte nach, soweit ich sie noch in Erinnerung habe. Ich versuche mir, genau vorzustellen, wie es gewesen ist, als ich vor ein paar Tagen bei ihm anrief, wie unser Gespräch in Gang kam, wie sich unsere Sätze aneinanderhängten. Auch den Tonfall versuche ich noch einmal zu erspüren; denn nun weiß ich ja, daß es nie wieder die Möglichkeit eines Gespräches geben wird. Die Nachricht kam soeben, der Brief war schwarz umrandet, die Unerbittlichkeit ist erschreckend.

Ich erinnere mich genau, daß ich zuerst angerufen hatte. Das ist tröstlich. Ich hatte mich also doch noch gemeldet, obwohl ich doch immer dachte, daß zwischen all den Terminen keine Zeit mehr blieb, denn eine Zeitlang, ein paar Wochen lang, war da eine Pause, eine ungewollte Pause. Es hat ja jeder seine alltäglichen Dinge zu betreiben, es schieben sich immer die angeblich so wichtigen Fragen in den Vordergrund, daß man zum Wesentlichen nicht mehr findet. Und dann notiert man auf einem kleinen Zettel nur: Morgen . . . anrufen – und den Namen – und vielleicht die Nummer.

Natürlich erinnere ich mich heute, da ich um die Unwiederholbarkeit dieses Gespräches weiß, an alle Einzelheiten. Ich erinnere mich, daß ich mit einer geschäftlichen Bagatelle begonnen hatte, mit einer dieser Belanglosigkeiten, als ob mir der Mut fehlte, ihm zu sagen, daß ich eigentlich nur wieder einmal mit ihm sprechen und seine Stimme hören wollte; zumal ich erfahren hatte, daß er krank gewesen war.

Er muß meine Verlegenheit gespürt haben, aber er ließ es mich nicht spüren: Ganz schnell zog er das Gespräch von dieser Belanglosigkeit weg. Es war dies eine Begabung, die ich bei ihm schon seit drei Jahrzehnten bewunderte. Immer steckten wir nach wenigen Sätzen mitten in den Sinnfragen des Lebens, die sich ja hinter den Querelen des Tages verbergen. Es war auch in wenigen Sekunden wieder jene Übereinstimmung da, die vergessen ließ, wie die Zeit dahinging – es wurde ein langes Gespräch.

Und dann: der Schluß. Er kam, wenn ich heute daran zurückdenke, etwas schnell; wir sagten, daß wir uns ja bald sehen würden, daß man überhaupt öfter miteinander sprechen sollte – und dann legten wir die Hörer auf. Ich wußte, daß an diesem Tag nirgends mehr ein besseres Gespräch zu holen war. Und über alle folgenden Stunden legte sich jenes Gefühl, das sich nur nach einem guten Gespräch einstellt und das zu den glücklichen Momenten dieses Lebens gehört.

Und jetzt kam dieser schwarzumrandete Brief. Wir können natürlich nicht mit dem bestürzenden Gedanken leben, daß jedes Telefonat vielleicht das letzte sein könnte. Wir können auch nicht so leben, als ob wir ewig weiter sprechen können. Und irgendwo dazwischen ist alles verborgen: Glück und Schmerz und Ohnmacht . . .

Und plötzlich weiss man nicht mehr weiter ...

Da stand er, auf der Kanzel der Michaelis-Kirche zu Hamburg, der Theologe Helmut Thielicke, der doppelte Doktor, der Ehrendoktor, Professor, Schriftsteller, Denker, Weltreisende – und er bekannte mit allem Freimut, daß er, der aus Gottes Wort Kraft schöpfte und Kraft weitergibt, an einem Punkt kürzlich kapitulieren mußte: bei der Beerdigung einer jungen Frau, die viele kleine Kinder hinterließ; Vollwaisen sie alle, denn der Vater war kurz zuvor gestorben. Beim Anblick dieses Jammers wußte der Gottesmann nicht weiter. Und er sprach davon – vor über dreitausend Menschen.

Mich hat dieses »Nicht-mehr-weiter-Wissen«, dieses Bekenntnis einer Ohnmacht, berührt. In einer Zeit, in der es für jeden Schmerz eine Pille gibt, in der es angeblich besser sein soll, etwas Falsches zu sagen, als gar nichts zu sagen, in der es beinahe schon zum Überleben gehört, sich bloß keine Blöße zu geben, ist es wohl des Nachdenkens wert, wenn ein erfahrener, weiser Mann öffentlich zugibt: Hier konnte ich nichts mehr tun, hier war ich am Ende.

Wie wohltuend sich das abhebt von den Patentrezepten all jener Menschen, die wir so gut kennen, die wir überall treffen: Ich meine die sogenannten Senkrechtstarter, Top-Leute, Karriere-Macher, die ihre Trickkisten öffnen, um ihre unverfrorene Unfehlbarkeit hervorzuholen. Sie können alles, sie reißen alles an sich, sie dekorieren täglich das Schaufenster ihrer Eitelkeit und Macht. Natürlich wissen sie insgeheim oft um ihre Grenzen – aber sie haben nicht die Kraft zur Ehrlichkeit.

Wir sollten wirklich von dem Prediger Thielicke lernen, der in einem bestimmten Augenblick wußte, daß er nicht mehr weiter wußte. Ob bei Freunden, ob im Büro, wo immer auch: Wir alle brauchen ab und zu etwas mehr Demut, die noch seltener ist als Mut.

Wenn die Sonne nur noch von der Seite in das Leben scheint

Vielleicht war es nur ein Zufall, vielleicht die Vorsaison, gleichviel: In jenem bayerischen Wirtshaus am Tegernsee, in dem ich mein Abendessen einnehmen wollte, sah ich ringsum nur ältere Leute. So kann man zwar keine Geschichte beginnen, aber so ist es nun einmal gewesen. Das einzige junge Paar verließ gerade den Raum, als ich kam – auch dieses sicher ein Zufall. So saß ich – selbst Anfang Fünfzig – inmitten der Alten und hatte Zeit, in Ruhe zu beobachten.

Und ich sah: Die Gesichter der Menschen sind nicht wie Uhren, man kann in ihnen die Zeit nicht genau ablesen. Daß Falten alt machen, ist eine Erfindung: Der Mann mir gegenüber hat sicher alle Falten der Welt in sich vereinigt, Siege, Niederlagen erlebt, aber wie begeistert er seine Hände kreisen läßt, wenn er spricht – dagegen wirken manche dreißigjährige Glattgesichter müde, verbraucht, steinalt.

Alte Frauen sind demütig. Sie bestellen nach ihrem Mann, und doch ist alles ein Irrtum: In Wahrheit sind sie nur glücklich, wenn er glücklich ist, und er ist nur glücklich, wenn er zuerst bestellt, denn das ist immer so gewesen, zehn, zwanzig, dreißig Jahre lang, Fehler binden aneinander mehr als Freuden, und so sagt er: »Für mich den Jägerbraten – und für meine Frau . . .« Und die Frau lächelt still: Was ist denn in diesem Augenblick auch schon wirklich wichtig?

Alte Leute können unglaublich lange schweigen. Da drüben: Ein Mann und eine Frau sitzen schon eine kleine Ewigkeit beieinander und sagen nichts. Ein lang gelebtes

Leben erlaubt die Verständigung in Kürzeln. Sieh da, wie die alte Frau plötzlich ihre kleine Hand in seine große Hand hineinlegt, hineindreht, hineinmogelt – welches Wort trifft diese schnelle Zärtlichkeit genau?

Natürlich wissen alle hier im Saal um den sanften Abstieg, haben sie alle Höhen hinter sich, die Sonne fällt nur noch von der Seite in ihr Leben. Und doch war eine seltsam anrührende, fast fröhliche Stimmung in dem Raum. Vielleicht lag es daran, daß überhaupt nichts da war von dem »Schaut-mal-her-wie-fabelhaft-ich-bin-Getue«, das wir, so um die gefährlichen Fünfzig, gerne so dreist, so ungemütlich um uns verbreiten.

Dafür gab es jene nachdenkliche Dankbarkeit, die heute so kostbar ist. Und dies alles bei Menschen, die nicht den endlosen Horizont vor sich sehen, sondern harte Grenzmarkierungen. Ich habe mit den Alten nicht gesprochen. Aber als ich ging, glaubte ich, doch einiges verstanden zu haben.

Die alten Freunde sind die besten

Als ich seine Nummer wählte, wollte ich den Hörer plötzlich wieder zurücklegen, zu lange hatten wir uns nicht gesehen, mindestens zehn Jahre, die Bekanntschaft hatte sich über die Jahre verflüchtigt, sie hatte sich eigentlich sogar aufgelöst – was also treibt mich, ihn anzurufen, weil ich zufällig durch diese Stadt fahre, von der ich nur weiß, daß er noch immer in ihr wohnt?

Ist es – so fragte ich mich weiter, während ich langsam die nächsten Zahlen drücke – pure Neugier auf den Menschen, mit dem ich ein paar Jahre das Büro geteilt hatte, ist es Vorfreude, ist es einfach der Wunsch, den Abend in der fremden Stadt abseits des kühlen Hotelzimmers zu verbringen, in irgendeiner privaten Umgebung, wo alle Gespräche damit beginnen, daß man sagt: »Mensch, wie war das damals noch . . .?«

Was treibt uns Menschen dazu, hin und wieder die alten Wege zu gehen, die alten Gesichter zu schauen, die alten Stimmen zu hören, die vertrauten Gedanken wiederzufinden? Will man sein Leben messen, indem man in ein anderes hineinschaut – was hat man, im Gegensatz zum anderen, falsch, was richtig, was besser, was schlechter gemacht?

Seine Frau war am Apparat. Ja, sie würde sich noch an mich erinnern. Ja, ich könne Rolf sprechen, ich möchte doch in einer Stunde nochmal anrufen. Ihr Mann habe sich etwas hingelegt. Nun, ich wolle ja nicht stören. Nein, ich würde nicht stören, er würde sich freuen. Also dann bis um sieben. »Aber bitte, zum Abendbrot.«

Ein paar Blumen. Ein Taxi. Häuschen im Grünen, am

Stadtrand. Klingeln. Und dann: Er steht vor mir. Er ist zehn Jahre älter geworden – und noch ein bißchen mehr. Er geht langsam. Er spricht langsam. Ich freue mich, daß wir ganz schnell wieder in der Erinnerung beieinander sind. Wir lachen sogar. Die alten Büroscherze! Die Erinnerung an die irre Party, als ich ging und die Stadt verließ. Die Sekretärin sei kurz darauf auch weggezogen. Es sei überhaupt alles ganz anders geworden. Und dann sei Ärger in die Firma gekommen. Und dann: sein Herzinfarkt!

Nun wußte ich also, warum er so langsam sprach und warum er so langsam ging. Die Frau sagte etwas vom Kräftehaushalten.

Plötzlich hatte ich ein schlechtes Gefühl. Ich hatte ja für einen Augenblick gedacht, ich lasse es sein, ich besuche ihn nicht, wenn sie ihn nicht einmal ans Telefon holt, »weil er sich hingelegt hat« – wenn ich ihm so wenig bedeute, daß er nicht einmal geweckt werden kann, dann gehe ich doch lieber ins Kino ...

Als ich gegen Mitternacht zurückfuhr, war ich unendlich dankbar. Abendessen im Hotel ist gut, Kino ist gut, durch fremde Straßen gehen ist gut – aber was ist das alles, wenn ich dagegensetze: das Gespräch, das Herbeizaubern der Erinnerung, das Gefühl, ein Stück gelebtes Leben noch einmal im Zeitraffer neu zu sehen – und die Flüchtigkeit des Lebens für einige Stunden festgehalten zu haben.

Und noch im Taxi dachte ich: Die alten Freunde sind sogar noch dann die besten, wenn man sie schon fast verloren glaubte.

Das erste Du

Man müßte das Mädchen, das man liebt, an die Hand nehmen und fortfahren. Am besten dorthin, wo der Mensch abseits vom atemlosen Alltag einen Hauch von Dauer verspürt: Ans Meer also, das ohne Alter zu sein scheint, das seine Wellen ans Ufer schickt wie vom Anbeginn, mit einem Himmel darüber, wie ihn die Städte nicht kennen. Hier müßte man zueinander du sagen, zum erstenmal. Am schönsten ist es, wenn dieses Du plötzlich da ist, hingezaubert, wenn es sich wie selbstverständlich in das Gespräch hineinschleicht. Du hältst einen Augenblick inne, etwas verwirrt, schaust in ihre Augen, wägst die Antwort – und du weißt: Nie wieder wird das fremde Sie sich zwischen euch schieben, wie eine Wand.

Es gibt Menschen, die einem – kaum, daß man sie kennengelernt hat – das Gefühl vermitteln: Wir müßten irgendwann du zueinander sagen, so viel Gemeinsames verbindet uns. Bei der Frau aber, die man liebt – da müßte dieses Gefühl sofort da sein. Dann kann ruhig das Sie monatelang »gepflegt« werden – für die Ohren, die sich auf feinere Töne verstehen, klingt es ohnehin schon wie ein Du.

Ich weiß, daß die jungen Leute heute sofort und unbesehen du zueinander sagen. Ich fürchte: Irgendwie wird dieses stürmische Du bezahlt werden müssen. Denn Hindernisse, die nicht zu nehmen sind, bringen auch keine Siege. Daß man sich das Leben einfach macht, ist verständlich. Aber die Liebe zu vereinfachen – was soll daran sinnvoll sein? Ist nicht der Wechsel vom Sie zum Du ein herrlicher Genuß, vergleichbar mit der ersten Fahrt aus dem neblig kühlen Norden in den heiteren besonnten Süden?

Vorher war man Gefangener seiner kleinen eigenen Welt: Und diese Welt hieß Ich. Ich will, ich möchte, ich muß, ich kann – immer ich, überall ich. Und dann kommt, unbemerkt zuerst, das Wort Wir: Wir könnten, wir sollten, wir müßten . . .

Mit jedem Du, das Liebende ehrlichen Herzens zueinander sprechen, wird diese Welt ein wenig heller. Diese Welt kann es gebrauchen.

Verzeihung, ich war sehr in Eile

Er war ein Nachbar, nur ein paar Wände trennten sein Leben von meinem Leben, wir gingen auf derselben Straße vor unserem Haus, viele tausend Male, ich wußte nach all den Jahren seinen Nachnamen, den Vornamen wußte ich nicht. Nur einmal habe ich an seiner Wohnungstür geklingelt, als der Postbote eine Drucksache, die für ihn bestimmt war, irrtümlich bei mir abgegeben hatte; er bat mich, doch einzutreten, aber ich war in Eile, wie immer in Eile, und so sagte ich: »Ein anderes Mal, vielen Dank« – und ging.

Wir trafen uns dann später seltener, mir fiel nur auf, daß in seinem Zimmer nachts lange das Licht brannte, manche Nacht schien es überhaupt nicht zu erlöschen, ich war dennoch nicht in Sorge, ich kannte ja nur seinen Nachnamen, den Vornamen kannte ich nicht, wußte nur – woher eigentlich? –, daß er es am Herzen hatte, rote Äderchen in seinem Gesicht waren mir einmal aufgefallen, aber, was besagt das schon? – Und ich vermochte sein Alter zu schätzen: etwas über fünfzig, ein Irrtum, wie sich später herausstellen sollte.

Mehr wußte ich nicht von dem freundlichen Mann, mit dem ich ein »Wie-geht's« und ein »Danke-gut« hin- und hergrüßte, Floskeln, im Vorbeigehen. Er hatte, eindeutig, immer etwas mehr Zeit als ich, schien auf ein Gespräch zu hoffen, rief mir kürzlich erst über die Straße hinweg die liebenswürdige Mahnung zu: »Sie wollten mich doch einmal besuchen!« – Aber da schoben sich Autos zwischen seine Aufforderung und meine Antwort, von der ich so schnell nicht wußte, wie sie eigentlich lauten könnte.

Es hat ja auch noch Zeit, dachte ich, aber ich sollte das nächste Mal wirklich zu ihm gehen, was sind schon zehn Minuten, wie viele zehn Minuten vergeudet man nicht sinnlos an einem Tag, und diese zehn Minuten würden nicht einmal sinnlos sein, denn der Mann hatte ja ein Leben gelebt, er hatte sicher etwas zu sagen, er war nur an den Rand gedrängt worden, und er hat es am Herzen, ich sagte es schon, da wird man schnell beiseite geschoben, heute – was soll ich noch berichten?

Gestern hörte ich, daß der Nachbar gestorben ist, Herzinfarkt – Ende Vierzig. Nur ein paar Wände trennten sein Leben von meinem Leben – und ein paar Gedankenlosigkeiten. Und der kleine große Irrtum, daß man immer glaubt, alles eines Tages noch nachholen zu können.